烽火记忆

FENGHUO JIYI

BAIMING KANGZHAN LAOZHANSHI KOUSHUSHI

百名抗战老战士口述史

中

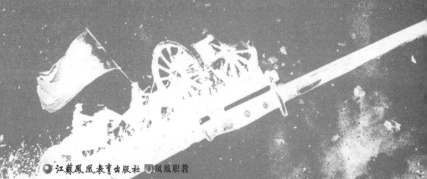

江苏凤凰教育出版社 凤凰职教

图书在版编目(CIP)数据

烽火记忆——百名抗战老战士口述史：全3卷 / 张连
红主编. —南京：江苏凤凰教育出版社，2018.8

ISBN 978－7－5499－7562－4

Ⅰ.①烽…　Ⅱ.①张…　Ⅲ.①抗日战争－史料－中国
Ⅳ.①K265.06

中国版本图书馆 CIP 数据核字(2018)第 180369 号

书　　　名	烽火记忆——百名抗战老战士口述史	
主　　　编	张连红	
责 任 编 辑	刘 艳　高 燕　李 睿	
出 版 发 行	江苏凤凰教育出版社	
地　　　址	南京市湖南路 1 号 A 楼，邮编：210009	
出　　　品	江苏凤凰职业教育图书有限公司	
网　　　址	http://www.ppve.cn	
照　　　排	南京紫藤制版印务中心	
印　　　刷	建湖县人民印刷有限责任公司	
厂　　　址	建湖县经济开发区上海路 666 号，邮编：224700	
电　　　话	025－68037410	
开　　　本	718 毫米×1 005 毫米　1/16	
印　　　张	59.25	
版　　　次	2018 年 8 月第 1 版　2018 年 8 月第 1 次印刷	
标 准 书 号	ISBN 978－7－5499－7562－4	
定　　　价	160.00元(全 3 卷)	
批 发 电 话	025　83658830	
盗 版 举 报	025－83658873	

图书若有印装错误可向江苏凤凰职业教育图书有限公司调换
提供盗版线索者给予重奖

目 录

中 卷

瞄准敌人开火的炮手

杨振行

"我的思想就在这段时间形成，就是相信共产党，一心一意跟共产党走。"

★ 口 述 人：杨振行

★ 采 访 人：王志龙　薛刚　张英凡　蔡青　王缘　李梦

★ 采访时间：2017 年 8 月 31 日

★ 采访地点：73011 部队无锡第二干休所

★ 整 理 人：张旭飞

【老兵档案】

　　杨振行，1929 年 2 月生，山东蓬莱人。1945 年参加区学联工作，1946 年入胶东军区教导 2 团，同年 10 月入党。历任营部文书、团政治处干事、连副指导员、连干部部干事、团政治处副主任、师政治部副主任、师后勤部政委、师副政委等职。曾参加过平度战斗、鲁南战役、渡江战役和抗美援朝等。1982 年离休。

1　从小接受抗日爱国教育

　　我生于 1929 年 2 月，老家在山东蓬莱县[1]北沟镇北沟村。我原来是叫杨振興，过去那个"興"是繁体，当兵以后，在登记当兵的时候因为写得麻烦，干脆就用行路的"行"，变成杨振行了。

　　我们北沟村那时有两千多户人家，我家属于中农，生活水平中等。我父亲叫杨连中，他去闯关东，主要是在商店当店员，很早就去世了。我的伯父叫杨显

―――――――――――――

[1]　即今蓬莱市。

中,也在那做店员。商店倒闭以后,伯父没着落了,就靠打零工生活。因为长期在外面,所以家里的人都不太了解他们。我家里的十多亩地是祖辈留下来的,由我爷爷、母亲和伯母打理,我们还小,不能干活。有一家从外地迁来后没有土地可耕,我们家的地就由两家合作,我们出地,他们家出力来种,平时两家都来管理,收获时我的爷爷、母亲和伯母都参加,粮食一家一半。

村子里有一家姓杨的大地主,家境比较好。他之前在东北做生意,回家后买了土地,主要是雇工耕种。地主家庭吃得很平常,但他们生活有余,不用劳动。当时长工在地主家干活,生活基本上跟家里人差不多,地主家老爷子吃点面粉、馒头,儿女和雇工是吃玉米饼。他们不在一起吃饭,雇工有雇工的房子。那时地主和农民的矛盾不大,地主要么雇工,要么将土地出租出去,主雇、主佃之间也没有多少矛盾。

1937年,我开始上学,在北沟镇北沟小学读书。学校有十多个老师,其中有女教师。那个学校大,有六七百个学生,当时女同学占了三分之一。我们上学时不用交学费,村里面有时候会向种地的百姓收点粮食,给学校一些补助。学校前面的操场很大,有十来亩地,包括篮球场、体育场。这是我们的一个老师拿出来的土地。这个老师叫杨兴喜,他的儿子叫余明,负责教学。1938年日本人来了以后,余明就去当八路军了,后来好像当过山东省政府的秘书长。那时他们的身份还不敢公开,万一敌人知道了,家里会遭殃的。

我上学的时候,老师是抗日民主政府派的,都是当地人,后来老师全区统一调配了,但也都是当地人。学生所用的课本全部改成抗日民主政府提供的课本,内容主要是关于抗战的,例如日本鬼子打到中国,侵占中国东三省,接着又打到华北,日本人在我们的地盘杀人放火,我们要积极起来抵抗等等。书里面更多的内容是关于中国军队的抵抗,如第29军浴血奋战,抵抗日本侵略的过程。此外,书里面有好多内容是关于小孩子如何对付敌人的,例如敌人到小孩子家里的时候,小孩子就想办法捉弄敌人,举了很多小英雄用各种方式对付敌人的例子。还有一门叫"抗战知识"的政治课,它专门讲日本鬼子侵略我们、欺负我们、杀人放火,我们中国人应该起来抵抗,还有我们如何抵抗日本鬼子等。虽然日本人那时还没到我们那里,但我们从课本里面就知道了这些事。我们那时在学校接受的教育是:不做亡国奴,要帮助政府,对日本一定要抗战到底。我们当地的政府原来是国民党政府,卢沟桥事变以后,国民党政府的人都跑掉了。国民党政府不管,村里面就更不管,所以农村里面就组织起来进行抗议。共产党领导以后,就组织农民救国会、青年救国会、学生救国会、妇女救国会等,把农民、青年、妇女都组织起来,经常性地开会,进行共产党领导抗日的教育。

2 参加儿童团开展抗日活动

1938年年底到1939年年初的时候,日本鬼子打到我们家乡了,县城被占领。日本鬼子没来几个人,但组织了一些伪军。这里面有一部分人是国民党的散兵游勇,后来民团、自卫团散掉以后,日本鬼子就把他们也吸收过去,另外还有一些闲杂人员,大部分都是一些不务正业、不想劳动的人,也有一些外地来后生活没有着落的人。我们叫他们"二鬼子",就是给日本鬼子效劳的人。我们村子好像没有人当二鬼子。北面有个北王绪村,大概有七八百户人家,那个村有一两个二鬼子,其中有一个人还当了中队长,另一个人在我们那个地方当过长工,后来穿着二鬼子的军装到过我们村。

我们北沟村不算是日本人控制的重点地区。离我家五里路有个叫栾家口的地方,日本人在那里建立了碉堡,组织了一些伪军。伪军白天经常下来耀武扬威,到农村来收粮、抢粮,下午三四点钟就回到碉堡。因为没看见过日本鬼子,所以就不知道里面有没有日本人。伪军隔三差五地来,一来就是七八十个人。他们来了以后就找村长要粮食,还要把粮食送到碉堡去,村长就耍赖、磨蹭,能赖掉多少算多少,但最后也给他们一点应付一下。我们的政府人员在日伪回到碉堡后,乘着天黑就起来活动,学习、开会和搞训练。

日本人打到我们那个地方后,共产党领导的地下力量就全部公开了,建立了抗日民主政府。区政府就在我们那个村子,民政助理、文教助理也在我们村。区里的农民救国会、青年救国会、妇女救国会组成一个总会,叫国救会。国救会组成以后,不断进行活动,开展教育:日本鬼子打来了,我们不能当亡国奴;国民党跑了,我们不能跟着跑,我们要保卫家乡;国民党不打鬼子,共产党领导我们打。八路军来了以后,妇救会给他们送消炎水、做鞋、洗衣服。妇救会还要开展宣传,就是跟家里的婆婆和妇女讲一讲现在政府怎么样、政府要我们怎么做、我们要怎么做好,更多的是教妇女识字,让妇女提高文化。

那时村里还组织儿童团,我担任团长。儿童团学习唱歌,开展宣传活动,就是通过唱歌、演戏、贴标语等形式进行宣传。唱的是抗战的歌,如"大刀向鬼子的头上砍去""工农商学兵一起来救亡"。我们除了上课以外,一项重要的活动就是送信、传情报。上面情报下来了,孩子赶紧送到学校,学校的教员就赶紧通知村领导。日本鬼子下乡了,儿童团的孩子拿着老师写的字条赶紧送到其他村。信息传达到了以后,我们的政府工作人员就隐藏的隐藏、应付的应付。村长是"两面"村长,在给八路军、共产党政府办事的同时,如果日本鬼子来了,也给予适当应付。鸡毛信表示十万火急,需要快速送达。我们还用不着鸡毛信,因为这里日本鬼子的势力不大,鬼子头子下来赶紧催点粮食以后就跑回去,当地的区中队还是有点作用的。但是区中队的武器不行,所以没有和鬼子正面打仗,只是骚扰他们。

3 从教员岗位参军入伍

从一年级到六年级，我都是在北沟小学上学，到了六年级，也算农村里的一个小知识分子。我的思想就在这段时间形成，就是相信共产党，一心一意跟共产党走。我在给共产党办事的时候，就认为是自己应该做的事情。当时，国民党政府丢下老百姓自己跑掉了，我感觉到国民党政府很不可靠，还是要共产党来领导。

到了 1945 年，我小学毕业已经两年了，但一直留在中学预习班，就是学生六年级毕业后，要花一两年的时间在这里复习。各个学校不一样，我们那个学校的老师就留下几个年龄稍大的学生在中学预习班上课，我在那里待了一年多的时间。当时全区各个学校都有学救会，就是学生救国联合会，也就是学联，做传达教育和优待军属等事。我留校后的主要精力放在管全区学联的工作。1945 年 7 月，我到栾家口小学当教员，但是还管学联工作。1945 年 8 月 15 日，日本鬼子投降了。听到这个消息后，我很高兴，我们还游行庆祝。我们有一个同学是绘画天才，画了一幅毛主席像，这是我们第一次用这种形式画大字画，然后几十个学生举着这幅画像到村里、街上转了一圈，希望让更多的老百姓知道日本鬼子投降了。

在重庆谈判期间，我们不断被教育："国民党非常不可靠，口是心非，讲要和平，实际上准备好了要来进攻解放区。"1946 年，国民党发动内战了。这时，我们内心当然抵触，要起来反抗。那时部队需要扩大，就在农村动员青年参军。因为部队需要一些有文化的战士，我们小学教员在农村算知识分子，所以全部到县里集训，动员教员带头参军，然后回村到各校动员学生民众参军。我是1946 年 10 月在区学联入党的，我的介绍人是一个叫杨光的女同学，她年纪比我大一点，入党也比我早一些。她当时承担支部的补给任务，就问我："你要不要入党?"因为我那时很信仰共产党,所以我就入党了。这时需要扩大队伍,又要开会,又要动员,我是党员,当然要带头了。当时我在区学联有点号召力,去了以后,那些大一点的学生会跟着我过来。这时,我们教员中有一批人定下来了要参军。我决定去参军后,就回到乡里,向周围的人及各个学校宣传:"日本鬼子投降了,国民党要进攻了,我们应该起来自卫。部队需要战士,我们应该参加八路军,对敌作战。"村里人知道我去当兵,就对我说:"不是当兵不好,你们家的实际情况不允许你去。"我说:"我还是要去。"因为我想,扩军需要带动一些人,我是党员,我一去能够带动好多人。我母亲甚至叫亲戚朋友来劝我:"你不要去了,你家只有母亲一个人。"我有一个关系很好且年纪比我大的邻居也说:"你不要去了"。我最终还是决定去当兵。我们村杨姓地主的孙子叫杨杰绪,他和我是同学,我们一起当兵。他叔父叫杨兴诺,后来改名为岳炎。在1938年敌人进攻胶东的时候,他和村里几个家庭条件好的人都参加八路军了。杨兴诺对他的侄子杨杰绪当兵有影响。这次村子上像我们这个年纪去当兵的大概有七八十人。

1946年12月,我报名去了胶东军区教导2团[1],在那里学习了一两个月。1947年1月底,军区的炮兵团刚成立两三个月,需要一批稍微有点文化的人补充部队。我们有两个队,大概有一两百人,就一起到了胶东炮兵团。

4　在炮兵团的战斗生活

我们部队在开始的时候,步兵只有迫击炮,一个团有几门迫击炮,没有大炮,后来缴获的日本武器中有大炮。迫击炮威力小,野炮口径大,炮弹能够炸好大一片地方。之前因为没有大炮,所以我们打日本鬼子的据点全靠人去送炸

---

〔1〕 1943年,抗大一分校胶东支校改为山东军区教导2团,归胶东军区管理,一般也称其为胶东军区教导2团。

药。我们的人跑到敌人碉堡下面,然后把炸药包卡到墙上去,拉了火后赶快跑回来,炸药包就把碉堡炸了一个口子,步兵再冲进去。炸城墙也需要这样,当时没有别的办法。我们用炸药包把城墙炸开大一点的口子,步兵才能进去,否则进不去。在送炸药包时,往往是打倒一组,第二组马上上去,第二组打倒了,第三组再上。有时一个组、两个组、三个组都死在碉堡前面。我们就这样打仗打了六七年,直到1945年才有炮兵,打碉堡就不用去放炸药包了。但是,不是每个部队都有炮兵,炮兵不够用的话,还是要用炸药包。

胶东军区的炮兵团原来是一个炮兵班。1944年5月,我们部队有人到敌人的车站里弄了些铁轨回来,自己造了一个小炮。这个炮口径很小,但是比迫击炮要好。在胶东牟平打敌人据点时,打了三炮后,炮自己就坏掉了,但是总算把据点打了一个洞。接着,步兵又用炸药炸一下,进去以后就把敌人消灭掉了。1944年底,我们又缴获了敌人两门山炮。后伪军在威海起义,带了一个炮艇过来。我们从艇上面将炮拆下来以后装上轮子,最后组成了一个炮兵连。从那时候开始,胶东就有炮兵了。后来,我们慢慢地发展了山炮、野炮和榴弹炮,从炮兵连发展到炮兵营。炮兵营打完仗以后又缴获了一些炮,逐步组建了炮兵团。那时这些大炮只能打几公里远,打十多公里远已经很不错了。

我们炮兵团1947年3月时发展最快,因为在鲁南作战的时候,国民党有一个快速纵队,里面炮很多。那一仗打下来,我们又增加了一个榴炮营,还有一个重迫击炮营,这样炮兵团完全充实起来了。我入伍以后,当了几个月炮手。八匹马拉的野炮是日本人在1938年造出来的,我就是在这个炮上当炮手。这个炮分瞄准手、装填手、拉火手,由四五个战士负责。打仗就需要配合,瞄准了,装填好炮弹,班长下命令,拉火就放,炮弹就打出去了。我当过瞄准手,前面有一个老兵是瞄准手,我跟着他学,但是我没有用瞄准术真正地去打炮。打炮也需要多方面配合。多数情况下,炮手看不到敌人在哪里。观测班要找一个最高点,看敌人在哪里。他有测远镜、炮台镜、测台镜,然后测出一个距离、角度。观测员既能看到敌人,也能看到炮阵地。他们计算出距离,然后将数据报到阵地去,阵地的瞄准手就根据这个数据装到镜子上,接上大炮。炮手不知道打哪里,但观测员知道,打一炮,如果远了,他给你减点距离,你再打。如果偏了,他给你移动一下,输入数据,你再打。一般打两炮,如果两炮都这样,就加一发,第三发肯定要打下去,由于前一发减大了,再加一点,这样第三发就可以打下去了。我在班里当炮手的时候,只有班长文化程度高一点。在战士当中,只有我一个能写信,所以班里面十多个人都要我帮他们写信。他们都是农村出来的,文化程度相当低,稍微有点文化的都集中在需要的地方,当瞄准手、计算手,从事观测、计算、使用仪器和其他方面的工作。

因为我有点文化,两三个月后,就来到营部当文书,管全营的统计、登记等事务。一个营有三个或四个连。我们那个营的营长叫孙启福,他在农村给人家当了十多年长工,1938 年就出来当兵了,慢慢地当上了营长。他文化很低,基本上不识字,所以就需要找一个有文化的人当文书。打仗的时候,我要跟着这个营长。刚成立团的时候,我们有四个营,第 2 营打仗最多,野炮需要量最大。炮兵需要跟步兵配合,要打一个城市或者阻止敌人进攻的时候,步兵要在前面挡着,炮兵用炮火去支援,然后步兵该冲锋的冲锋,该防御的防御。那时我们胶东步兵有三个师,炮兵很少,有迫击炮,没有大口径的炮。我们那时都是临时打仗,这个师打仗了,炮兵团就去,我在的野炮营配合这个师。这个师休息了,另外一个师要打仗了,炮兵就赶紧过去支援。到那去以后,炮兵要听步兵指挥,哪个地方需要打,步兵在地图上标出来。我们营长不识字,他只知道大体在哪个位置,但是不知道具体位置。他记不住名字,步兵团长、步兵师长告诉他以后,他用脑子记,我用笔记。回来以后,给连长下达任务时,营长说不清楚的具体名字,我就去帮他讲。我就起这个作用。整个炮兵团打仗打得最多的就是野炮营,从 1947 年 1 月开始,我跟着它一直打到朝鲜。这个经过我都记得,有时候记得比营长还清楚。我就是跟着这个营长了解一些作战情况。不久,我就去团里当干事。团里有司令部、政治处、后勤处,我在政治处组织股当干事,管党员发展、党员教育、党员活动,管干部的调动、提拔。那时干部经常伤亡。

我们连队的组织非常严密,一个班里面有一个党小组,有两三个党员,还有一个团员。连里有支部,团里有党委。组织非常重要,一个班里的两三个党员就把班里的十多个人带动起来了,打仗向前冲,危险的时候顶上去。平时的政治教育很重要,就是要告诉大家我们为什么要打仗、仗怎么打、为什么我们要冲锋在前。我们还及时向大家宣讲国民党的一些暴行等,战士始终保持着对敌人的仇恨,始终努力实现最终目标——消灭国民党,使我们的国家得到安宁。那时不懂得什么叫夺政权,就知道要把国民党打倒,要把蒋介石打倒,要解放全中国,这个东西在脑子里的印象很深。

当然,有的战士由于条件太苦,战场太惨烈,在行军过程中就跑掉了。我们感觉他们动摇了,就跟他们谈心。一到晚饭后,个别党员跟这些战士一个个谈心,对他们讲:“家里有困难就反映到连里去,政府来解决。”每次打仗我都害怕,炮很响,子弹也在旁边响,但是在这种情况下,我绝不能退缩,大家始终都有一个荣誉心、一个把任务完成好的心。我们打仗的时候,害怕归害怕,很少有退后、逃跑的,原因就是平时的教育以及集体荣誉。所以好多人说:“你们打仗不害怕?”说不害怕是说谎,炮弹这么响,有的同伴一下子就倒下了,你怎么会不害怕呢?但是你怎么能够抑制住害怕的心情?怎么能够坚持下来?过去这叫觉悟,现在叫思想认识。我们打完淮海战役以后的思想认识就是:一定要过江,不打过去,国民党又会打回来,我们仍然不能安宁,所以我们一定要打过去。当时的口号是:打过长江去,解放全中国! 全中国解放了,真正的战争根源就没有了,就可以完全放心了。部队怎么指挥,我就怎么做,最根本的信念就是解放全中国。

5 朝鲜战场的艰苦生活

抗美援朝爆发时,我在第 8 连当副指导员,我们部队是 1950 年 11 月 15 日从通化那边过的鸭绿江。朝鲜的公路很窄,一面是高山,一面是深沟。我们开始在朝鲜遇到了两方面的困难,就是寒冷和饥饿。冬天,炮在冰冻的路上,很容易滑下去。气温经常在零下 30 度左右,下雪以后道路就更难走了。在朝鲜驻扎下来以后,每人发一个干粮袋,里面的粮食只够一个战士吃四五天。在国内打仗,老百姓拥护我们,我们没有饭吃,老百姓会一家一户地送来,但在朝鲜就不行了,有些老百姓有时也在地窖挖出一点土豆、大麦粒,大麦粒没有磨子来磨,好多人吃了大麦拉大麦。

我们开始一两年没有制空权,敌人的飞机就在头上盘旋,有时候在山上能清楚地看到敌人的飞行员。到了 1952 年就好起来了,因为我们有进攻权了。在第五次战役时,我们遇到一个险情,当时我们配合第 27 军打,掩护他们过了昭阳江。他们打过去后,我们炮兵跟了过去。我们在国内打仗,往往是国民党来了以后,我们一下子就包到敌人屁股后面,像包饺子一样包住以后,把敌人一个一个地消灭掉。在朝鲜像这样打不行了,第 27 军的第 81 师包到敌人后面去以后,敌人都往回退,我们就从山头过去包他,包到后面去以后,敌人就攻回去,之后敌人又回来把我们包住了,我们在朝鲜的伤亡很大。第 27 军的第 81 师进去以后,干粮不够吃,敌人又上来了。敌人的装备机械化,速度很快,第 81 师最后分成一个个班排,班长、排长各自带着自己的人马跑回来。有的部队被敌人包围以后，班长、排长找不到连长，就不知道怎么办才好。这场仗我们供应跟不上，又被反包围，伤亡很大。但是，我们想到的是：死了就死了，必须要打下去。抗美援朝最后全是靠意志和信念打下来的。

我们从朝鲜回来以后，部队成立了干部部，我在那里当干事，接着在团里政治处当副主任，之后到师政治部当副主任，然后是在后勤部当政委。1982 年 12 月从炮兵第 9 师副政委岗位离休。

有勇有谋
智取鬼子

杨　新

"我们打地雷战，组织老百姓装地雷，鬼子踢门有地雷，鬼子跑路也有地雷。"

★ 口 述 人：杨新

★ 采 访 人：张若愚　来碧荣

★ 采访时间：2018 年 2 月 25 日

★ 采访地点：江苏省高邮市甘垛镇甘中村

★ 整 理 人：孙宸　王莹莹　张若愚

【老兵档案】

　　杨新，男，1923 年 4 月 29 日生，江苏高邮人。1940 年参加新四军第 2 师第 4 旅第 10 团第 2 营，历任战士、战斗组长、副班长、班长、排长等职，1941 年加入中国共产党。抗战时期与日伪军进行频繁的游击战，多次摧毁敌人碉堡。解放战争时期经历孟良崮战役、淮海战役、渡江战役等，1951 年因伤转业回高邮工作。参军期间先后负重伤两次，子弹至今留在体内未取出，轻伤无数。

----

1 和哥哥一起给地主放牛

　　我出生于 1923 年 4 月 29 日，比中国共产党小两岁。老家在高邮县闵桥镇[1]，父亲叫杨林章，家里有两个妹妹，弟兄五个，我排行老三。小时候我在家跟父母一块务农，种地土田，后来我去地主家做工，跟二哥一起给地主放牛，按他规定办事。因为我从小就放牛、放猪，所以很在行。我早上起来，拿着个篮子

---

〔1〕 闵桥镇，今属于江苏省金湖县，位于县境东南部。

外出拾草,大概要称到 50 斤草再回来吃早饭。地主先吃,我们吃剩下的,用盆子舀的全是稀的,没有稠的,每天都是这样。晚上我就搭个床靠着牛睡,还要拔草,把牛身下的地弄得干干净净。我们没有上过学,天天在外面做苦工。每一亩田要给地主一石麦、一石稻子,相当于年租。我 13 岁那年,地里都是病麦,收成不好,地主就不把田给我们种,我们也种不起,把家里东西全抵了,找东西给地主,车、牛都给他,连板凳都拉走,地主太狠。当时在家连粮食都种不起,到腊月三十晚上过年,家里没米做饭,我就到地主家要二斤米回家过年。结果地主说:"你还跟我要米,我养了你们一年,我还要跟你要米呢!"就这样没有要到米。过去,地主狠,给他们做事没有钱,就发三尺布,我们兄弟五个都去种地主田。后来我 17 岁就去种和尚田[1],然后当了兵,两个哥哥跑到外面去种地主田。

费保长带人抽壮丁把我二哥抓了去,进了国民党的军队。因为二哥种田的地方离家 50 里路,那时还属于高邮县,现在是金湖县金南乡,靠着安徽边界,他在那个荒地上种地主田。后来费保长知道了,就跟我父母说:"你们家儿子多,能当共产党(指我)就能当国军。"于是保长就带着几个人在夜里跑过去抓了我二哥,他们在那一共抓了六个人,我大哥跑得快没有被抓住。二哥他们被五花大绑抓到天津,到了之后他们六个人衣裳也换掉了,枪也发了,准备好去当兵,结果把枪扛起来不肯干,把衣裳、枪都丢下跑回家。在山洼子里面跑,两个月后跑到黄河边,要过河却没有船,又不敢走大路。正好那时是秋天,田里收了粮食,他们就把秸秆整成捆,趴在上面划,互相拽着,顺着水流淌,淌到哪里算哪里,就这样过了黄河。我二哥就在划的时候水呛到肺里,跑回来没过多少年就得了肺病,37 岁就去世了。

当时保长还把我父亲关起来,跟共产党员农户关在一起。之后有人跟保长说:"杨林章你不能打,他三儿子(指我)在新四军里,你不要小看新四军。"所以

---

[1] "和尚田"指寺庙拥有的土地。寺庙将其租给农民耕地,以获得收入来维持寺院开支与僧尼生活。

保长没有为难我父亲，我父亲也没有挨打。被关了一个礼拜后，有人喊我父亲，我父亲嘀咕喊他什么事，那人说："你叫杨林章吗？"我父亲说："是的。"那人就说只要我父亲找三个人来保释，就可以把他放出来，但出来后不要乱跑。我父亲说他不跑，他就老老实实种田。后来我父亲就找了三个人保释，一个是我嫂子，一个是我姑爷辈，还有一个是我表嫂。那人说这三个人可以，但我父亲要保证不要瞎跑，就在那里种田。因此我父亲就出来了，后来一直都相安无事。等我们当兵背着枪作为干部回来，刚到闵桥东边的太平县，在靠近高邮湖边，我们那个保长走到我跟前跪下，他以为我们是来抓他的。我问他是谁，我认不得他。他说是保长。我让他起来，说："你的问题由政府处理，我们不是来处理你的。"家里这些情况都是我转业回来之后才知道的，我参军后十年跟家里没有通音信。

2　乔装成 "花姑娘" 抓捕鬼子

1940 年我 17 岁，到一个大庙里种和尚田，正好一个营的部队就驻扎在庙里。那是八路军，我不识字，士兵写了"八路"两个字问我认得吗，我说认不得。他说这是"八路"两个字，说他们是八路军，不是皇军、国军。他们是一路走一路扩军，动员贫下中农老百姓当兵，等到我参军后离开这里时就已经是一个团了。他们穿破破烂烂的灰色衣服，臂章上面写的是"八路"两个字。在庙里时，部队连干部、排干部教育我们跟他们当兵去，保家卫乡。于是我就决定正式参军。

我刚参军的时候是八路军，1941 年 2 月，部队改编成新四军第 2 师[1]，师

---

〔1〕皖南事变后，1941 年 1 月 28 日，以华中总指挥部为基础组成新的新四军军部，将活动于陇海路以南的八路军、新四军部队统一整编为 7 个师和 1 个独立旅，其中包括改编后的新四军第 2 师。

长是张云逸,副师长是罗炳辉,后来师长当新四军副军长去了,罗炳辉就成了师长。罗师长很好玩,天天晚上跟我们在一起,给我们讲课、讲枪法,我们也听不大懂。他很有本事,是神枪手,我经常看见他打枪。

我参军后在第 2 师第 4 旅第 10 团第 2 营,跟随部队在滁州一带跟日本鬼子打游击战。盱眙在津浦路东边,我们就在津浦路的二圩直接听罗炳辉指挥,在这里打鬼子的碉堡,跟鬼子打来打去,整夜整夜地都不停。我们晚上要跑七八十里、百十里路去打鬼子。

我们打游击的时候,白天不打仗,大都是夜里打仗,打拔点战多些。只要碰到鬼子,不管碉堡里是一个班还是一个排,都要打下来。小仗太多了,天天都有。那个时候在生活上受到限制,有时候六七天都没有粮食。津浦路那都是山,山上长果子,树根底下长青草,我们就吃果子、吃草。不吃不行,没有别的吃,不吃就会饿死。老百姓知道我们是共产党新四军,就趁着砍草的机会把家里剩的一点东西送给我们吃。部队里的侦察队在地方动员,军民关系好。树是我们部队的,庄稼是老百姓的,老百姓扛着叉子,扛着扁担和刀上山砍草,不会被敌人发现。

1941、1942 年那时候,国民党普遍都是二鬼子。走这里也有,走那里也有,撞上他们又不能不打,非打不可。我们跟鬼子打游击,农村包围城市。

我参军后部队里发武器,刚去的时候发的弯管子枪,因为我个子不高,就跟弯管子枪差不多高,三颗子弹中还有一颗瞎的,就用芦苇把子弹袋填满,就像装满了子弹。要等到敌人站着,才能打一颗子弹,确保能把敌人打死,否则不能打,打死后还要把子弹壳拿回来。还要留一颗子弹给自己,万一被俘时自尽用,所以三颗子弹实际是两颗。

我们都是夜里去抓敌人,要想办法如何抓住敌人。在高邮的公路上有碉堡。日本鬼子喜欢"花姑娘",所以我们就派人坐轿子、抬轿子,装成结婚,晃晃悠悠就去了。我们事先派侦察队查清津浦路周围离山洼子20多里路的碉堡有多少人,侦察队就是当地老百姓。我们这支部队装成三媒六证,骑驴、抬轿子的全是当兵的,班长化装成新娘子坐在轿子里。鬼子发现后就下来围着轿子,媒人开口讲一堆农民穷、带个媳妇不容易之类的话,鬼子不理睬,非要把轿门开开,把新娘露出来。结果刚打开轿门,化装成新娘子的班长"啪"一枪就把鬼子给打死了。枪一响,每个人都行动起来,鬼子也来不及反击,那一次打死六七个鬼子,还有个把两个被抓住做俘虏带回来。部队为了打鬼子就伪装成抬花轿,经常用这个招数。

假扮花轿要在下午天快黑不黑的时候。两个抬轿的下来了,鬼子也不知道轿子往哪里走,鬼子也不问,就抢轿子,抢"花姑娘"。所以用这招抓日本鬼子好抓得很。要想打鬼子就得用计谋,不用就打不过他们。有时我们被鬼子发现了,他们追我们,拿枪打我们,他们的枪法准,枪又好。但我们在山上,地形有利,能躲过去。

3 智取鬼子与白刃相向

大概1941、1942年,我们开始用三八大盖了。老兵告诉我们:"上膛要使劲,不使劲就推不上去。"那些三八大盖是我们玩命打鬼子、打死五六个鬼子后得到的五六杆鬼子枪。1942、1943年的一天晚上,鬼子一个班在平山山顶的碉堡里,碉堡附近有个水塘,有两亩田大,一直都有水。有个侦察队侦察了三天,一直没进展。第三天晚上,侦察队队长跑到我们营部来,说:"请营长帮助,发动群众,帮我们抓一个人来。要找水性好的,能下河五六个小时不上来的人去抓。"之后营长就给我们开会,说明这个情况。部队里有一个小孩子是渔船上的，当了几年兵，个子还没有我高。他就站起来报告说这个事情他可以来做。营长听了后就说散会，单独喊他出去，把他带到了营部。

在营部那里，侦察队队长把情况介绍给他听，那小孩就告诉他们哪边是塘埂，哪边是大圩、小圩，埂的那边就是小山。当晚他们就按照这个小孩的指点开始行动，三个战士成功把敌人抓住，一个人弄头，两个人抬腿，翻过塘埂。结果在翻的时候敌人枪响了，他们就把敌人弄到水里抱住他，让他吃水，把他淹得差不多不动了，就朝身上背，跑到我们这边，把他消灭了。之后敌人下来搜查，我们装作伪军部队的番号，因为部队里有伪军投降来的副营长，他知道番号，装成伪军的部队，逃过敌人的检查。

1942，鬼子到津浦路东，我们就到津浦路西。在安徽滁州的藕塘，有一仗跟鬼子打得很激烈。不知道鬼子是从安徽蚌埠出来的，还是从南京出来的，一上来就是跟第12团打，我们第10团来支援他们。

刚开始侦察的时候，只有一个团的鬼子，于是我们准备晚上去突袭，他们没有准备，被我们打掉了一半。后来鬼子加了一个旅上来，有三四个团，我们只有第12团、第10团两个团，所以就打不过他们。旅长叫第12团撤下来，第10团上，我们上去以后，第12团团长不肯下来。他跟旅长说："叫第10团支援我们四个连，我来指挥。"旅长同意了，就叫第10团派出四个连，由第12团团长指挥。我们上战场后就拿着大刀，在巷子里头跟着第12团团长跑，跑得快，鬼子在船上跑不过我们，也打不到我们。我们在藕塘围了一圈挖工事，这里的地都被我们挖空，鬼子一冲到藕塘里，我们就拿刀砍，砍了有一个钟头。鬼子在船上不好打枪，也跑不了，而且船都这么宽，旁边都是城墙。就在那个晚上，我们花了几个小时砍杀鬼子。因为之前第12团打来打去把鬼子打疲劳了，我们团上去后精神好，又全是带着大刀砍，鬼子就打不过了，我们还俘虏了好多鬼子。这一仗我们打胜了，团长指挥有方，他自己也冲锋在前。

藕塘打完后,第12团伤亡多的消息被我父母知道了。有人告诉他们某某团在哪里被消灭了,你的儿子就在里头。我母亲就说我肯定被打死了。她带着一个洋钱、一双鞋子就去找我,到处找,找了两个月也没有找到。我母亲一路上没有吃的就要饭,一直在找部队,后来有人告诉她,我这支部队在哪个山洼子被消灭了,我也被打死了。后来我妈就回家了,这些当时我都不知道。

那时候伪军给鬼子带路打我们,伪军在前,鬼子在后,赶着我们打,都是下雨下雪的天气。我们能打就打,不能打就撤退。要保存自己的力量,不要跟敌人玩命拼。

4 拼刺刀和炸碉堡

我们跟鬼子拼过两三次刺刀,在徐州拼过一次。在徐州时鬼子一个旅下到乡村"扫荡",我们就在夜里上徐州城往鬼子的仓库去,打他"尾巴"。炮弹、子弹、粮食这些有用的东西就叫老百姓先扛走,衣服太多了,有些东西拿不走,老百姓来不及搬运,也怕鬼子突然回来打我们,所以我们就把拿不走的东西都放火烧掉。结果鬼子"扫荡"完有一个团先回头,我们一个团就在一二里外的路上挖好战壕,蹲在里面守着。鬼子一经过,跑到跟前了,我们的大刀能发挥作用了才冲出来,跟他拼,砍了不少人。当时我自己砍了估计有五六个鬼子,把他们腿砍断。那时鬼子打枪也来不及了。砍了几个小时以后,我们还俘虏了几个鬼子,可惜后来让他们跑掉了。后来鬼子的大部队追了过来,我们就奔津浦路西,因为路西那里全是山,所以鬼子也不知道我们跑到哪里去,没法找我们。

我在侦察队时穿便衣,穿得跟农民一样,加上我年轻,被敌人发现了就赶紧跑。我穿草鞋跑起来很快,敌人穿皮鞋,跑不过我。我参军以后,除了负伤休息,都是跑。我穿过六年的草鞋,露营也不脱,在部队生活很艰苦。

我们打碉堡的办法多。一开始打的时候不懂,后来罗炳辉师长他们下来讲课,讲碉堡究竟怎么打——要翻过敌人的沟壕,才能进碉堡。譬如说,一个碉堡有50公尺高,探照灯一开就像白天一样,针掉地上都能看见。它的第一道沟是挖水沟。第二道放刺槐针,用老百姓的刺槐树铺上。第三道是战壕。第四道是14公分粗的木桩,把碉堡围起来。碉堡和楼房一样,最好是尽量靠近它用炮轰,把50斤的大炮送到碉堡跟前,才能把它炸掉。碉堡不炸掉,鬼子就打不到;碉堡炸掉了,鬼子就淹死的淹死,跑路的跑路。

实践中,为了炸碉堡我们上去两个班,牺牲很大。后来上面就研究,运来了可以爆炸的武器,有的是两斤炸药,和小地雷一样,有的是五斤,有的是十斤。部队在外面指挥安放十斤的炸药,一炸就把鬼子的洋槐针给炸了下来,不是只在一边炸,而是在碉堡的四面一块炸,鬼子在碉堡里并不知道。我们部队有时间要求,夜里12点、1点,在碉堡的四个门准时一起爆炸。然后部队所有战士全都上,鬼子应付不过来,既要兼顾这边,又要负责那边,可他们总共就一个排。四个门炸开之后,水沟怎么办?开始的时候,靠搭人梯,但人梯一露头,鬼子"砰"的一枪,就把人打了下来。所以我们就发动农民送稻草,用稻草把湖填起来,到时就可以趴着跑。再然后我们派出神枪手打探照灯,因为地面不平,把探照灯打掉我们就可以藏起来。这个方法的缺点是,神枪手打探照灯会有动静。我们部队里有一个营是红军下来的,有很多办法消灭鬼子。再之后,我们用门板铺在碉堡下的山沟、埕子上,这样人就可以在门板上跑过去。我们跑过去后就用25斤的炸药炸,搞他个四面开花。接着派神枪手打灭探照灯,趁夜色扑着火冲进去,就这样把鬼子的碉堡给拿下。打鬼子、打碉堡,我们下了好多力气才取得了消灭敌人、活捉敌人的胜利。

5 打坦克和飞机

我们的骑兵很厉害,敌人打不过。我们的骑兵经常训练,鬼子的机枪打过来时,他们的身子朝边上一侧,肩膀一歪,就能躲过去。鬼子却不行,因为他们全是大马,不够灵活。我们还逮住过敌人的马,给我们的旅长骑。马很聪明,本身就会打仗,能驮着旅长指挥。这匹马的腿是白的,过河、掩护都靠它。过河时它把旅长从河里驮过去,打起仗来,炮响了,它自己躺倒掩护旅长,仗小的话它就爬起来把旅长一驮就走。我们打敌人的骑兵时趴在地上,骑兵手里的大刀砍过来时我们往旁边一滚,把手里的步枪朝身上一背,敌人一刀砍在枪上,就砍不到我们。所以我们就练习这些动作去打骑兵。

鬼子的坦克我们打过,国民党的坦克我们也打过。鬼子的坦克可以爬高45度,再高它也爬不上去,所以坦克来我们就奔高处,不跟它在平地上交战。我们趴倒在地上,坦克到跟前,我们一滚就过去了。只要不乱滚,坦克就肯定打不着你,不能站着跑,只能在地上爬,鬼子坦克里的炮只有50厘米高,爬起来跑就能打到,趴在地上滚就打不到。坦克的钢板非常厚,枪炮对它没有用,只有爬到顶子上,把手榴弹往里面扔才有用。坦克开着的时候,我们身子一翻,朝顶子上爬,爬上去后鬼子也没有办法,接着要快速把顶盖掀开,手榴弹往里一甩,就把它炸掉了。这个动作要小心,坦克开得比汽车快,平时都把顶上的盖子敞开,打仗时就把盖子盖起来,怕上面有炮弹撂进去。整个抗战时期,我们打鬼子的坦克也就一两次。打游击的时候,我们打鬼子飞机的次数更多。1944年我们还在徐州这一带打掉过鬼子的飞机。在此之前我们干掉了一个团,鬼子派了六七架飞机来报复。我们就用缴获鬼子的一门迫击炮把其中一架飞机的机翼打掉,后来看到这架飞机飞到山里摔下去了。

还有一次,1943、1944年的时候我已经当了排长,是一名老兵。在津浦路西的山里面,我们用迫击炮打下过国民党的飞机。飞行员是个女的,十八九岁,是在美国受训过的中国人。当时国民党的这架飞机并不是来打我们的,而是执行任务时路过我们部队的上空,飞得也不快,但还是蛮高的。那时是白天,山上净是树,飞行员看不见我们。迫击炮排长跟我说:"杨排长,你望着那个飞机,看看炮口怎么对着飞机。"我说我不行,他说:"你要等飞机飞到距离我们这个炮几百公尺的时候才能开,这样炮弹就能击中飞机。"我还是不知道怎么打。他就说他自己来。飞机越来越近,一炮打上去,结果把这个女飞行员的腿打断了。

她跳伞逃生后,被我们捉住。我们要先帮她把受伤的腿包扎起来,她说要找个女医生给她包扎。她说不要男医生,怕男医生会来害她,后来我们就找了个女医生给她包扎。包扎后我们问她为什么要来轰炸我们,她说都是中国人,她并不是来攻击我们的。于是我们就把她送往中央去了,听说她后来当了飞行教员。

鬼子飞机来轰炸时,我们也趴在地上,炮弹炸的坑比我们现在一间屋子还大,起码两米多深。还是在徐州的时候,白天我们部队正在行军,三架鬼子飞机往这边来了,一个高一个低进行侦察。发现我们之后炮弹撂了下来轰炸,炸的坑起码有两三米深,一爆炸我就往外翻,避让也来不及了,人还趴在地上。当时不止我一个,还有其他战士,一起被埋在泥下面失去了知觉。后来一个班的战士把我从死人堆里拉了出来。等我在卫生队完全清醒,已经七天过去了,我着急回到部队,医生就给我吃药、打针,让我一天天好起来。战争中也有开心的时候。记得我们侦察队有一次夜间行军,突然发现 21 个鬼子,我们马上抓住战机,发动突然袭击,结果不仅大获全胜,还活捉了 6 个鬼子!

6 军民同心共抗敌

1941 年 18 岁时，我入党了。当时我们连里说我还蛮聪明，打仗很勇敢，就让我参加了共产党。当时是完全秘密的，只有部队里的排长、连长知道哪个是党员，不当干部不会晓得谁是党员。入党后的党小组会议一般是有时间才开，转移的时候没有时间就不开，开会主要就是学习。我的入党介绍人是连指导员潘得才。党员身份在我当班长的时候才公开。

与鬼子打游击战的时候有时会受轻伤，子弹擦破皮，裤子打通了，都是轻伤，不是重伤。1942、1943 年那时鬼子"扫荡"的特别厉害，一直到 1945 年投降之前都很厉害。我们一直在跟鬼子打游击，鬼子就是靠"扫荡"，老百姓都恨他们，也不给他们吃的。我们打地雷战，组织老百姓装地雷，鬼子踢门有地雷，鬼子跑路也有地雷。鬼子的"扫荡"常常坚持不了几天就撤退了。

新四军部队纪律很严，三大纪律八项注意不能违反。我们刚到山东打鬼子时，战士的衣裳都洗得干干净净，老百姓就瞧不起我们，说这支部队中看不中吃，打鬼子不行。后来我们把鬼子的碉堡炸掉后，老百姓来慰问我们，杀猪给我们吃。但我们不能拿人民的东西，不能吃人民的东西，老百姓的东西我们不能收。结果区长、县长就跟在我们部队后面，说我们不收他们就不回头，跑了百十里路。后来我们师长就说："东西我们收下来，钱你们带回去还给老百姓，杀的猪我们付钱。"区长说不要钱，区里、县里给的。师长说不行，区里给、县里给的还是老百姓的。至于后来给了多少钱，我就不清楚了。后来把钱给了区长、县长，叫他们还给老百姓。没多久鬼子就投降了。此外，部队里面也有开小差的，就是跑回家的逃兵，但抗战的时候毕竟是少数。跑了以后我们也不抓回来，他们跑到山洞里也没法抓。还有国民党的逃兵跑到我们部队里来当兵。

我们到一个庄子休息下来，晚上就用老百姓栽的蓖麻编草鞋，一个人四两蓖麻,编成一双草鞋。先是做脚耙子,做出来穿着就像草鞋,再用绳子朝里一穿,然后一拉,后跟用一点布把它卷起来,朝脚上一扣,就是一双草鞋。我们没有闲时间,衣裳破了得自己补,衣裳脏了得自己洗。

7 内战打孟良崮

日本鬼子投降后,我们第2师在沂水把山东省主席王耀武带的四个半旅消灭了,四个旅全被俘虏。之后我们走徐州打涟水,跑了一天一夜到涟水。跑到涟水以后,我们在涟水运河西边,敌人在运河东边。冬天雪下得很大,我们都穿着用蓖麻编的草鞋,敌人喊我们"草鞋兵"。敌人是广西部队,我们叫他们"广西猴子"。打的那天晚上下雨,我们准备占领涟水,到达的时候敌人也不知道。我们一个旅布置下来,在涟水的城南一直到城北,大概有二三十里路,每隔三四米站一名士兵,一人负责一处。到早上鸡正要叫的时候,广西部队的一个师往河东的大桥走,我们埋伏在四周。等敌人上桥时,我们四挺机枪就交叉开火。桥上的部队就被打散了,敌人纷纷落水。旁边的部队躲到桥底下,准备从水里过去,一个团或者一个营爬水过来。但我们的布置有二三十里路远,敌人也不知道我们多远有一挺机枪,开始往我们边上跑,这时天已经亮了。我们往垛草里一散,敌人吓得回头,他们知道我们是第2师,打不过我们,是我们的手下败将。他们有的淹死了,有的被打死了。后来国民党的支援部队从西边来,从后面包围我们,我们就向北退下来撤离。

我们北撤的时候,一名27岁的区副书记,高中毕业生,来我们这支连队参加作战。身经百战的老兵谁不知道手榴弹有引信呢?但是他没有经过军事训练,不知道怎么用。那天遇上了敌人,马上就投入了战斗,他把手榴弹引信一拉，看到烟火直冒就吓呆了，不知道扔出去，结果把自已炸了，后来追认他为烈士。这是北撤过程中我记得很清楚的一件事。

我们北撤一直退到江苏跟山东搭界的一个地方，那里有个湖，我们又没船又没桥，过不去，就在那耽搁了一段时间，国民党第74师跟在我们后面追了上来。我们没有办法，只能硬着头皮过河。没有船就弄船，我们人多，有战士，还有学生、革命者，一块退。第二天早上七八点钟，我们过了山，一口气跑到孟良崮。到孟良崮后，前面撤退的部队已经把工事做好了，后来我们退下来，第74师就占领了孟良崮，用我们做好的工事。当时陈毅就说，在孟良崮这里不退了，准备把第74师消灭。张云逸也说不想走，我们的地盘都没有了。但是毛主席命令直接退。后来我们一直退到过了黄河。

1946年，敌人占领孟良崮后又追我们追了四五里。之后我们沿着东海边走，这时张灵甫发电报给蒋介石，称共军快没有了，被他打下来了，就是报喜。我们的部队从东边上来把孟良崮夺了回来，第74师就又回头来想占孟良崮，我们就从东海边过去支援。我们是十个纵队，而且第74师内部有矛盾，打了三天三夜，非常激烈。敌军军长给蒋介石汇报说部队伤亡很大，需要支援，蒋介石说知道了。我们和他们打了七天七夜，把敌人消灭掉。这时张灵甫躲在山洞里指挥，我们的炮手瞄准炮对着这个洞打，一个都没跑掉。当时第74师有一个兵，腿打断后被我们俘虏了。我们连队把他带到山上给他包扎好，然后问他情况，他说离这里不到五里路，他们的一支友军就在那里。问完我们让他走，他说他不能回第74师，无论如何要站在共产党这边，共产党好。

在支援攻打孟良崮的时候我负了伤，国民党的枪乱打，打起来天上是半边红，晚上下雨黑天，什么都看不到。有一颗子弹飞来，差一点就打中我的心脏。负伤以后我休息了个把月，后来参加淮海战役，旧伤复发，我就不能跑了。那时凡是负伤不能走的就集中到一支部队去，不参加战斗。渡江后部队里成立了后备队，我就到了后备队，身体也逐渐恢复了元气。

我在部队里面总共受过两次伤，一次是心脏这儿，差一点打到心脏，子弹一直没有取出来，还有一次是打中了胳膊。轻伤有过好几次，浑身都是伤。我左耳这边也中过一次弹，是炮弹打的，弹片打到里面拿不出来，都是打国民党的时候负的伤。

8 新中国成立后转业回乡

1950 年抗美援朝，本来我要去，但因为负伤就没有去。我没有上过学，没有文化，后来在后备队里学过一点文化，识了一些字。1951 年上半年我转业到地方来工作，就在高邮县闵桥镇，现在是归金湖县管辖。

我转业时本来县里安排我在县公安局工作，负责看管犯罪的地主。但我身体不行，就只能调到乡里工作一直到现在。

我转业回来以后，一两年内就结婚，我夫人在区里工作。我参加了镇压反革命、土地复查运动，乡干、村干都认得我了，就介绍我和我老伴认识、结婚。

枪林弹雨中
骑马送信

吴正朝

"炮弹在我旁边炸开来，弹片打中大腿，飞进了肉里。"

★ 口 述 人：吴正朝
★ 采 访 人：张若愚　来碧荣
★ 采访时间：2018 年 2 月 4 日
★ 采访地点：江苏省高邮市甘垛镇新庄村
★ 整 理 人：王茹　张若愚

【老兵档案】

　　吴正朝，男，1929 年 6 月 16 日生，江苏高邮人。自幼父母双亡，1943 年加入新四军部队通信连，任通信员，1946 年入党。抗战时期骑马送信，解放战争时期经历孟良崮战役、淮海战役、渡江战役等。新中国成立后进入南京海军学校学习，分配至青岛海军基地警卫连，1953 年复员回家。

1　苦难的少年时代

　　我出生于 1929 年 6 月 16 日，老家在高邮县甘垛镇新庄村，从小在那里长大。父母是打工的，有时帮人家做事情。因为家里穷，我一直没有上过学，我的父亲也没上过，上不起。我七八岁时出过天花，我父母亲在我十四五岁时都去世了，一个被屠杀，一个得病。之后，我就成了一个孤儿。后来，我的一个妹妹、两个兄弟都去世了，我一个人就去当兵了。

　　我小时候在家的时候，头顶上经常有鬼子的飞机从东边飞过来，有一百多公尺高，听着有不少架，向南飞去。他们不轰炸，我们也不害怕。鬼子刚来的时候还"扫荡",我那时候还小,十一二岁,还没有当兵。鬼子来新庄"扫荡",把我家烧了六次,在第六次时把我家烧光了,烧得我家什么都不剩。鬼子来了我们就躲起来,我家南边有条河,我们就弄个船摆到河里面。我们望着鬼子,看着他们从新庄过来跑到村里面,把我家烧了。鬼子没有良心,杀人放火样样来。我们见了鬼子要鞠躬,喊他"洋先生好",跟他说好话,弄不好他就翻脸。在我小时候,伪军挎着枪来抓鸡、抢东西,国民党实施敌共[1],和我们那儿的强盗一起抢东西,样样来,还派保长来抓壮丁,后来还抓长工、抓打工做伙计的。

2 谎报年龄毅然参军

1943 年,我们家乡来了新四军。在新庄的桥那里有摆渡,新四军过来过去,我想当兵,就和另外两个人一起问他们:"你们为什么当兵?"他们回答:"我们为穷苦老百姓当兵。"其中一个当兵的问我:"小孩,你多大?"我回答说:"17岁。"实际上我只有 15 岁。他问:"17 岁啦?你个子不咋高嘛?"我说:"我一个人没吃的就长不高。"他说:"小鬼,给连长打打菜、打打洗脚水,或者当一个民兵吧。"我说:"我不要当这个,我要打仗。当兵要不打仗,你要我干什么?"我们又一起见连长,连长见到我,说:"你有枪高吗?"我一看,那是支在一个架子上的枪。我没有枪高,但我报的岁数大,我说我 17 岁了。他说:"你怎么都 17 了?"我说:"连长啊,你们一天三顿,我没的吃,还是孤儿。"连长回答:"我们是从江南过来的,就叫指导员把你留下吧,反正 17 岁了。把你留在我们连部当通信员,送信、送档案到排长那去。"就这样,我参军了,参加的是陈毅和粟裕领导的这支

---

〔1〕 敌共,指国民党实行的"清共""剿共""反共"等一系列政策,具体包括抓捕和迫害共产党员、摧毁共产党地方政权、欺辱受共产党保护的普通民众等。

从江南天目山打过来的新四军部队通信连。当年,我就是要打仗,觉得人活在世上要有义气。另外两个人一个叫叶温,部队嫌他小没有要他,他便回南京去了。还有一个是个女的,留到服装厂里了。

参军后我当了两三年的通信员,骑马送信。马有黑色和黄色的,是从伪军那边缴获过来的。我们成立了一个骑兵班,有十来匹马。我把马喂好,给它吃好的,喂了两个月,它就听话了,我骑上去不踢我。

我开始送信的时候就遇上了鬼子"扫荡"。鬼子也是人,你怕他,他也怕你,他也不知道我们实际情况。夜里,我穿越敌人的封锁线,化装成其他的人,或者装卖糖的,或者装卖烟的,不能穿军衣。日伪军会经常过来询问,不打扰他们就好。

3　难忘的军旅生活

参军后发了崭新的灰色军装,我们江苏一般都是灰色的,山东是驼黄色的。我们江苏的要吃大米,山东的要吃馒头、煎饼,跟我们不同。军装一共两套,冬天一套,夏天一套,毛巾是一年四条。还有一顶灰色的帽子,跟国民党不一样,上面没有帽徽。也发了武器和子弹。我拿着老套筒步枪跟着连长保护他。还有四个木柄手榴弹,是新四军的兵工厂造的,四个中有两个响就不错了。我们一个班有一挺机枪,一个连有七八挺机枪,都是轻机枪,我们就吃亏在没有重机枪,一个师三个团总共也就五六挺重机枪。我们大炮的炮弹不多,子弹也不多。部队每天早上4点钟就起来训练、出操,大概要两个小时,然后吃早饭,早饭吃过还要操练。还有刺刀劈杀的练习,即使没有刺刀,也要练拼刺刀,做好与日本鬼子搏斗的准备。

部队里伙食不好，我们每人一斤二两米，其中还要留二两米帮老百姓。老百姓没有钱，我们每人凑二两米救济他们。

我们晚上行军，下雨刮风就是我们的好日子，鬼子怕下雨、怕刮风，我们不怕。我们消灭过鬼子的一个小队，是一个中队的一个分队。战斗中俘虏的伪军多些，经过教育就转变成新四军战士。但鬼子被直接打死的多，被俘虏的少。我们打鬼子的时候缴获过霰弹枪、机枪、步枪，还有山炮，一个团一门。每次打仗如果有战友牺牲，我们就开追悼会杀羊杀猪敬敬他们。

部队里纪律很严。有一个逃兵还没逃到家，在路上就被抓了回来。他不是党员，不了解当兵的情况，不能枪毙，只好关了三天禁闭。如果是打仗时带枪逃跑，抓回来就要枪毙。住在老百姓家的时候，要根据条件，如果房间大，容得下，我们就住在房间里。万一条件差，我们就打地铺。睡觉的时候衣裳不脱，枪枕在头后面，手榴弹放在身体旁边。虽然不用给老百姓钱，但是要遵守"三不走"纪律——地不扫不走，水缸不满不走，损坏东西不赔不走。

4　在战场上经历枪林弹雨

1945 年，鬼子投降了。当时我跟着部队在东台，鬼子自己把枪交了，什么东西都交了。我们也没有庆祝的活动。

我是 1946 年入的党，有两个老党员找我谈话，做我的入党介绍人，可惜他们都牺牲了。入党时我没有写申请书，宣誓过后就是一个党员了。入党后的小组会议在地方上一年也开不了几次，在部队里是三天开一次小组会，由支部书记负责召开，一般是晚上或者一大早开，时间不长，有时候在老百姓家里开，有时候在外面开。1948 年，我跟随部队到福建厦门时当上了党小组长，我们小组大约就是一个班,有五六名党员,当时我也是副排长。党员身份是不公开的,一直到 1949 年以后才公开,在那之后再开党员会议也就不隐瞒了。

共产党和国民党合作打败了日本鬼子,接着又打解放战争。1946 年,国民党反共,进攻我们的解放区。我就在如皋跟蒋介石的国民党军打阻击战,我们阻击敌人,不让他拿下解放区。之后,我们与国民党军在海安、东台、盐城打。国民党部队的武器好、子弹多,但我们搞土改分田地,比国民党得人心,他们也赢不了共产党。1949 年,我所在部队改编成中国人民解放军第 3 野第 10 兵团第 29 军第 85 师第 253 团第 1 连,我任副排长和班长,兼党小组长。

1948 年淮海战役,在徐州消灭了国民党黄维、邱清泉、杜聿明、黄百韬四个兵团,消灭了他们 50 多万人。淮海战役中我还受了伤。当时,我们包围了驰援徐州的黄维兵团,炮弹在我旁边炸开来,弹片打中大腿,飞进了肉里。一开始我没什么感觉,一直不晓得,后来一跑起来,就听见身后有人说:“你腿上淌水了。”我一看,那就是血,才发现自己受伤了。他要是不开口,我还一直跑,鞋子、袜子都被血浸湿了。后来感觉腿发麻,一跑就发麻。之后,我就到了野战医院做手术取出了弹片。当兵就不能怕打仗,怕打仗就不要当兵。战斗中的伤亡也要上报。打完仗以后,每个排、每个班都统计伤亡人数。确认牺牲的战士,部队会写信到他家乡地方上去,告诉家人他在这里打仗牺牲了,给家里交代一下。我在野战医院里养了几个月的伤,痊愈后我回到了部队,那时淮海战役已经打完了。

5　胜利前夜与复员回家

1949 年 4 月 21 日,我们渡江解放南京,打上海,在吴淞和龙华那一线作战。上海解放以后,我们回到苏州整编,根据部队伤亡情况,把国民党的俘虏兵补充进部队各个班里去。之后，我们到浙江，在杭州休整，后来到江西上饶时，我跑坏了一双新鞋子。首长让我换上从日本鬼子那儿缴获的带钉子的皮鞋。到江西后，那儿的水我们江苏人喝不惯，饭也吃不惯，但没有办法。我们从江西再南下打厦门。我们蓄兵，本来准备打台湾，后来没有打。大概在1950年，我从厦门坐车到南京，在下关的海军学校学习了个把月，之后被分配到青岛当海军。

就是在海军学校里我学习了文化，识了字。每天吃过饭后跟着教员学两个小时的文化。在学校里不仅学习文化，还学习海军知识，主要是军事教育。我们穿着海军服，在学校里待了不到一个月，之后就被送到青岛去了。到了青岛还要根据身体条件进行分配，有的在炮艇上，有的在军舰上。我的腿受过伤，不能当海军，所以我就在海军基地的警卫连，负责保护海军基地和司令部。

1953年，我复员回到老家。我文化水平不高，回来就种地、务农。之后经人介绍，与我老伴在1953年结婚，生了三个儿子。

在英雄连中成长

吴加伏

"我端着机枪朝村口的鬼子扫射，五六个日本鬼子应声倒地。"

★ 口述人：吴加伏

★ 采访人：王骅书　王金鑫　陈于可慧　卢珊　徐彤彤　周文杰

★ 采访时间：2016 年 7 月 12 日

★ 采访地点：江苏省盐城市滨海县颐和养老院

★ 整理人：王金鑫

- -

【老兵档案】

吴加伏，又名吴加玉，1924 年出生，江苏滨海人。1940 年参加八路军，曾任八路军第 5 纵队第 2 支队第 5 团第 1 营第 3 连第 8 班战士，新四军第 3 师第 8 旅第 23 团第 1 营第 2 连第 2 班战士、班长，八路军山东军区滨海军区第 23 团第 1 营第 2 连第 2 班班长等职。抗战期间曾参加三打季家圩、沟墩战斗、小陈集子战斗、攻克赣榆城、安东卫战斗等。其间参与修建宋公堤。1945 年 7 月复员回乡。

- -

1　参加八路军第 5 纵队老 5 团[1]

我家境贫寒，父母去世很早，家中兄弟四人，我排行老三，大哥和二哥开了个大饼店，弟弟则在家种田。1940 年，我与另一个同伴惠老别一起在八滩参加了老 5 团，在第 3 连第 8 班当战士。部队发给我两身单衣军装、一件衬衫、一身棉衣，鞋子则由自己打草鞋。

----

〔1〕即八路军第 5 纵队第 2 支队第 5 团。

当时的团长是覃健,政委是贺大增。第1连的连长姓周,第2连连长是胡海定,我所在的第3连连长姓康,三人都是陕北的老红军。参军不到三天,与我一起入伍的同伴惠老别就在战场上牺牲了,这事一下子使我认识到战争的无情与残酷,但我并没有害怕、退缩。大道理不懂多少,只晓得为了抗日,就是死了也是英雄好汉。

惠老别是和我一起参军的同乡、同伴和战友,我心中放不下,当天晚上就跑到七套街上,请人到八巨通知惠老别的父亲他牺牲了的消息。第二天,我随部队在六套吃中饭的时候,惠老别的父亲找到了部队,询问儿子的情况。我们排长问:"你到这边来干什么?"惠老别的父亲说:"排长,我来找我儿子的!"由于怕招不到兵,于是排长回答说:"你儿子不是开小差跑掉了吗?"惠老别的父亲回答说:"吴加伏找人带信给我的,说我儿子被打死了!"那天,我被罚不吃中饭。

当时,部队缺乏食物,平时只吃两顿玉米棒菜饭,饥饿时只能喝水。不到一个月,我们便因饥饿而饱受疾病折磨。于是,我们只得到头罾扛盐运到八滩去卖,赚钱来改善部队的伙食。当时,我在部队里被战友称作吴加玉。有一天,我和战友夜里回到八滩,第二天,一连的副连长——四川人张宝和便带着一个班的人开小差逃离部队,去投奔了徐继泰[1]。

2 强攻季家圩,兴修宋公堤

1940年12月,八滩区首任区长徐锐在八滩医院被土匪顾豹岑抓走,顾豹

---

[1] 徐继泰(1907—1950),江苏灌云人。毕业于冯玉祥的西北军官学校,曾任国民革命军第89军第117师第9旅旅长、江苏省涟水县县长等职。1942年6月投靠日伪,任伪徐州绥靖军第11旅旅长、伪和平反共兴亚建国第3军军长。抗战胜利后,被国民党收编,1949年5月5日在上海被俘。1950年1月29日,在江苏灌云被处决。

岑将经过严刑拷打的徐锐推到黄海之中,残忍地杀害了他。为了稳住政权,我们八路军只得在八滩南门小学里处决了七名土匪,又在五汛向阳处决了七名土匪。后来,我们八路军在尚庄处决了土匪顾豹岑。

1941年正月十五,在经过正月初五的两次武装侦察后,我随部队第三次攻打季家圩。当部队将大板车推到季家圩外的河中后,第1连、第2连、第3连三个连的连长便不顾对面正对着的两挺机枪,下令吹冲锋号进行冲锋。在冲锋中,我掉进了河中,第3连的来自山西的指导员看到后,将我从河里拉了上来。最终,部队攻下了季家圩,但是三个连的连长都英勇牺牲了。

1941年皖南事变后,我所在的老5团改称新四军第3师第8旅第23团。由于自1939年8月滨海特大海啸爆发以来,飓风肆虐,海水侵袭,沿海地区满目疮痍,人民无以安生。于是,在阜宁县县长宋乃德的主持和新四军第3师师长黄克诚的支持下,万人军民修堤工程在1941年5月15日便如火如荼地开展起来。我随部队参与修建了海堤。其间,我们不仅要与恶劣环境做斗争,还要面对日伪和国民党顽固派的侵扰。最终,经过我们盐阜军民的不懈努力,滨海防海大堤于当年7月5日建成。宋公堤的作用可以与古代范公堤相媲美。为了感念县长宋乃德同志的不朽功绩,当地老百姓就将此堤称作"宋公堤",并为宋乃德同志刻词建祠。

同年7月28日,八滩区第二任区长陈振东被叛徒出卖,被其实是土匪的伪军旅长顾德扬所俘。顾德扬对陈振东同志威逼利诱,陈振东严词拒绝,于是敌人恼羞成怒,于8月在宋公堤上将陈振东双腿截断,活活绞死。

我平时随部队打游击。有一次,日本鬼子在五更天的时候,从七套到十五里外的六套,正好与我们部队遭遇。当时是夜里,又有青纱帐,根本看不清,于是营长四川人苟庆禄便对我说:"吴加玉,你去看看是哪家部队。"我前去一看,发现竟然是鬼子,于是立即返回报告。但是,当时我穿的是草鞋,行走很费力,于是我便中途停下准备歇一会儿,但是惊动了日本鬼子,日本鬼子立即机枪扫射,打中了我的右耳。

3 打开赣榆城,活捉李亚藩

1942年大"扫荡"时,我随部队在阜宁搭建浮船桥前往沟墩,准备消灭沟墩的日军。但是,部队派去侦察的侦察排长却去和妓女睡觉,侦察信息错误,少报了一挺机枪,结果部队攻打沟墩时,营长苟庆禄左膀被打断。经过调查后,侦察排长被处决。

此后,八滩驻有五六十名日本鬼子,阜宁的小陈集子[1]驻有83个日本鬼子,于是我们第3师师长黄克诚和参谋长洪学智便指挥部队攻打八滩。但是,驻扎在八滩街上的日军当天晚上没有睡觉,连夜向八滩大桥方向撤退了。副师长张爱萍指挥第24团的第8连、第9连和我所在的第23团的第1营共5个连,600余人,前去攻打小陈集子的日军,消灭了81个鬼子,弃枪逃跑的2个鬼子也在第二天被当地百姓杀死。也就是这场战斗之后,我们才开始向地方上的政府和保长寻求粮草,从而结束了部队长期忍饥挨饿、自筹粮草的日子。之后,我们新四军第3师第8旅第23团奉中央命令,调至山东,改编为八路军山东军区滨海军区第23团。

1943年,我们第23团所在滨海军区要求赣榆县伪县长兼伪第71旅旅长李亚藩率城内伪军缴枪投降,但是李亚藩没有答应。于是,同年11月19日,我所在的山东滨海军区第23团和第6团以及赣榆地方部队,在军区司令员陈士榘和政委符竹庭的带领下攻打赣榆县城。战斗中,为让部队进城,我背着20斤重

---

[1] 今阜盐城市宁县陈集镇陈集村。

的炸药包,由身后的两挺轻机枪和一挺重机枪保护着来到城门,将城门炸
毁[1]。当时 1 斤炸药能炸毁 5 吨重物。最终,部队一举攻克赣榆城,生俘伪旅
长李亚藩、伪团长张星三,以及其余官兵 2 000 多人。当时,山东地区的歌谣曾
这样传唱道:

> 去年打开石沟崖,
>
> 活捉汉奸朱信斋。
>
> 今年打开赣榆城,
>
> 活捉汉奸李亚藩。

4 血战安东卫,成为英雄连

1945 年 5 月 6 日傍晚,在山东青口安东卫[2]的小李庄,我随部队进庄,而
日本鬼子正从庄中撤离,已是班长的我发现了正在撤离的日本鬼子。我立即对
班上战士说:"机枪给我!"然后,我端着机枪朝着村口的鬼子扫射,五六个日本
鬼子应声倒地。但是,突然间,日本鬼子的炮弹便朝我打了过来,将我的机枪枪
膛给炸歪了,但我却没有被炸死。

面对迎面而来的炮弹,我带班上战士撤到了小李庄旁的松树林,并告诉他
们说:"敌人炮弹要打我们,他就要找到我们。现在我们在林子里,他现在找不
到我们呀。都把子弹给我推上膛,等鬼子到跟前再打!"后来,山东第 6 团[3]从

---

〔1〕 据地方志和战史记载,赣榆县城城门为内应打开。
〔2〕 今山东省日照市岚山区境内。
〔3〕 即山东军区滨海军区第 6 团。

后面打上山,敌人被迫撤退。战斗中,我所在的第2连牺牲了三四十名战士。我当初在第3连时便认识的战斗英雄——来自滨海大尧的杨尽美在与敌人拼刺刀的过程中也英勇牺牲。安卫东小李庄阻击战结束后,我们第2连配合主力部队先后收复了安东卫镇等地。这一战,当时《大众日报》和延安《解放日报》都有报道。

安东卫连的旗帜

《安东卫连》连环画

1945年7月7日,我所在的第2连被滨海军区命名为"安东卫连"[1],并被授予"顽强制敌"锦旗一面,以表彰我们在安东卫小李庄战斗中,115名战士抗击9倍于己的1 100余名敌人,歼灭360余名日伪军的以少胜多的战绩。当时,我正随部队驻扎在赣榆。当时抗战胜利在望,加上我身有伤残,所以部队安排我以二等伤残退伍回到阜东县老家。当时,党和地方政府很贫穷,于是我将伤残等级降至三等,将多出的钱捐献给党和政府了。

回到家乡八巨后,我经军属杨各明介绍,认识了自己的妻子胡金花。她的姐姐当时任乡长。1946年,我和胡金化结了婚,婚后两人租房居住,之后才有了自己的三间房屋。起初,我在家种田,后来在街上拉板车为生,这一拉就是

〔1〕 即原中国人民解放军第38集团军步兵第113师第338团安东卫连。

20多年。平时,妻子胡金花在家里种田,我们一共育有三女一儿。

　　虽然我退伍了,但我始终没有忘记老5团,没有忘记曾经浴血沙场同生共死的战友。"文化大革命"结束后,我和当初自己从战场上救下来的、缺了一条腿的战友——山东菏泽人朱广山坐车来到了位于河北保定的中国人民解放军第38军,我的部队便是第38军的前身之一。在第38军军部,我见到了自己的老首长,包括已任军参谋长的李宝贵和当初我在随部队攻打季家圩时的文化教员、已任军政委的邢泽。

　　我们在第38军受到了隆重的接待。在酒席上,第38军的政委和参谋长等领导亲自为我们两人夹菜。在第38军,我也了解到自己的老首长和老战友的情况。得知老营长苟庆禄后来担任了原山东老6团〔1〕的团长,但是建国后不久得癌症去世了。

　　如今,我的妻子早已经去世,但是看到自己的后代个个都事业有成,过惯了苦生活的我感到很开心。现在,我每天在养老院里有说有笑,有时候向朋友讲述以前的战斗故事,过得挺好的。

---

〔1〕 即原中国人民解放军第38集团军第112师第334团。

四次负伤
不下火线

沈万斌

"我父母去世的时候我都没怎么流泪，战友牺牲的时候我却难受得流泪。"

★ 口述人：沈万斌

★ 采访人：张连红　张若愚　来碧荣　秦阿梦　江无右　潘森强

★ 采访时间：2018 年 1 月 30 日

★ 采访地点：江苏省镇江市机关医院旁

★ 整理人：崔卓琳　张若愚

【老兵档案】

　　沈万斌，男，1922 年 4 月 1 日生，安徽怀远人。1939 年 5 月参加新四军第 6 支队，后改编为新四军第 4 师，1940 年 5 月加入中国共产党。抗战时期跟随部队在河南省境内与日伪军作战，1941 年进入抗日军政大学四分校学习深造，解放战争时期历经淮海战役等，共负伤四次。新中国成立后在金坛、扬州等地任职，1963 年转业至镇江，1982 年 10 月离休。

1　贫苦的孩童时代

　　我今年 97 岁，老家在安徽怀远县的沈大营子。我的父亲弟兄两个，从我记事开始，家里就是富农。后来，我的父亲和我叔父分家，我父亲不学好，爱喝酒、抽烟、赌博，所以分家后不久，地都被他赌光了。他还是个酒鬼，我和他的感情不好。印象最深的是有一次过年，让父亲去买年货，他把钱都买酒喝了，我就把他的酒给扔了，父亲把我打得够呛。我弟兄五个，我是老五，老大、老二是死在家里面，老三、老四是被国民党抓壮丁抓走的。我们家穷，就被地主花钱出卖了,抓壮丁就抓我们穷人家的孩子去顶替地主家的孩子。我父母很着急,但又没办法,只好去找保长,他却根本就不睬我们。

我13岁就开始种地、割草,是家里的劳动力。我长到十六七岁,自己要混碗饭吃,就一个人走到南京去打工。当时走了几天几夜,胆大得很,只知道铁路通向南京,我就沿着铁路一直走。到了南京后,我就当叫花子要饭,还到处跟人介绍说自己想打工,问别人能不能行行好,给我个地方落脚。最后找到姓潘的老乡家,在下关,就住在他那。我就扛石子帮忙修路。我母亲舍不得,我父亲不管。后来时间不长,日本鬼子在南京搞大屠杀,我害怕,就半夜三更用老百姓钓鱼用的大木桶划到江边,一直划到浦口,然后逃回家。我在家种地劳动的时间不长,1939年我就参加了新四军。

2 艰苦的军旅生活

我18岁的时候,新四军来到我们家乡宣传,用锅灰在墙上写字,写的新四军、八路军是共产党的队伍,不打人,不骂人,官兵平等。我看了以后,觉得这个蛮好,因为我们这里说国民党经常打人、骂人,再看看共产党这个部队蛮好,官兵平等,要么我就去当兵吧,总比在家里饿肚子好。我就半夜偷偷跑了,到了离我家大概有八里路的一个地方。新四军的部队就驻扎在那儿,我就跑过去报名。那个连长就和我开玩笑,说:"你的个子还没有我的枪高,你就要当兵?"我说:"我还小,还长个呢!"部队后来慢慢又收了很多兵,有的时候觉得兵太少了,又再招,一共招了13个。我参军时母亲舍不得,父亲无所谓。我和母亲感情好,她人好,心也好。我现在最遗憾的是我母亲的遗体还埋在老家,没有迁过来,我对不起母亲,这是一辈子的遗憾。

我 1939 年参军,那时部队穷,老百姓也穷。部队是新四军第 6 支队,后来改编成第 4 师,师长是彭雪枫,政治委员是邓子恢,政治部主任是吴芝圃,参谋长是张震。我们团长叫滕海清,营长叫唐杰,指导员叫王和润,连长叫王照斌,班长叫丁宝志。后来,我们就离开贾家庄到了河南,在开封一带打游击。那个时候我们到处跑,白天睡觉,晚上活动,生活很苦。部队里面的训练是消灭敌人,保护自己,要胆大闯荡,锻炼身体。一开始没有发武器,枪是后来自己缴获的,我缴了三八式步枪。我印象最深的就是指导员送过我一支枪和十二发子弹,结果只有一发能打响。他当时就和我讲:"小沈,十二发子弹只有一发能够打响,这发子弹不是让你打敌人,是留着给你自己用。"当时我就呆住了,怎么一发子弹留给自己用? 自己打自己吗? 共产党有纪律,宁死不能当俘虏,打仗打败了,被敌人俘虏了不行。要是被俘虏的话,就自己把自己打死,相当于自尽用。所以我们十二发子弹只有一发是能用的。

我与敌人的第一仗打的是夏邑县。因为是第一仗,所以也不害怕。枪一响,子弹到处飞,指导员就抓住我说:"你没有打过仗,要保护自己、消灭敌人,防止子弹把你打中。"那时候我还是个小孩,不懂事。我们当时打仗打的都是地方土司令,缴点枪,缴点武器,缴点衣服。那时候也是可怜,我们冬天都没有衣服穿,就把老百姓的麻袋剪三个洞套在身上御寒,腿都冻得发紫。那时候首长就问我们:"同志们冷不冷?"我们说:"不冷!"首长也说:"不冷!"其实都快冻死了。有一次,我领了一条很长很厚的裤子,分到了一件上衣。老百姓对我们还是蛮好的,因为我们部队的纪律好,到了地方以后,就帮助老百姓干活劳动,扫地、喂牛、铡草。有了根据地后,情况就好些了,也发了好几套衣服,有棉衣、大衣,到什么季节发什么衣服。彭雪枫很有才,到我家那边时部队才三百来号人,结果转战到河南后就扩充到一万多人。那时候共产党很会做工作,叫地主减少剥削,后来就是部队搞统一战线,让地主捐粮、捐钱。彭雪枫是师长,开会的时候他会给我们做个报告。在做报告之前他不喝水,而是叫警卫员给他弄两个鸡蛋磕到杯子里边,搅一搅喝下去,讲三四个小时都不渴。他讲话都不要稿子,听说毛泽东有这样的评价:"中国有十个彭雪枫,中国革命可以早胜利十年。"

还是在河南,一仗打完以后,部队回来后要训练,就是练兵。我们练兵都是在晚上,白天不敢出来,怕被发现。白天有鬼子的飞机出来轰炸,所以我们都是晚上才敢出来活动。白天睡觉也很紧张,枪往怀里一抱,在老百姓家过道里就睡了,没有床。在河南的生活苦得很,没有油,吃的那个菜,能少给点盐就不错了,因为没有收入。那个时候老百姓也穷。部队不让士兵向老百姓要钱,不能拿群众一针一线。士兵只能靠上面发的很少的钱买点菜吃,连油都吃不到,生活相当艰苦。一般都是吃了上顿没下顿,那时候很艰难,也就是把窝窝头浸在凉水里,就解决问题了。大便只能找个避风的地方解决,还常便秘拉不出来。我们一起来了 13 个人,由于怕苦,后来逃走好几个,都逃回家去了。有一个叫沈晓辉,他动员我跟他一起逃回去。他家里条件好,父亲是保长,他回去吃饭没有问题,可以向老百姓收粮。但我回去又没有依靠。我说我坚决不回去。既然已经出来了,回去怎么好意思见人?还有一个小名叫连贵,和沈晓辉是弟兄俩,带走了三颗手榴弹和一支步枪。部队为此还审查我好几天,我讲我确实不知道,要不然我剁手保证,后来他们也没有再多讲。结果他们回去后就被日本鬼子打死了。有的逃兵被抓回来以后还是要逃跑。大概是 1942 年,部队发现一个卖菜的是逃兵,就马上把他抓了回来。他上过学,识字,受不了苦,他后来又逃,又被抓了回来。我们连长王照斌很厉害,开会给大家讲话,还把逃兵拽出来给大家看。

我在部队里的枪法还可以。到了 1946 年,条件好了,每天给我 5 发子弹,每天练,一般 300 公尺以内,一发子弹打过去你就跑不了。那时的军事干部每天都要练习怎样打仗,怎样把敌人消灭掉,还要保护好自己,满脑子都是怎样打胜仗这件事。

在河南干了几年以后,我就到了江苏。一开始在萧县[1]一带活动,经常是找一个点打伏击,打日本鬼子和维持会[2],那时叫假鬼子维持会。我们就靠打伏击缴获点东西来补充。我印象最深的是苏北的泗阳到众兴,到高沟,日本鬼子经常在这一带活动,所以我们就在这一带打游击,找机会打伏击战来缴获点物资补充。到了1946年,情况就好一些了,部队也壮大了。部队经过改编,新四军、八路军都通通改编为解放军[3]。开始的时候,新四军穿灰衣服,八路军穿黄衣服,后来衣服都统一了。开始我是当战士,后来当副班长、班长,当副排长、排长,当副连长、连长,后来到团里当参谋。我这个命活到现在,与我后来调离前线部队,到机关里面大有关系。要是在前线,又不是军事干部,打仗都是在第一线,一发炮弹或许就把我打死了。

3 怒杀鬼子与手刃叛徒

在部队里我上过抗大,上了一年多的时间,校长是彭雪枫。1941年,部队里看我比较聪明就培养我,让我当班长,还把我派到洪泽湖附近的抗大去学文化。那时候我们穷孩子多,条件艰苦,像我这样上过几年私塾就不错了。还有政治学习,学为什么要革命、为什么要打仗,学共产主义是我们的奋斗目标等。还有军事训练,跑步、射击、瞄准、投弹之类。彭雪枫给我们上课,讲游击战、麻

---

[1] 今安徽省宿州市萧县。

[2] 维持会又叫治安维持会,是日本侵略者在沦陷区利用汉奸等势力建立的临时性政权,以服务于日本侵略战争的需要。

[3] 1946年6月,蒋介石公开发动全面内战。为反击蒋军的进攻,中央军委命令各战略区组编野战军。同年9月,我军开始使用"人民解放军"的称号。次年2月10日,人民解放军总部成立。1947年7月底开始,各地部队相继正式改称"人民解放军"。

雀战，我们听了四个小时。

我是 1940 年 5 月份入的党。那时部队特别注重家庭成分，一看我是贫农，表现又好，指导员就亲自找我谈话。我都没有预备期就直接入党了。入党的时候有宣誓——我们的目标是共产主义。党员每个礼拜六都要碰头，进行一次组织生活，主要是查思想，看看这段时间有没有什么变化，一次大概个把小时。党员的身份不公开，上不告父母，下不告妻子，和家人通信时都不能讲，严格得很，一直到 1946 年这个身份才公开。

我们俘虏过日本鬼子。我印象最深的是在行军的时候，俘虏靠着卫生员走。因为我们走路都比较快，俘虏穿的那个鞋子走得慢，通信员就让他走快点，跟上部队。由于语言不通，他不听，还把卫生员踢死了。我当时就被小鬼子的暴行激怒了，就算是违反纪律，我也肯定是要报仇的。我立马就把他放倒，拿刀朝他的头砍去。为这个事，领导批评了我。

1945 年还在打日本鬼子的时候，一个民兵队长叛变了，经常带敌人追打我们，后来打高沟时上级命令我亲手把他除掉。当时我已经是连长了。我藏在树林子里面，早就把子弹推上了膛。他刚刚进到树林子里，我就用枪顶着他的头，一枪就把他打死了。

我父母亲去世的时候我都没怎么流泪，战友牺牲的时候我却难受得流泪。当时在马圩子打了九天九夜，我一个连一百六十几号人，结果打得还剩四十几个人。埋战友尸首的时候，一个人就三尺白布，裹一裹就地埋了，我眼睛都哭肿了，牺牲的都是二十几岁的小伙子。后来到内战时候，棺材也很少。有时候靠近地主家，就把地主家里的棺材收缴来。我们连里有个王充江，很勇敢，个子也很高。他在爆破时牺牲了，我们就到地主家里给他搞了个大棺材，十几个人才抬得动。

有一次打仗，打了一天都没吃上饭，我饿得最后只能抓了把黄豆在嘴里嚼了嚼。我们花了一天跑到高粱地,到那以后已经下午五点多钟,天快黑了,肚子饿得够呛。我们把饭店里面卖的烧饼通通装进大筐子里,我拿起饼就吃,因为太饿了就没有饱感。吃了以后又喝井水,上来吭哧吭哧就喝,最后差点撑死。后来卫生员跟我讲,喝那么多水不行,要活动,我就边走边吐了好多出来,不然就撑死了。

4　四次负伤及之后的经历

打仗哪里有不受伤的？我一共负了四次伤。第一次是头上受伤,是在萧县的时候被日本鬼子用炮弹打伤的。受伤后叫卫生员用碘酒擦擦,简单包扎了一下。换药的时候在老百姓的家里,消毒就用盐水洗伤口,都疼得昏了过去。第二次是在和国民党打的时候,手臂被炮弹击伤。第三次就是在马圩子,这仗打了九天九夜,摔倒受的伤。最后一次受伤是在打泗州的时候。仗是打了不少,但大体上讲,高密、诸城、邹城、张店,这些地方我都打过。

部队改编成立东线兵团,我在兵团负伤出院以后路过临沂,司令员就把我留在司令部。从山东一直打到合肥,过江后就打到杭州,然后到绍兴,然后调到南京学习。后来部队改编,由东线兵团改为新兵团。我们从山东出来的时候路过临沂,那时部队改编成新兵团需要干部,正好我们二十几个人都是指导员、连长,就通通留在临沂了。留下来以后,就是打邹城、张店、高密、潍县,一直到最后过江。我印象最深的是从江阴一直打到杭州。我的命大,船上有三个位置,过江的时候我坐在船中间,有炮弹打过来,把船炸碎了。船碎了以后,没有办法,我就把在淮海战役中缴获的一把20响的盒子枪和皮包扔到江里了,包里有地图和几块大洋。好在我因为家靠近淮河,所以会游泳。后来,漂过来一块船板子，我就把它抱在怀里，慢慢游了过去，一直游到江南。到了江南后，全身浸透，一直抓着江边的石头喊救命，卫生队过来救了 15 个人，我也获救被抬到老百姓的家里。那时候喝江水喝得肚子很胀，在老百姓家里面就用土办法——烧生姜茶喝，喝了后出了满身大汗就好多了，但衣服都是湿透的。

我印象最深的是追击敌人，饿着肚子到了铜陵。到铜陵以后肚子饿得难受，大概休息了半个小时，搞点饭吃一吃，然后就一直追赶到杭州。到杭州以后，才第一次看到电灯的模样。到杭州的时间不长，我就被调到了绍兴当通信科长。我的文化程度不高，在绍兴的时间不长，后来就把我调到

1952 年沈万斌夫妇合照

了南京军大〔1〕学习一年多。在那经人介绍，我和我老伴相识、结婚成家。在军大学习理论以后，就分到有线大队，后来改叫有线营，我在那里当副中队长。在那里干的时间不长，又被调到政治干校当队长。我是怎么离开部队的呢？就是在政治干校有一次参加考试，考完之后我突然昏倒了，牙齿用筷子都撬不开，就被送到医院去抢救。抢救回来好了以后，组织上就和我讲："根据你的身体状况，你的工作不能干了，要转业到地方上去。"我说我舍不得离不开部队，组织上就把我调到江苏，到了金坛当武装部副部长、部长。干了一段时间以后，我的胃不太好，经常犯胃病，就来到扬州的解放军第 115 医院住院。本来是住院的病号，后来直接把我调到医院做副院长。后来，整个医院要调到西藏去。因为去西藏的路上可能会有突发情况，医院里的人都没有打过仗，组织上就对我说："你打过仗，你就负责把医院带到西藏去。"所以我当了副院长以后，就把医院带

〔1〕即南京军事学院，1951 年 1 月 15 日在南京紫金山麓设立，刘伯承领导创建工作，并任院长兼政治委员。

到了西藏,在西藏干了六年。之后身体更不行了,但是没有办法,就打青霉素,打得吃不消。本来说在西藏就三年,后来改为重建西藏,要死在西藏、埋在西藏。我讲我不行,我有五个小孩子,我的家属都在内地,我不能死在西藏。后来我就提出转业,大概是 1963 年,我转业到镇江,在卫生局当局长,一干就是好多年。后来又到城区当主任,过了几年,又回到了卫生局。1982 年 10 月离休。

盐城最后一对新四军夫妇

张 飞 刘金花

"我随首长住在金花叔叔的家中，由此认识了后来的妻子刘金花。"

★ 口述人：张飞　刘金花

★ 采访人：王骅书　王金鑫　陈于可慧　卢珊　张婷婷　彭华伟

★ 采访时间：2016 年 7 月 11 日

★ 采访地点：江苏省盐城市滨海县界牌镇冲边村

★ 整理人：王金鑫

【老兵档案】

　　张飞，原名张爱堂，1924 年出生，江苏滨海人。1942 年参加新四军，初任新四军游击大队勤务员。1944 年起任新四军阜东独立团战士、通信员，新四军第 3 师第 8 旅第 23 团战士，后任警卫员。1950 年复员返乡，任民兵中队长，后在家务农。2017 年春在盐城去世。

　　刘金花，又名刘玉花，1930 年出生，江苏滨海人。1945 年 3 月参加新四军，先后在新四军第 3 师后勤供给部军服厂、被服厂、制鞋厂、炮弹厂、修理厂做女工。解放战争时期在华东军区皖北军区供给部被服厂做女工。1950 年复员返乡，在家务农。

1　相恋于抗日烽火中

　　我是家中独子，家境贫寒，所以没有上过学，不识字。父母是游走四方的唱戏人，我小时候就跟着父母到处走，也记不得去过哪些地方，就知道家里没房没田。从我记事起，我的家就在滨海。15 岁的时候，父亲又去世了，家里失去了重要的经济来源，只得在别人家做长工，生活异常艰辛。后来母亲也因病去世，家里就剩下我一个人。那时候，日本人侵略中国，来到盐城。1942 年我 19 岁时，参军当了兵。那时候国民党也在招兵，但他们不做好事，不得人心，所以我们这边的人都投奔了共产党军队。

起初，我参加的是地方上的游击大队，担任勤务员为部队首长打饭，照顾首长日常起居。那个时候参军打仗不晓得害怕，因为周围参军的人很多，大家都这样，也就不知道害怕了。期间部队活动在三坝区，我随首长住在金花叔叔的家中，由此认识了后来的妻子刘金花。当时金花年纪还很小，没有当兵，我们在一起相处久了，便日久生情了。于是，我请人介绍说媒，金花当即表示愿意，但是当时生活艰苦，所以也没有下定亲礼。后来我在部队当兵，金花就一直待在家里。

2 转战盐阜送物资

1943 年反"扫荡"时，我曾随部队在洪泽湖地区活动，我当了两年勤务员。1944 年阜东独立团成立后，我调至独立团做战士。到班里后，部队发给我一把步枪。我至今还记得，那是一支当初部队打天场的时候从孙良诚[1]那里夺来的名叫"开封造"的步枪，还发了两身衣服，里面穿军装，外面穿便衣。当时的独立团只有二三百人，武器装备也不好，只有步枪、手榴弹等，每人三发子弹，平时由部队安排教官教我们学习射击和拼刺刀。后来，我正式加入黄克诚任师长的

---

〔1〕 孙良诚(1893—1951)，原西北军将领。1941 年任国民革命军第 39 集团军副总司令兼冀察战区副总司令。1942 年 4 月率部投降日伪，任伪第 2 方面军总司令，11 月任苏北绥靖公署主任。抗战胜利后，为蒋介石收编，上海解放后被捕，1951 年病死于苏州狱中。

新四军第 3 师后,被分配到了第 23 团后勤部队。当时新四军有很多军工厂就藏在现在的滨海八滩和新港地区,足足有五六个军工厂,有做衣服、做鞋子的,也有生产炮弹的。

我们当时的领导是吴大胜,我给他当了三年的警卫员。吴大胜当时是盐阜军区供给部部长[1],他的警卫连还要负责押运军用物资,特别是武器弹药。我因为成了后勤人员,所以上一线战场的机会不多。印象中与日本鬼子只有一次正面交锋。当时天蒙蒙亮,我和战友刚运送完物资,走到滨海天场乡附近时,一个柴火堆里隐藏着三挺重机枪和一伙日本鬼子。我们当时正在赶路,突然前方就有人向我们扫射,还没反应过来就有战友倒下了。我们每人随身只配三发子弹和五颗手榴弹。而敌人大约有一个连,还有三挺重机枪隐藏在柴火堆里。我们其实不会打枪,子弹又少,只好趴在地上,胡乱地扔手榴弹,也不知道有没有炸死敌人。那次被埋伏,我们排一下子就牺牲了六个战士。比较幸运的是,第24 团的战友不知道什么时候正好到了这里,最后将这一小股日本鬼子全部歼灭。

◼ 3 从夫妻到战友

1945 年正月,我向部队请了七天假,回家同金花结婚,那年我 21 岁,她 15 岁。结婚那天,金花穿着我找人用方布格子做的新衣,被自己的母亲用独轮车推着送到了我家。当时的家庭条件艰苦,所以没有办酒席,仅两家人在一起吃了饭。那时候,我是盐阜军区后勤供给部部长吴大胜的警卫员,就事先向领导

---

[1] 此处老人记忆有误。此时吴大胜正在淮南根据地任新四军第 2 师第 6 旅供给部副部长。新四军"北撤"后,吴大胜于 1946 年 11 月起任华中野战军第 10 纵队兼盐阜军区供给部部长。

吴大胜征求意见,想将金花带进部队,得到了领导的同意,所以婚后我便带着妻子刘金花回到了部队。

(本段为刘金花口述)张飞以前很苦,父母死了,家都没了,就认了我叔叔做干爹,住在我叔叔家里,我们就这么认识了。我父亲去世早,母亲后来改嫁,自己就跟着一起到了晚爹爹家,但生活很不如意。我裤子破了想做一条裤子,晚爹爹都不给我做。我觉得在家里待不下去,就跟着去了部队。我和张飞起初是经介绍开始接触的,然后结的婚,他比我大6岁呢!那时候我连滨海的县城都没去过,什么都不懂,现在说起来也好笑。结婚前后那段时间,张飞一直想着回来,不想待在部队了。他没读过书,不识字,觉得自己没文化,发挥不了作用。后来张飞终于想通了,决定继续留在部队做贡献。我在决定当兵前,有谣言传新四军撑不下去了,要解散,很多人因此放弃了当兵的念头,但我还是坚持进入了部队,我自己想当兵的愿望很强烈,而且我相信党的部队不会这么简单就被放弃、解散。我先被安排在了新四军第3师后勤供给部军服厂工作,做衣服、军帽和绑腿。一次要同时剪12层灰布,布料有土布,也有洋布,洋布是从上海偷运回苏北的白布,到达苏北后由军服厂染成灰色,再由我们负责制衣。当时部队里也有五六十台从上海偷运回来的洋机,我在厂里也学会了踩洋机。此后,我先后待在第3师所属的被服厂、制鞋厂、炮弹厂、修理厂工作。我没上过战场,但一直跟着大部队走,帮战士们补衣服、缝被子,一直待到抗战胜利后。

4 随大军南下

解放战争爆发后,整个苏北战场的物资我都运送过。1947年8月,我随所在部队华东野战军第12纵队参加了著名的盐南战斗。在伍佑和便仓,我们同敌人打了七天七夜,我和我的战友也连着七夜穿过敌占区,给前方送去弹药。白天头顶上有飞机,我们只能在夜里运输,而且只能走水路。全都用的是民用船,每条都很小,晚上装货,清晨到达战场。我们走水路,经过射阳,再从大丰绕路,才能到伍佑。晚上撑船也不敢举火把,每到一个地界,都是当地群众在前面引路,他们对当地的水路非常熟悉,摸黑也能走小道。总之,要在一夜的时间里,避开敌人的侦察,把东西送给前方的战友。

1948年2月底,华东野战军第12纵队司令员陈庆先将军亲率第34旅从苏北南下进入苏皖淮南地区,先后成立淮南军区和江淮军区,金花她也奉命随大军南下。

(本段为刘金花口述)当时生活异常艰苦,我至今还记得当时的情景。吃过晚饭渡小船,直到第二天才渡过河,然后大军直奔淮南。后来,我一直待在安徽合肥皖北军区供给部被服厂。那时候张飞是警卫员,负责保卫部长吴大胜,也随部队驻扎在安徽合肥信当埠。

我的原名其实叫张爱堂,张飞这个名字是当初在做通信员时,部队的首长为我取的。因为我是负责送情报的,腿脚跑得快,行动迅速,所以得了这个"飞"字。1947年,我24岁,有一次在回家的路上,刚好看见有人在扒门偷东西,我当时就提着手枪追了上去,最终逮住了小偷,送到了派出所。后来,我将自己的家从东坎镇的坎南,搬到了现在的冲边村。

5 夫妻一起复员回乡

1949年,我与金花的大女儿在合肥出生。部队的领导吴大胜人很好,知道金花有孩子要照顾,就一直让她待在后方。当时,有一位曹姓政委的妻子去世了，留下孩子没人照顾，还让金花帮忙带过一段时间。

朝鲜战争爆发后，志愿军花名册上录有我的姓名，于是我准备送妻女回家乡，由部队报销来回路费，但是没有送成。因为部队指导员和团长念及我为党和军队工作这么多年，没有功劳也有苦劳，所以安排金花去安徽工作。但是，最终计划还是发生了改变，部队让我们夫妻俩带着大女儿一起退伍回家。

部队给我们开具证明，分别给我和金花 475 斤和 175 斤大米作为复员费。我带着手枪同妻女于 1950 年返乡，回到了滨海县东坎坎南北荡区。回来后没有房子，一家三口只得搭了个简单房屋居住。回家后，我担任了三年的民兵中队长。我们两人共育有三儿三女，长子是看门人，次子是瓦匠。由于家庭贫穷，子女没有得到好的教育，工作都异常艰辛。子女们迫于生计，曾经恳求我找老首长吴大胜帮忙找一份工作，我没有答应。就算再穷，也不能去麻烦老首长。

从独立团到
装甲兵学院

张少卿

"我们跟着吴教导员东跑西跑，白天休息，夜晚赶路，到处活动，宣传抗日。"

★ 口 述 人:张少卿

★ 采 访 人:肖晓飞　莫非　乐凡

★ 采访时间:2018 年 2 月 3 日

★ 采访地点:江苏省南通市濠南路张少卿家中

★ 整 理 人:乐凡　肖晓飞

【老兵档案】

　　张少卿,1925 年生,江苏盐城人。少年时参加儿童团,后跟随吴汉生参加兴化独立团。先后参加车桥战役、苏北战役、鲁南战役、孟良崮战役、豫东战役、淮海战役、渡江战役等。解放战争时期在部队担任连队指导员。1950 年随部队入朝作战,回国以后在解放军陆军装甲兵学院、南京军事学院进修。1965 年,从徐州转业到湖南长沙,1987 年在南通离休。

1　兴化独立团的小鬼

　　我是盐城大丰人,1925 年出生,属牛。我家里有父亲、母亲、哥哥。小时候,我在父母身边,父母帮人家做工,家里生活困难。母亲在一个姓周的人家做帮工,晚上没地方去,周家就临时用门板搭个床铺,我和我母亲就睡在厨房。

　　后来我参加了儿童团。当时学校有个叫吴汉生的老师,江都人,是兴化独立团第 1 大队的教导员。他以学校教师的身份来掩护自己,接触我们这些年少的小孩子。我们跟着他接受了不少教育,知道了革命的道理,明白了穷人一定要翻身,要翻身就首先要革命,不革命翻不了身。他就带着我们去参加革命,总共三个人跟着他走。我母亲哭着舍不得,但哭也没办法。家里什么都没有,走又舍不得。一走了之也好,最起码一天三顿饭能有保证。我那时穿的大褂子破破烂烂的,走了之后在一个地方换了衣服,破破烂烂的衣服也叠好了寄回家。

我在部队里面一直没有给家里写信,而且只有一次路过家门口。解放战争期间,我从浙江天目山向东边去的时候路过家乡,在东台住了两晚,回家同我老娘见面,谈了一夜。天亮部队要走了,警卫班的警卫员花元喜在我们住的地方等我。我回到驻地的时候,他告诉我部队已经走了,我们就去赶部队。

日本人经过盐城时,我们在伍佑还打了一次阻击。日军的武器好,我们只有步枪,最多有一挺机关枪。你打他,他也就走得慢些,但是没有阻止他前进的办法。过了伍佑这个地方以后,我们看见日本人走了,天也快亮了,我们也撤了。我们就一路到龙王庙[1],那是海边的一个大庙。

那一路走得也很困难,水深直到大腿根。那时候每个人都有绑带,我们就把绑带解下来接起来接着走。我们经过龙王庙就下海[2],在海边待了很长时间。海边也有很多我们共产党的地下武装,都是化名的。

我们在那里住了一段时间之后就到了赵家庄还是什么庄,我记不清楚了。我们跟着吴教导员东奔西跑,白天休息,夜晚赶路,到处活动,宣传抗日。

开始时我们是六七个人,后来只剩下四个人。四个人中又回了一个,只剩三个。不久,三个中又走了一个,就剩下两个,连吴先生在内三个人。我们两个都是家里比较困难的,回去也没什么出路。家里条件好点的都回家了。有两个姓卞的,家里是开小吃点心店的,卖饼子和面条。他俩嫌苦,也走了。他俩走

---

〔1〕 龙王庙即今东台弶港镇的龙王古寺,至今仍是苏北地区香火很盛的佛寺。
〔2〕 当地口语中,"下海"指去往盐城以东的海边方向。盐城市范公堤以东的东台市、大丰区、射阳县地域均为宋代以后由海边滩涂逐渐成陆,其风俗、口音有别于范公堤以西的里下河平原。其地俗称"东海里",其地原住民俗称"海里人"。

的那天早上告诉我说:"哎,走,咱们回家!"我说:"你们走吧,我不走"。

第二天早晨,吴教导员点人数的时候,说:"怎么少了两个人呢?"我说:"我知道,他们叫我走,我没有走。"吴教导员说:"哎呀,你怎么不告诉我啊!"我说:"我不走就不错了。"吴教导员说:"算了,走了的就让他走吧,不走的就跟我走。"

那时候,家庭困难的人革命决心比较坚决。我俩跟着吴教导员后面走,到了很多地方,地名都记不清了。

我所在的队伍叫兴化独立团第1大队,属于新四军第2旅,旅长是王必成。他讲话有口音,比如说"日本人来了",他说"有二百人到了"。我心想:"不得了,二百人!"可是半天也没有见到有二百人来。旁边听得懂的人说:"不是'二百人',是'日本人'。"他将"日本人"说成"二百人",蛮有意思的。

之后我们又下海了。当时新四军有个旅长叫陶勇,他长期在海边。他有时候在南通一带和龙王庙一带活动。我们就这么跟着跑。独立团一个大队起码有两三百人。兴化独立团分成了几个部分,有的在兴化地区,我所在的部分就到了盐城地区。

1944年参加车桥战役的时候,我们还小,跟在大部队后面走。那时候我们不属于独立团了,已经改编成华中第1纵队第1旅第2团。当时好像是独立团第1大队副队长王亭带着我们打仗。

打车桥战役,我们部队负责把敌人围起来,反过来打增援部队。当时俘虏抓过来就交给敌工科。敌工科主要是针对日本人的,有的日本人经过敌工科教育之后就转变过来了,为共产党的队伍做工作。

抗战时期,我们武器有老套筒子、汉阳造,一人就三颗子弹,基本上靠战场上缴获。只有三颗子弹怎么打?我们只有从敌人手里缴。我们有个口号:"没有枪没有弹,只从敌人手上拿。"虽然苏联等反法西斯同盟国也支持共产党弹药、物资,但是得经过国民党。蒋介石扣下武器去装备自己的两个师,我们一颗子弹也没有拿到。

部队里的伙食还可以，但情况紧张时，伙食也跟不上。通常是一天三顿，有时候吃两顿，有时候只吃一顿。当时有个顺口溜："反'扫荡'反'扫荡'，一生不忘华家庄。到了华家庄，一天就喝了半碗绿豆汤。"尽管艰苦，但是解放区、老区动员出来参军的青年都没有开小差的。

2 解放战争时期任指导员

抗战胜利以后，紧接着就打内战了。1945 年底，打宿北战役的时候，我们的副团长（名字记不起来了，后来他是南通军分区司令员）带着我们打，他很早的时候就受伤没了一只胳膊，我看见他是独臂。宿北战役打得蛮激烈的。我们跑，敌人也一个劲儿跑。

那时是要打国民党的机械化部队，我们缴获了国民党的坦克。原来我们没有坦克，只有大炮，从那一仗缴获以后，我们也有坦克了。敌人的部队全都被消灭掉，没有一个逃走的。

宿北战役之后，我参加了鲁南战役和枣庄战役。枣庄打得也很激烈，枣庄那儿是开采煤的，地下都有洞和坑道。开始我们不知道，后来发现有挖好的坑道，所以不一定要在地面上走，在沟里也可以走。

打莱芜战役的时候，我已经是连指导员了。当时我们把敌人封锁起来，堵在山里不让他们出来。我们在山脚、山腰、山顶三层都有人。如果敌人出来就不好办了。我们把李仙洲的部队堵住，同其他部队一起把敌人歼灭掉。敌人如果突围出来的话，我们就麻烦了，所以他一出来我们就打，不准他出来。莱芜战役把李仙洲和吴化文的部队解放了。李仙洲换装穿着便衣逃出来被抓到后，被认出来了。吴化文后来又到颍州去了。当时还有个韩练成，他的部队起义了。

我担任连指导员的工作主要是党务方面的，抓政治思想工作，最主要是坚持党的领导，以党的主义为主义。部队行政上有连长、副连长，指导员是管党务的。如果部队里有问题，那就党组织来决定，没有通过党的组织研究，随便行动是不行的。当时连部有连长、副连长、指导员、副指导员，还有文书，还有两个通信员。两个通信员一个跟连长，一个跟指导员。七个人组成连部支委会，如果有打仗的事情需要我们来做决定，就开党的会议讨论决定。比如上级命令下来，要求哪个地方要堵截，或者包围歼灭，就需要讨论怎么办、如何打、怎么分工。敌人一来就行动是不行的，不能乱打，是需要研究的。党员多就建立支部，党员少就建立党小组。不同连队的党员数量不一定是一样的，有多有少。多的就叫支部，少的就叫小组。党支部的党员参加会议，大家集体讨论，最后由连长、指导员决定。两个人商量好了，连长说这么打，指导员说行。如果还有未商定的就再研究，最后定下来就通过了。连队党支部开会一般是党小组长决定，党小组长由指导员担任。如果连长和指导员意见不一致，讨论没有结果的话，就报告上级，把两方的意见拿出来，由上级决定。连队报告给营里，营里报告给团里，团里再报告给师里，上面看哪种意见合适就定哪种意见。有时候上面会把两个意见综合考虑形成最终意见。

除此之外，指导员的工作内容还有发展党员。根据战士在战斗当中的表现、平时工作的表现和群众基础来提名。先提名，然后慢慢考核，不是一提名就做决定。平时的表现大家看得到，战斗中的表现，你勇敢不勇敢，这都是眼皮子底下的事情。当然，也会考虑家庭出身，例如贫农、贫下中农出身的就是基本群众。家庭政治复杂的，发展党员的时候就需要审查。如果表现好，还是一样的，一视同仁。表现不好的，就算是出身好，贫农也不行。

解放战争时期，我们有很多国民党的俘虏，对国民党俘虏也是一视同仁，与我们原来的战士是一样的。不少国民党俘虏后来在解放军里入党了，还有当了司令员的。虽然他们原来是国民党的，但是过来改造好了，脱离了国民党，相信共产党，相信共产主义。而且各方面表现好，当然一级级晋升。所以共产党政策英明就在这里，解放过来的人心服口服。

我在1948年参加了豫东战役。豫东战役是国民党向解放区反攻，当时我们华东野战军有好几支部队，有纵队、师、旅，都分散开。比如华东第3野战军有好几个兵团，我们属于华野第1纵队，粟裕是头儿。当时采取分头打、分头包围的策略。有的正面打，有的左右打，有的抄屁股不让敌人逃。看当时的情况，国民党部队的力量多少、配备怎样。我们也有侦察情况的，弄清敌人这支部队是不是国民党的主力，是杂牌的还是嫡系的，这些都要掌握。嫡系的难打一些，杂牌的好打，武器和战斗力要差一些。国民党里面党派多，这就复杂了。嫡系不一样，嫡系的厉害。所以我们有时分析嫡系和杂牌，决定先打哪个，一般情况下先打杂牌的。有的时候看情况，军队出来了，情况也清楚了，也可以先打嫡系。嫡系一打完，杂牌的很容易就消灭了。硬骨头啃下来了，接下来就容易了。比如孟良崮战役把第74师拿下来了，国民党其他部队就不战而败了。粟裕、叶飞在战斗前出来讲话动员的时候我见到过。开会讲话是按级别的，连一级或者排一级的领导才上台讲话。还要看会议的级别，是整个部队的大会，还是哪一级别开个会，根据会议级别安排讲话。

淮海战役中，我们部队在徐州南边作战，打的是黄百韬和杜聿明。在淮海战役的时候，他们的部队没有饭吃。我们就把他们围起来，围而不打。到了晚上，我们的战士拿小瓷缸"当当当"地敲，对他们喊："哎，同志们过来，我们有饭吃，有包子！"喊着喊着，偷偷摸摸地就有两个人过来了。

经常是我们的小茶缸"当当当"一敲，"我们这边有大馒头，有面，多的是。快来吧！"过来了的就给他们吃的，吃了的就不回去了。回去要死的，算逃兵了。

那边的人要么不过来，一旦过来，让他回去都不回去。这个方法具体是谁提出来的我不清楚。反正敌人没的吃了，军官的马都被杀了吃掉，马肉吃没了就吃马皮。我们就围着暂时不打，看他们怎么办。虽然那时候国民党用飞机空投粮食物资，但是大部分投到我们这边来了，少部分投在两军战壕之间。战壕之间的他们不敢拿，他们一来我们就开枪。白天他们不敢动，我们也不会拿。晚上我们看情况，派一些人去能拖多少回来就算多少。

淮海战役结束以后，就要准备渡江了。准备工作就是准备船，动员民夫的船。我们当时是在扬州过江，在镇江上岸。部队里大部分人会游泳，北方的也会。会游泳的几个人组成一个小组，三个人或者五个人，看哪个不会游水的，就要注意护着他。游泳不行的就靠船。刚开始的船小，能坐一个班，最多两个班。之后的船比较大。过江之后，我们前进的速度就快得很。国民党兵败如山倒。有一次，炊事员挑着担子去前线给我们送饭，回来的路上还抓了三五个国民党士兵。他们被打散了，没战斗力了。

过江后，我们部队从镇江往东边走，一直到上海，要到浦东那里去。当时只剩下一条船，我们就到处找船，找了五条船，还是不够，就五条船先过去，然后再回来接其他人。国民党军心动摇，几乎没有抵抗。再之后，我们就占领上海了。

在上海，我们很重视三大纪律八项注意。我们进上海到了南京路，没地方住，就在南京路上野营。楼上的老百姓朝下面丢香烟，几根或是成包地扔，但没有一个人拿。这就是三大纪律的作用。部队撤走时会打扫卫生，一扫就是一大筐老百姓扔下来的东西，没有人拿。

撤走后，我们驻扎在虹桥机场附近的一个小楼房里，那儿原来是国民党一个将军的住宅，附近也有外国人居住。

3　朝鲜战争后再进装甲兵学院

大概 1952、1953 年的时候,我被部队点名从朝鲜战场调回,准备去苏联坦克部队学习。结果后来我们国家与苏联关系有点不太好,开始有矛盾,情况不行就不派人去学习了,在国内自己研究了。自己弄也还不错。我们研究从国民党那儿缴来的不像样的坦克,也进行得蛮好的。我们在那里先干起来再说。后来我就一直在坦克部队。

后来,我在中国人民解放军陆军装甲兵学院、南京军事学院进修了五年。实际上南京有好几个系,有步兵系、炮兵系、坦克系,我是属于坦克系的。用的坦克是过去从国民党手里缴来的,后来也用过苏联的坦克。但是苏联过来的坦克都是战争中受损的,坦克炮台上的洞都是补起来的,后来苏联才给我们好的坦克。

1955 年授衔,我被授少校军衔。别的战友在部队里升得快。原来我是坦克营营长时在我手下的一个连长后来升了中校或者是上校,军衔比我高。学院毕业后我就到华东第 20 军,担任坦克团营长。第 20 军有两个坦克营,一个炮兵营。两个坦克营中有一个是自引火炮营。

1965 年,我从徐州转业到湖南长沙。本来上级安排我到昆明,但是太远了,那会儿交通不方便就没去成。结果就去了长沙的湖南省机械局。后来去了湖南有名的矿山通用机械厂,那是中南地区有名的大厂。再之后调回南通,1987 年离休。

战斗在敌后的武工队老兵

张凤林

"喊话要冒很大的危险，有时候敌人的炮弹和机枪打过来，我们就躲到隐蔽的地方。"

★ 口述人：张凤林
★ 采访人：肖晓飞　莫非　乐凡　秦阿梦　江无右　潘森强
★ 采访时间：2018年1月29日
★ 采访地点：江苏省镇江监狱老干部家属区
★ 整理人：吴敏　肖晓飞

【老兵档案】

张凤林，1928年12月生，山东掖县人。1944年参加八路军西海第1武工队，做策反工作。1947年，部队被改编为西海军分区独立团，后改编为华东野战军第20军第60师，参加过潍坊战役、孟良崮战役、济南战役、淮海战役等。新中国成立后先后在南京龙潭采石公司、溧阳竹箦煤矿工厂、江苏省第二监狱工作，1988年离休。

1　恶劣环境逼我去当兵

我于1928年12月7日出生。老家在山东掖县[1]沙河区楚家村。这个庄上有十几个姓，一百多户人，姓楚的约有四十几户。我们家里有父母和三个孩子，就我一个男孩，上面有两个姐姐。我父亲曾是地下党，后来回家种地了。二姐张凤英也参加过地下党，我是后来才知道的。我们五口之家种两亩地，另外

[1] 今莱州市。

租了村里富农两三亩地,年底交粮食结算。我们庄没有大地主,有些富农。

我小时候在楚家村上过四年私塾,那时候读的是《千字文》《百家姓》《论语》,后来家里面没钱,只好不上了。

在我14岁的时候,母亲去世了。不久我就跟着父亲去东北打工。那时家里穷,我们那里一半的人都跑到东北去了,这叫"闯关东"。我们一行三个人,有一个邻居,是一个跟我差不多大的小孩,他的父亲也在哈尔滨。我们先到青岛,从青岛坐船到大连,大概坐了一宿带半天,上岸以后坐火车到哈尔滨。父亲在哈尔滨跟着人家做小生意,卖吃的东西。我就到他认识的老乡家开的小饭馆当服务员,给别人洗碗。洗碗每个月大概十几块钱,发的是满洲的票子。

东北当时已经沦陷很久,老百姓在日本鬼子统治下过得蛮苦的。我在哈尔滨大街上经常见到日本士兵,还有日本侨民,他们不到我们这里来,小饭馆他们看不上,中国菜他们也吃不惯。我听说过有中国老百姓反抗日本人,但从未见过。我们在哈尔滨待了三年,因为赚不到钱,生活很艰苦,就回老家去了。

日本人大概在1942年就到了我们庄上,那时候我刚和父亲去"闯关东"。八路军在那之前就来了,但是没有公开。小时候听大人讲过,八路军是抗日的,是比较好的。

我们回到家乡后的日子也不好过。老家那个地方比较乱,有四股势力,分别是国民党、土顽[1]、日本鬼子和八路军。在家里也不安全,日本人抓老百姓去修工事,国民党来了也抓壮丁。正好八路军到我们家乡开展宣传,我就去学校听他们宣传抗日,村里面也有参加八路军的,但人数不多。后来,在家实在待不下去了,1944年7月,我就和本村四个小伙子一起去参加了敌后武工队。我是独子,父亲不希望我当兵,所以就到部队把我找回家了。我回家待了一个月觉得不行,因为在家里待不下去,生活比较苦,也没有出路。我又跑出来了,这

---

[1] 指地方上反共的顽固武装。

次离家远了,跑到父亲找不着的地方,参加了西海军分区[1]第1武工队。

2 以多种方式打击和瓦解敌人

西海第1武工队队长是山东荣成人徐维荣,政委叫曲振东[2]。一共有三个武工队,一个武工队有大概50个人,有时多有时少,那时候经常有人员调动。

武工队工作特殊,没武器不行。我们用过汉阳造和驳壳枪[3],"歪把子"也用过,还用过美国的枪。那时候武器匮乏,都是缴回来的,有时候是从地主手上要来的。子弹也都是从敌人那缴回来的。一开始每人只有三发子弹,以后慢慢地就多了,最多的时候有一百多发,少的话几十发。平时很少发子弹,情况比较紧急的时候发过一次,一共发了三百发,五十多人平摊,每人也就六颗。武工队平时就练练枪,隔一段时间打一次靶。一般很少实弹打靶,因为没子弹。除了练兵,政委有时候还给我们上课,结合当地情况讲讲形势,宣传党的方针政策。

武工队晚上要到敌占区喊话,有时候到日本鬼子据点,有时到伪军据点。我们喊话主要是宣传抗日,宣传我们八路军的政策。喊话一般就十几个人,事先找好隐蔽。伪军的名字我们都有数的,有时候直接喊他们的名字。喊话要冒很大的危险,有时候敌人的炮弹和机枪打过来,我们就躲到隐蔽的地方。他们听到宣传以后,有过来的,当然这个不多,被策反的一般是二鬼子居多。他们过来后就被遣散回家。

除了喊话,我们还搞过破路运动,那个时候没什么工具。上面发炸药下来,

---

〔1〕 1942年7月胶东军区组建,第3军分区主力是西海独立团,后第3军分区改称为西海军分区。

〔2〕 老人记忆有误,当时曲振东是队长兼政委,徐维荣是副队长。

〔3〕 驳壳枪的正式名称是毛瑟军用手枪。由于其枪套是一个木盒,在中国也称为"匣子枪"。其枪身宽大,因此又被称为"大镜面"。毛瑟手枪是德国毛瑟兵工厂制造的一种手枪,是世界上最早出现的自动手枪之一。

我们用它把路炸断，把铁轨拉走。

有一年冬天下大雪，我们在莱州黑崖山跟日本人碰上了，打了一场遭遇战，我们一个同志负了伤。

武工队里有食堂，有几个伙夫。一天吃三顿，基本上都是干饭，很少吃稀饭。一年中有两个月能吃到小米和面粉，吃一个月小米，吃一个月面粉，其他时候就吃杂粮，甚至吃不上。战士的衣服有两套，一套军装，黄土布的，一套便衣。鞋子发的蛮多的，一年发六双。

1945年3月份，我在武工队入党。我有这方面要求，组织也愿意培养。我的入党介绍人叫张金梅。入党需要宣誓，但是党员身份不公开。我们武工队有二十多名党员，占到了一半，分三四个小组。党员过组织生活要开支部会议，就拍膀子暗示，一起到一个地方开会，有时候在野外，有时候在屋里。开会主要是介绍党的政策，以及最近有什么任务。

我们开始在老家活动。后来，家乡形势稍微稳定一点儿了，我们就被调走了，调到靠近敌人的地方。我还在昌邑县待过。那时候没有固定的地方，处于到处跑的状态。

后来，我们和日伪军打交道，慢慢也就知道他们快不行了。有一回，我们晚上到了日伪军的据点，里面的日伪军讲："你们给我们准备准备饭吧。"我们说："去他的，叫我们给他准备饭！"还有一次，晚上去喊话的时候，日伪不放炮也不打枪，他们自己说他们快不行了。

1945年8月日本人投降的时候，我们正在潍坊打游击。大家听到消息都很高兴，开大会、唱歌、放鞭炮庆祝胜利。

3 在苏鲁解放战场歼敌

抗战胜利以后,内战很快就开始了。1947 年 3 至 4 月份,我们部队升级,改编为西海军分区独立第 3 团。独立团有 1 000 多人,团长名字记不清了,政委叫李一凡。接着,我们开始攻打潍坊,夜里在战壕里睡觉。一个副连长天亮起来伸了个懒腰,结果头露出战壕,一下被打中,牺牲了。打潍坊时我也受过伤,手被打穿了,被送下火线,到了后方野战医院养了三个月。打完潍坊后,我们部队又开始升级,改编为华东野战军第 20 军第 60 师第 108 团,我在第 1 营第 2 连,团政委叫邱相田。

打山东有个比较特别的地方就是还乡团很多,还乡团是地主自己组织起来的。山东土改路线执行得不好,当地政府把地主扫地出门,他们没有出路,就反攻倒算。还乡团蛮坏的,比国民党还坏,国民党投降了,他们不投降,就跟我们拼。

我们部队后来参加了孟良崮外围战役和济南外围战役,我们打济南的北边。

我们离开山东后到了江苏,在苏北住了一段时间,接着开始打淮海战役。淮海战役打了两个月,我们在窑湾、砀山、萧县一带都打过,打的是国民党黄百韬兵团。

解放战争时抓的国民党军队的俘虏比较多,俘虏过来以后就分组安插,补充到队伍里。俘虏过来以后,我们开展诉苦运动,以提高他们的思想觉悟。打淮海战役时,国民党俘虏来了,我们对他们没什么不一样,来以后跟自己人一样,发枪给他们去打,衣服都来不及换,他们就穿着国民党军服打仗。他们打仗打得蛮好的,因为这些兵都是老兵,大部分都是生活比较苦的,不是自愿出来的,是被国民党抓出来的。所以那个时候有的部队宁愿要俘虏兵,也不要解放区战士。为什么呢？因为俘虏兵能打仗，解放区的有些兵不能打仗，好多人还没有战斗经验。

我们部队开小差的人不多，有个别溜走了又被找回来，如果是党员，那就要处罚。我们连里有个排长，打淮海战役的时候跑了。后来他又回来了，回来以后就开除党籍了。

在淮海战役中，有一段时间我们是围而不打，包围圈子越来越小，国民党军就没有吃的了。他们的飞机每天来空投，国民党军队就抢物资，空投的粮食麻袋掉下来砸死了不少人。

国民党内部很腐败，他们部队里做生意的很多，相互买卖。他们没有吃的，平时馍都买不到，一块饼要卖一个钢洋。有时候国民党自己人相互打，抢不到物资就开枪。有时候飞机也会空投到我们这里，物资就被我们接收了。有些国民党士兵也想偷偷摸摸地到我们这边来拿粮食，但是过来就被抓住了。

4　从部队转到劳改系统

淮海战役结束后，我们部队就到苏北宿迁练兵，准备过江。接着继续南下，到达一个叫新民洲的地方，然后就开始渡江了，渡过江到了丹阳，顺着南京通杭州的铁路，一路到了杭州，很快又掉头去打上海。

打过上海以后，我们部队就驻扎在嘉定。那个时候苦呀，天天练兵。北方的兵不懂水性，要到水里去练，就在嘉定浏河口练。

抗美援朝战争开始时，我得了肺病，就没去朝鲜。我因病转到苏州住院，老伴当时在苏州的康复医院工作，我们在此认识，1956年在龙潭结婚。

我病好了以后就到泰州干校学习，两个月就毕业了，分到江苏公安学校，学劳改政策。学了两三个月后,分到属于劳改系统的南京龙潭采石公司当队长,管理犯人。由于刚解放,监狱里反革命比较多,但是大部分犯人比较服从管教,只有少数不大好管理。

1970 年,我被调到溧阳竹箦煤矿工厂。许世友那时候是南京军区司令,搞了一个苏南煤田会战,在这个地方发现了煤,就成立这么一个单位,工人大部分是改造刑满之后留下来的犯人。1973 年,我调到镇江监狱当政治处副处长,主要管理干部和抓思想政治教育。"文革"的时候,劳改系统里面也有两派,我稍微受到了一些冲击。1988 年我就离休了。

从儿童团成
长起来的革
命战士

张文治

"虽然我年纪轻，但我是党员。"

★ 口 述 人：张文治
★ 采 访 人：肖晓飞　来碧荣　刘倩　张英凡　蔡青　王缘　李梦
★ 采访时间：2017 年 11 月 13 日
★ 采访地点：江苏省无锡市滨湖区荣巷干休所
★ 整 理 人：肖晓飞

【老兵档案】

　　张文治，1929 年生，山东平度人。曾在平南县第九区担任村儿童团团长，积极开展抗日救亡运动。在胶东公学附属小学参加学习，接着担任县儿童团团长。1946 年参加胶东军区警卫第 3 旅第 18 团，后来改编为华东野战军第 27 军第 80 师。先后跟随部队参加了孟良崮战役、济南战役、淮海战役、渡江战役和抗美援朝。从朝鲜回国后，先后在徐州、无锡、安徽等地工作，1983 年离休。

1　小小儿童团团长

　　我叫张文治，1929 年生，今年 89 岁了。我老家在山东省青岛市下辖的平度市，那时候属于旧平南县。我的父母都是农民，属于中农家庭。家里有两个孩子，我下面有一个妹妹。我们村那时有两个人出来参加八路军，一个是我，另一个现在在南京总参干休所。

　　胶东抗日根据地有 800 万群众，我们那里叫平南县第九区，是八路军的游击区，属于敌我争夺的地方。有一条公路叫高平公路，是从高密到平度的主干道。公路以西是国民党军队的控制区。公路两侧的村庄是日本人的"爱护村"，日本人经过时，需要帮助他们运送东西。我们村就是"爱护村"，日本人经过时，要给他们送水、饮马等。

但是，我们村里面有八路军领导下的各种组织，如农救会、青救会、妇救会[1]、儿童团等等，这些组织的主要工作就是宣传抗日，动员参军。村里还有很多民兵，他们武器不多，就是一些土枪和缴获的少量钢枪，土炮、炸药、地雷这些都是自己造的。

儿童团是青救会领导的。我在村里当儿童团团长。儿童团的任务是什么？八路军告诉我们，要站岗放哨，捉汉奸，帮助群众学文化。站岗放哨要盘查行人，从敌区往我们根据地走的，要经过我们村庄，那必须有通行证，没有通行证，只准从村外走，不能进入我们村。我们村里有个私塾先生，读文言文比较多。"没有通行证者，即便扣留也"，这句话就是先生写的。儿童团有时候也帮助军属、烈属打扫院子，挑挑水。当时，我们儿童团有首歌：

> 月儿弯弯，星光闪闪，我们都是儿童团；
> 站岗放哨，又当侦探，盘查行人捉汉奸；
> 鬼子来了，我们就跑，跑到八路去报告；
> 领着八路，手拿枪刀，杀却鬼子把家乡保。

那时候，八路军的侦察员到我们村，教会我们唱这首歌。他们平时隐蔽在群众家里，我们发现敌情，就向他们报告。报告的方式有很多种，比如送鸡毛信。

我当村儿童团团长时就参加过土改，领着儿童团喊口号："打倒某某某！"那时候母亲刚死，我还戴着孝，父亲不让我登台表演，因为演戏要穿红戴绿。我在

---

[1] 农救会是农民抗日救国会，青救会是青年抗日救国会，妇救会是妇女抗日救国会。

村里不上场，去外村就上场。在土改中，贫农能得到土地和浮财[1]，下、中农以上的得不到。土改分配由农救会负责，一个村一个村地搞。有的地主戴高帽子，挨批挨斗，富农、中农是我们团结的对象。

那时候，国民党和共产党都在争夺青少年。胶东有个胶东公学[2]，就和延安公学[3]一样。1944年，有个名叫徐乃云的人到了我们村子，动员我们去胶东公学参加学习，我就卸任村儿童团团长，来到胶东公学附属小学读书。我们学校的校长姓迟，有个女老师姓冷。我总共读了一年书，主要学习政治和党的政策。冷老师给我们讲二五减租、分半减息。此外，我们还学了算术。我在学校读书时发了枪，还有一颗手榴弹。由于学校当地刚刚解放，我们还参加了当地的一些活动。1945年，我从胶东公学读书回来以后，我们村长说："你怎么学了几天就知道马列主义了？"我说："我们学的就是这个。"

回到家乡期间，文登、荣成一带的干部到了我们这个地区，他们讲话不大好懂，我读过书，就给他们当翻译，后来跟着他们吃饭，给他们抄抄东西。那时候还没有课本，他们是自己编的课本，我帮着他们印刷，然后送到农村学校去。后来，我当上了平南县儿童团团长，领导全县儿童宣传抗日、反封建、斗地主恶霸。

2 区委书记指引我参军

日本人投降以后，国民党把汉奸、特务、地主武装都收编起来。他们下山来

---

〔1〕 指金钱、首饰、粮食、衣服、牲畜、农具等可移动的财产。

〔2〕 1938年8月，胶东特委仿照中共中央在延安创办的陕北延安公学，在烟台黄县正式成立胶东公学，以培养革命所需人才，1948年停办。

〔3〕 即陕北延安公学，1937年成立于陕西延安，主要培养抗日战争所需要的干部，成仿吾担任校长。

摘桃子^[1]，要抢夺胜利果实。

后来，国民党开始进攻八路军了，有首歌是这么唱的：

> 蒋匪帮一团糟，一团糟啊一团糟，
>
> 坏蛋坏子真不少，汉奸特务都不杀，还有日本狗强盗。
>
> 蒋匪帮害人民，坑害人民可不浅，
>
> 抗战前，一党专政十几年，
>
> 抗战中，消极观战是八年，
>
> 到今天，依靠美国打内战，想把咱整个中国出卖完。

这时候，我和我们副区长正在为部队扩军两个连，积极宣传动员青年参军。我带着儿童团到处表演，有一首歌是这样唱的："八路军，独立营，谁参加，谁光荣，光荣光荣真光荣。"在我们还没完成任务时，部队就到我们这里打仗，要担架。区委书记告诉我，你就带着担架去吧，等完成了任务，你就待军队里。

我是1946年9月底去的，参加了胶东军区警备第3旅第18团，去的时候还不是这个番号，等平掖保卫战打完，我们就成立了警备第3旅，后来改为第9纵队第27师第81团，再后来编入第27军了。

我在连队没当过兵，一直在机关工作，在司令部当收发员，命令、战报、书信、邮报，都是我来负责。政治处有个团报，及时报道消息。通信员有骑兵通信员、脚踏车通信员，一般都是我把司令部的口令、文件交给他们去送。我们司令部人手很少，有几个参谋。一参谋叫作战参谋，制定作战方案，代表首长下达命令，接收部队战斗报告，做战地阵中记录。二参谋是侦察参谋，打仗之前先去侦

---

〔1〕 摘桃子，民间俗语，就是抢夺果实的意思。

察敌情,观察地形。三参谋是通信参谋,我就在通信参谋的领导下工作。四参谋不住在司令部,主要管理伙食。工作起初很简单,成立第 27 军以后,就复杂了。司令部里有作战股、侦察股、通信股、管理股,团里是作战处、通信处。虽然我年纪轻,但我是党员,是党小组组长。我在县里当儿童团团长的时候就入了党,进部队以后不久就转正了。入党的时候,是我们的组织干事邹敏卿介绍的,她的丈夫在打仗时牺牲了。当时预备期三个月,但我入党时没写预备期。后来要转正时,机关指导员于迅说:"你这个不合手续,你家是中农,需要两个介绍人,但你只有一个。"我说:"那怎么办?"他说:"那你再找一个吧。"我说:"我在这里找可以吗?"他说:"可以。"我说:"那我就找你了。"他说:"行,我也愿意介绍你。"就这样,我转为正式党员。

我参加过孟良崮、南麻、临朐等战役,与国民党整编第 74 师、新 5 军、整编第 11 师都打过仗。在围攻孟良崮的时候,我们团打阻击,只见到伤亡,看不到成绩,所以战士们普遍有情绪,于是师政治部主任下来动员,他说:"打仗是一个整体,我们部队消灭了国民党王牌第 74 师,我们团啃了骨头,别人吃了肉,有吃肉的就有啃骨头的,没有啃骨头的也不行。"

解放战争期间,有时候没有粮食,山区里老百姓为了防止国民党抢粮食,搞空舍清野。我们找不到粮食,就把麦粒煮着吃。上面开座谈会,问战士们对艰苦生活怎么看。有人说:"报告首长,我提个意见,这个麦粒我吃了不消化,原封不动地拉出来,第二年老百姓交公粮还可以用。"春天,我们拿桑叶当碗,树枝当筷子。有时候去老百姓家里借锅碗瓢盆,有的借到尿盆,洗了洗就盛饭吃。

在解放战争初期,我们山东有一个献田运动,主要是动员开明士绅主动把多余的田拿出来,分配给贫苦农民。我就动员过父亲,说:"虽然我家是中农家庭,但家里有八九亩地,你也种不了,献给农会吧。"他也同意了。那会儿主动献田的不少,我们这些参加革命的人觉悟较高。有的村里是党支部动员以后献田,也有少数不愿意献田的,那就不再进一步动员。那时总体上献出了不少。

那个时候,山东出了不少还乡团。还乡团是一些地主富农怕被农会批斗就跑了,然后在国民党支持下,又组织武装回来了。他们回来就杀人放火,莱阳有的村庄人都被杀光了。

渡江战役以后,部队需要粮食,要动员地主富农把粮食借给军队,因为我是从地方上来的,我就参加了征粮队。

打下上海后,那里的形势很复杂,要清理散兵游勇和国民党特务,我就被调到保卫股做干事。在上海的两个月内,我负责和上海的地下党联系,联络人叫陈淮根。抗美援朝回来以后,我去看过他,他在上海长宁区当宣传科长。后来我又参加了土改、剿匪工作队。那时候缺干部,北方的村长到了南方,就能当上区长。上海当时有个叫黄八妹的土匪,经常从海上来搞破坏,我们剿匪工作队还抓获过黄八妹[1]。

3 朝鲜战场上的军法干事

1950年,我们正在练兵,准备渡海解放台湾的时候,朝鲜战争爆发。我们奉命参加抗美援朝。1950年10月,我们从丹东出发,带了三天的给养,主要是将饼干搓碎了,装进干粮袋里背身上,然后很紧急地就出发了。三天以后,没口粮了。朝鲜有土豆吃,都埋在地下。我们一个担架连全连七八十人,一顿只有七个土豆分着吃。我们领导要求,战士们要爱护朝鲜一山一水一草一木,不能违反纪律,违反要按价赔偿。当时有战士发牢骚说:"毛主席叫我们吃白面,高

---

[1] 此处存疑。老人记忆可能有误。黄八妹于1950年逃往台湾。

主席[1]让我们吃地蛋。"到 1951 年,我们的后勤供应才跟上,那也是就着雪吃炒面。

朝鲜冬季气温低到零下四十摄氏度,志愿军都不适应,腿脚都冻伤了,鞋子都脱不下来。受伤的战士中冻伤占百分之九十,火线下来的伤员也就百分之十。我们在朝鲜打过第二次战役、第三次战役和第五次战役,打的是美国陆战第 1 师。我们第 27 军第 80 师还缴获了美国陆军第 7 师的一面军旗。

我在朝鲜也是做战勤工作,那时已经转为军法干事,处理部队里违纪犯法的军人。战场上如果有人带枪拖着别人逃亡,这影响很坏,我要把他枪毙。我也负责打扫战场,掩埋尸体,收容违纪军人。那时候志愿军没的吃,有的战士就偷吃朝鲜的苹果,我就去交涉赔偿,一个里[2]一个里地走访,部队后来给我定了三等功。

从朝鲜回来以后,1954 年经老战友介绍,我在徐州贾汪结婚。爱人当时在第 19 陆军医院工作。1955 年后因部队政策变化,她就做了随军家属。我们结婚之前部队要调查女方家庭出身,我要打报告请组织批准。那时结婚团级干部师部批,我们连级干部团里批就行了。

1969 年我到无锡,当时有所谓的"三支两军"。我先是做军管会主任,后来做无锡市公安局政委兼局长。"三支两军"任务完成以后,我到了安徽省徽州地区的太平县公安局当政委,1983 年离休。

---

〔1〕 指高岗。
〔2〕 朝鲜语中表示"村"。

增援衡阳
的工兵

张 远

"终于能参加到战事中，我们很兴奋，日夜不停地苦战，抢修道路、工事。"

★ 口 述 人：张远
★ 采 访 人：叶铭　莫非
★ 采访时间：2016 年 9 月 7 日
★ 采访地点：南京市栖霞区丁家庄燕歌园
★ 整 理 人：叶铭　守华

【老兵档案】

张远，1923 年生，江苏句容人。1939 年考入黄埔军校 6 分校第 18 期，随后去湖南零陵工兵学校学习。1944 年参与衡阳增援作战。由于身患肺结核，1944 年底辗转到重庆养病，直到抗战胜利。1949 年西南解放后参加解放军，1950 年复员回乡。

1 家乡沦陷后下乡避难

我叫张远，原名张振远，1923 年 6 月出生于江苏句容，黄埔军校第 18 期毕业。我二哥叫张振铭，打过内战，新中国成立后去新疆劳改。二哥在句容新四军当兵时，逃了两次。我小时候家住句容，父亲的书法很好，曾经当过书法教师，给城里的很多店铺写过招牌。我打小受到父亲影响，字写得不错，这给我以后的生活带来了很大影响。我父亲生前担任过小职员，在南京国民革命军总司令部任职。我儿时看过父亲的军装照。他后来吃不了军队的苦，返回句容，在句容商会做管账，现在叫会计。由于我兄弟姊妹众多，家里有四女三男，所以家庭困难,后来连房子都没的住,寄居在姑父家的祠堂中。

1937年,日军全面侵华,我的家乡不久也沦陷了。那时我刚小学毕业,前往乡村避难,在江宁县土桥农村住过几个月,在桥头镇外公家也住过。桥头镇离火车站很近,但日本人平常不来。我们兄弟两个在这期间做过小贩,贩卖点日用品。好在我堂兄张振翼接济我们,我们就投靠了他。堂兄张振翼是黄埔军校第13期的,在国民党第3战区第2挺进纵队做营长。他曾在江西赣南训练团接受培训,是蒋经国的人,1949年之后去了台湾,当过少将。20世纪80年代回过大陆,还在句容援建了句容塔,并且给家中尚在的亲人每人100美元的红包。在当时,堂兄回到第3战区后还做过句容、溧水、溧阳三县的县长。后来我们投笔从戎,一半是因为堂兄帮助,一半也是因为我们的爱国思想,毕竟国家兴亡,匹夫有责。我的二姐也是因为堂兄的帮助,在堂兄所在的政工队话剧团工作,负责管理服装、道具。抗战胜利后,二姐离开了国民党部队,在安徽做了一名小学教员,后来并没有受到太大的冲击。我二哥张振铭在乡下挑着担子贩卖时遇到新四军,就参加了新四军的部队。我和姐姐去看过他,新四军接待了我们,而且招待得很好,给我们烧鸡吃。

▌2 以优异成绩从军校毕业

1939年,国民党军校派一名中校到溧阳来招生,我报名参加了考试。我和我二哥以及堂哥的几个勤务兵都考取了。考取后,我们就在中校的带领下出发去桂林报到。当时的交通条件很差,没有交通工具,我们基本上是靠着两只脚走到了桂林。途中我们经过江苏、安徽、江西、湖南几个省份,只在安徽境内的时候坐过一段皮船。途中有一段很险,跟现在的漂流差不多。大约一个月后,我们来到了桂林郊区一个叫李家村[1]的地方报道。

军校校长是蒋介石。军校的生活很枯燥,每天就是出操、锻炼身体,也不让上街。我们那时候吃的也不好,一天虽然能吃三顿饭,但是去得晚一点就吃不到了。而要想吃得饱,就要采取策略,比如第一碗饭要打得少,快点吃完,然后赶紧去打第二碗,就能多吃点。我们那时候星期天还要上山砍柴,山就在军校后面,是一座独立的小山,山上很多小石块,砍柴的时候脚上穿的胶鞋很容易磨破。军校毕业后,我们接受过蒋介石的检阅。后来军校又开始分科,我被分到工兵科,在湖南的零陵[2]继续学习。我哥哥是步兵科毕业。到了湖南零陵后,校长还是蒋介石,负责军校实际事务的教育长是个广东人,和蒋介石是同学。我在工兵学校接受了两年教育,学习架桥、爆破、工事修造等一些工兵知识。毕业的时候我由于成绩好,留校服务,被分到教导团当排长。我们毕业的时候学业考核,我其实应该是第一名,但因为当时两校合并,我原来的学校是小校,所以把第一名给了戴安澜的侄子,我就成了第二名。

3　增援衡阳

当时教导团的任务主要是负责轮训各地送来的基层战士,我负责训导任务。但是不久,我在教导团的工作就结束了。因为衡阳战事吃紧,本来没有作战任务的工兵学校也奉命派出一连工兵前去支援,我就是其中之一。我们被派到了学校坦克部队。我在第1排,负责侦察路面情况。连长给了我们三辆摩托

---

[1] 中央军校第六分校所在地。六分校原为南宁分校,1938年1月,日机多次空袭南宁,南宁分校营房多处被炸,并造成人员伤亡,全校人员分散到乡下,无法操课。一周后分校奉命迁往桂林李家村(今奇峰镇)。

[2] 今湖南省永州市。

车,派我们去侦察前线情况。在前线的时候,已经能听到衡阳城的炮声了。前线的路能走,但是桥修起来费事。七八月又特别热,我们经常是满身大汗。但是终于能参加到战事中,我们很兴奋,日夜不停地苦战,抢修道路、工事。坦克部队后来冲了上去,但是没几天就被打下来了。上级又派我们拆路,破坏工事。这时候又是连着几天苦战,我病倒了,回到零陵后,在博爱医院被确诊为肺结核。因为我们学校离前线很近,所以我们也要撤退。但是校长也不好好组织撤退,每人发支枪就让我们去指定地点报到了,也不管我们是死是活。我当时身体不好,还要拖着一支枪,简直是让我想自杀。

这个时候,天气已经开始凉了。我们要从湖南跑到贵州,一路上还要避开日本人。我们不敢在大路上走,但是也不敢离公路太远,要不然就迷失方向了。在往贵州集合的过程中,很多同事把枪卖了。即使不卖,土匪看见了也会抢枪。买枪的其实也大多是土匪,胡子拉碴的。我看人家卖了,我就也卖了,小命要紧。后来,我们来到贵州一个叫独山的小县城,在那个地方找到学校,安顿了下来。冬天睡觉的时候没被子,只有一件棉大衣盖着。因为重庆到缅甸的物资通道要经过我们这个地方,学校领导就拦住运送物资的部队,要求他们把我们带到重庆。

4 重庆养疾

到了重庆以后,我在一位百姓家里安顿下来,住了几个月,后来在重庆陆军总医院住过一年,身体好点了之后就转到休养院。在这里有饭吃,有工资拿,但是精神上没安慰,学校领导不来慰问,同事也没有来看看的。这段时间我特别想家,但是这时候家里的情况完全不知道。为了解闷,我自己上街买零件,做了个小收音机,收听广播电台。医生那时候对结核病的治疗,除了让吃药,就让睡。

有一天，我在广播里听到了抗战胜利的消息，高兴得不得了。我想回家，但是找不到家里的联系方式，就在南京的报纸上登启事。我姐姐当时是小学教员，看到了我的消息，就跟我联系上了。但是因为没路费，家我没回成。

又过了好几年，共产党解放了重庆。我不了解共产党，有些害怕，就把学校发的毕业证、文书，还有佩剑和其他一些东西收起来，藏在了房梁上。后来我在第2野战军政治部的特训班又待了半年。因为我有点文化，又经常教战士唱歌，共产党的干部看我积极，就打算留用我，但后来又不要了。共产党给了路费，给了船票，让我回家。虽然没能留下来，但是我也很开心，因为多年的愿望实现了，终于能回家了。回家的船上很挤，晚上也没法好好睡觉。

船到汉口后，因为上船的国民党要人很多，我们就不得不提前上岸了。我们坐火车从汉口到郑州，再到徐州，然后沿津浦铁路回到了南京。我到家的时候已经夜里12点了，开口却不知道怎么喊爸爸妈妈，太多年没回家了。这时候已经是1950年了，家里的生活还是困难，所幸弟弟妹妹已经有了工作。我哥哥在银行工作，妹妹是师范毕业，当了学校教员。我后来也进了银行，先做临时工，主要是负责下乡收贷款。那时候农民没钱还，往往就靠稻子还账。

5 回乡工作

苏北公学[1]后来搬到江南成了苏南公学，我报名参加了学校的会计考试。我们句容县就我跟戴月两个人考取这个学校，但戴后来没毕业。在学校体检的

---

[1] 1944年，苏北党委决定开办苏北公学，招收基层政权和群众团体中的工作人员、教师和知识青年为学员。1946年2月，华中野战军随营学校、苏北公学合并为华中雪枫大学。1949年4月，在苏北行政公署所在地组建新的苏北公学。之后苏北公学更名为苏北建设学院，1949年8月正式定名为苏北建设学校。

时候,我合格了,我很高兴,说明我的病好了。我们在学校学了七个月,但只学政治,学为人民服务,基本都是政治教育。毕业考试我考了第二名,被分到句容县银行做农贷员。因为工作认真,我当了工作组组长。我在句容银行干了三年,到了1954年,风气开始"左"倾,领导说我们历史有污点,不要我们。银行整编后,给了我们几个月工资,就让我们回去了。

回到家后,因为不会干农活,做生意又没本钱,我们几个境遇相同的同事一起来到南京谋生。我考了个缝纫学校学习缝纫技术。从学校出来后一开始是租了个小房子,做点缝纫活,地址就在(今天的)金陵饭店。这个时候,我还参加了居委会的工作,干了一段时间后,又被下放,从工程队会计这个职位下来。失去工作后,我被退回了句容,但是句容不接受我。正好赶上合作化运动,因为我有文化,就进了服装厂。因为进口的东西有外文,我又有点文化,就让我去做了仓库保管员,一直到退休。

所幸战争时期我退下来早,又没参加内战,所以后来没怎么受到冲击。退休后我一直参加社区活动,组织大家唱唱歌,搞点文艺活动。我今年93岁,半条腿跨进94岁了,我还想发挥余热,做点事。

屡建战功
的卫生员

张荣光

"他们说：'你不怕吗？'我说：'怕我来当什么兵？'于是上级就同意我去参加战斗。"

★ 口 述 人：张荣光
★ 采 访 人：肖晓飞 莫非 谢吟龙 刘倩 来碧荣 张英凡 鲍奕恺 黄晴
　　　　　　 钟嘉雯
★ 采访时间：2017 年 11 月 11 日
★ 采访地点：江苏省锡市梁溪区
★ 整 理 人：肖晓飞

【老兵档案】

　　张荣光，1930 年 2 月生，山东临沂人。1944 年初参加八路军。1945 年初编入八路军鲁南军区第 5 团第 2 营，担任卫生员，后随部队参加了歼灭土顽战斗。解放战争时期，所在部队先后被改编为华东野战军第 3 纵队第 8 师、第 3 野战军第 22 军，参加了外线出击河南的作战，以及济南战役、淮海战役等。1949 年底驻守舟山群岛。1982 年离休。

1　机智逃脱敌人的追查

　　我叫张荣光，1930 年 2 月出生，山东苍山县[1]沂堂乡台井村人。我的父亲叫张学礼，1941 年前后，在八路军到我们那里以后，他开始做交通员。1958 年底，父亲有一次蹲在田里修镢头，站起来时突然吐血，后来就去世了。我兄弟姊妹三人，上面一个哥哥，下面一个妹妹。哥哥在我出来之前就结婚了，年轻时候

[1]　今山东兰陵县。

做过民兵队长。国民党进攻山东时,他做了不少事情,带了几十个人在山里跟还乡团对着干。1949年大军渡江以前,需要从江北抽调一批干部,本来他可以选上,但是嫂嫂拖后腿,不让他出来,所以就留在家里了。我妹妹则一直在老家。

我六岁左右开始读书,在小学读了三年,因为日本人经常来扫荡,就辍学了。过了一段时间,形势稍微安定一点,我又去读私塾。从《千字文》读起,读到《论语》《中庸》《孟子》,读了一个月,后来又辍学了。以后在抗日小学又读了一年,然后就在家里了。

在我们村东南方向有座山,叫东南山。有一个小队的日本人在上面修了岗楼,里面有十五六个日本兵,十五六条步枪,一挺重机枪,几挺轻机枪,另外还有五六十个伪军。我们那里靠近沂蒙山区的边缘,日本人经常来扫荡。这些人在我们沂堂乡横行霸道,反复下来抢粮食、财物。从临沂方向也来过好几次,有几百个日本兵,加上伪军,总共上千人。1940年左右,日军下来"扫荡",我们在山沟里的石崖下住了大约半年多。

日本人在村里组织维持会,找中国人出来帮他们办事,定时要给他们送粮食,不送就来抢。到了麦子成熟时节,日本人就从据点下来,看着老百姓割麦子,割完他们就用车拉走。

日本人在据点里站岗,村民从山下经过,有时候就被瞄准打一枪。如果被打中,是死是伤,他们也不管。

我们村长张国干的一个堂弟叫张国柱,也是我的小学同学,他参加了共产党,在县里面学习以后,组织给他一把手枪。我有个堂哥跟他很要好,有一条步枪。张国柱在赵镈县〔1〕一区当区长,两人又弄来七八个人。有时候据点里的日本人出来,他们就悄悄地打几枪。这样一来,日本人也不敢单独出来,就带着

---

〔1〕 该县1950年撤销,并入苍山县,即今兰陵县。

伪军一起出门。

父亲跑地下交通,有时候他去送信,需要掩护,我就帮忙。我受父亲的影响,对革命也有一种向往,有时跟着父亲活动,也出去送过信。

我那时候小,但比较活跃,脑子也灵光。在我正式当交通员之前,有一回我自己去送信,到东边白埠子村的另一个站点,离我家大约十二里路。我走时手里拿着一个小篮子,里头装了点鸡蛋和土产。当时正是三四月份麦子开花的时候,离白埠子村还有两里路的时候,远远看见两个穿着便衣的人奔着我来了。我瞧着不对头,于是拐个弯,朝麦地里走,信拿在手里。这两个人也跟着我拐到麦地。我知道跑是跑不了的,在麦地的田埂上有两棵小树,我就把信丢在了两棵树之间的地里。那时我不能弯腰,就用脚弄了一点土块盖住信并踩了一脚,然后继续朝前走。这两个人还是跟在我后面。我接着拐弯朝南走,结果他们朝我喊,让我站住,否则就要开枪。我站住了,他们跟着就过来搜身,而且大声问道:“你到哪里去?”我回答:“到我姑姑家里去。”他们又问:“你住在哪里?”我说:“住在前面这个村东头的边上。”

他们不信,搜来搜去找不到东西,就开始打我,说我是送信的小探子。我的鼻子嘴巴都出血了,就是不承认。最后他们说:“这样,你带我到你姑姑家对质去。”我说:“可以。”

我就带他们到了一个村子里,走到一户人家门口,张口就喊:“姑姑!姑姑!”那个时候,我们家乡的老百姓都有约定。屋里人出来后,一看我脸上都是血,就明白怎么回事了,开始哭闹道:“你们为什么打我侄子?”这么一来,村里好多人都出来了,都帮我说话:“这个人真是她的侄子。”最后,这两个人也没办法,就算了。如果真搜出来那封信,可就麻烦了。

到1944年1月,父亲身体不太好,他送信渐渐少了。我就当了区里通信站的通信员。我那时候没有别的待遇,就一个月60斤粮食。粮食到我们的粮站去领,或者区里面发粮票,到其他粮站领也可以。大概十斤细粮,剩下的都是粗粮。平时一般住在家里,有时候也住在区公所。按照党的政策规定,参加革命以脱产吃公粮为标准,我参加革命就可以从这里算起。

我的主要工作就是给县里、区里送信。一般来讲,要么送到区政府,要么送到底下各个村。西边三里路有个村,叫泉里堡;南边八里路有个迷龙汪村;东边十二里路是白埠子村;北边十二里是涧头村。信一来,就送到村交通站里,不管哪个方向。各村的交通员就是本村人。那时候送信人的文化程度都不高,如把信封折个角,或者写个"急"字,就得抓紧时间送。有时候粘根鸡毛,就叫鸡毛信,那也要快送。有时候没有信封,就叠成一个小方块,粘起来。交通员送信时,信不能拆,内容也不能看。

2 积极参加消灭土顽的战斗

不久,鲁南军区有个曹参谋下来,他是老红军,到我们那里搞侦察。当时中央有个政策,对各地的土顽要彻底消灭。曹参谋跟我的关系挺好,我带着他在周边搞侦察,主要侦察本地的顽固派王洪九的情形,还到临沂侦察日军据点的情况。他后来在 1947 年 12 月打许昌的时候牺牲了,当时他是警卫营长。

1944 年底,正好赶上区中队升级,有一部分人要编入正规部队。曹参谋就带着我去参加八路军。1945 年 2 月,我参加了鲁南军区第 5 团第 2 营,在卫生所做卫生员。我们第 5 团大约在 1944 年初建立,团长陈士法,政委王六生。这两个人的妻子都是搞医务工作的,所以我和他俩都很熟悉。

在我入伍后的第二个月,我们部队要消灭王洪九的部队。王洪九是有名的土顽,他手下有 3 000 人,占领了两个地方,一个叫涧沟崖,一个岑石岭。我们村长张国干的弟弟叫张国桢,兄弟俩和共产党关系比较密切,都被王洪九的人以"通共"为名杀害了。

那时候上面有规定,凡是新兵都留在后方,一律不上前线。我要求去前线参加战斗,上级不同意,我就去找他们,说:"那个地方我都很熟的,在家当交通员时我经常去,曹参谋介绍我来当兵,我的情况他都了解,我们一起去侦察过王洪九和日本人的情况。"他们说:"你不怕吗?"我说:"怕我来当什么兵?"于是上级就同意我去参加战斗。

打王洪九时,日本人要来给他增援。我们团第1营、第3营一个打岑石岭,一个打涧沟崖,第3团也全部参加了。日本的增援部队一百人,汉奸队二三百人。敌人手上有炮,有重机枪,我们没有炮,一个营只有两挺重机枪,一个连四五挺轻机枪,装备比他们差。我们第2营主要布置在岑石岭据点和临沂之间,专打日本人的增援部队。

我们卫生班长姓徐,我跟着他走。把伤员抢救下来后,进行止血、包扎,有骨折的用夹板把骨折部位固定起来。我们卫生员主要就是负责这个。打起仗来你说不怕,那是假的。日本人打仗有个特点,武器打得节奏感特别强,先是打炮,接着是重机枪,轻机枪打得也很有规律。说实话,当时枪炮一发,我心里也很紧张。不过,这些地方我都很熟悉。头天夜里我们就打了,第二天早晨七八点,敌人过来增援。我们第5团第2营习惯打增援,这一仗打得还不错,阻止住了敌人。王洪九部伤亡很大,但还没被完全拔掉。第三天,他们组织突围,大约有一半人冲出去了。王洪九的残余势力后来直到淮海战役时才被全部消灭。

经过这一仗,领导觉得我还可以,胆量蛮大。我们营长、教导员都是山西人,营长叫毋光仁,指导员叫田锡增,经常和我开玩笑,说"小张胆量挺大"。不过,我年轻时候胆子大,脾气也很差。在部队里有时候与战友有些小摩擦,我也要斗斗,甚至还动过拳头。领导批评我后,基本上都原谅了,而且经常说:"张荣光很好，很直爽，打仗很勇敢，你们哪里能和他比？"

这次战役打完以后，接着打济宁附近的土顽张理元。消灭张理元以后，1945年阴历五月前后，正是割麦子的时节，我们开始打峄县。峄县有一个中队的日本人，伪军100多人。日本人最后撤退到峄县的一个小据点，住在一排房子里。我们武器比较差，一时半会消灭不了他们。这时，其他地方的日军就来增援，开着铁甲车过来，和打增援的部队交上手了。上级要求不惜一切代价，赶快消灭峄县城内的敌人。最后，老百姓提出用火攻的办法。我们在机枪掩护下，把房子全部用柴草围起来，还扎了一些草把子扔进日本人驻守的院子里，弄来煤油点着火，把这一片房子全部烧着。在大火里日军被烧死了不少。我们后来进去看，有五十多具尸体。

在打申宪武势力的时候，我们营阻击藤县来增援的日伪。藤县的日军有五六十人，带着一百多人的汉奸队。这次打得也很好，申宪武一千多人被消灭。此后我们还打过邳县〔1〕的土顽，差不多半年时间，周边的土顽基本上被消灭了。

3　解放战场上屡立战功

解放战争的时候，我们先在临沂打仗，经常打阻击。国民党部队说："3 000发炮弹打不动，不是3纵就是8纵。"当时我们的领导有命令，敌人不进入30米范围内不出击，怎么打我们也不还击，躲在战壕里不动，30米以内，手榴弹能够起作用了，一面开枪，一面扔手榴弹，然后端着刺刀就冲上去。

1946年夏，我们攻打泗县城。当时我们以为对方是一个三团编制的师，实

---

〔1〕 今邳州市。

际上他是九团编制的整编师,我们只有第22团、第23团、第24团,但是双方人数相当,因为我们是四四编制,一个团4个营,一个营4个连,有的是5个连。另外,我们的各级警卫、警卫连人数也很多。打泗县城我们伤亡很大,部队打进城内,国民党组织反击,由于连续下雨,我军没有雨具,泗县城内水深齐臀,加之装备上差距大,只好撤出战斗,从北门踩着泥浆出门。这次我们损失三分之一以上。后来,我们部队补充了胶东莱阳和另一地区的两个团,还是没达到战前的人数。

1946年攻打王继美驻守的枣庄,我们打国民党的增援。这次我头部、胸部负伤了。当时部队打攻坚战,夜里攻击。王继美的工事建得比较久,很牢固。我们的武器还有一点差,强攻有些困难,有不少伤员要救治。我出去联系群众担架队的时候,被炮弹的碎片炸伤。受伤以后,我有点迷迷糊糊,夜里也看不清,抓了一把纱布把头捂住。此时胸口也在流血,我赶紧起来朝前跑。枣庄有一个美国教会医院,我们的卫生所就在教会医院的地下室。我跑到医院门口就摔倒了,其他人把我抬下去。我一直迷迷糊糊,中途昏过去了一阵。后来我被送到离枣庄四十里路的医疗二所,医生把我头上清理清理,破的地方止血、缝合,弹片也没有取。我住了两个半月后,因为要打仗,头上绷带还没拿掉,就提前出院了。1949年以后在上海,医生说:"你要拿掉弹片也可以,但是要切掉一部分肋骨,这样子反而残废得厉害。如果不出血,就让它放在里面吧。"所以我就没有做手术,几十年都没出过问题。

根据分析,炸伤我的是美军援助的六○炮[1]。部队后来采取包围的策略,挖了一个小的地道到王继美的碉堡底下,据说用了一棺材的炸药,把他最大的一个碉堡炸掉后,才冲进去。

1946年12月,我们第二次打枣庄的峄县,战斗持续了一个星期左右,消灭

---

[1] 口径为60毫米的迫击炮。

了国民党的整编第 26 师、整编第 51 师以及一个快速纵队。国民党军整编第 26 师装备优良,整编第 51 师差一点,快速纵队有 40 多门一二二榴弹炮[1],坦克 30 多辆,是机械化部队。当时我们营打的是整编第 26 师的师部。这次伤亡也比较大,但好于打泗县城。那时我已经是比较老的卫生员,打完峄县就当班长了。我们卫生所作为救护单位,都在后面救治伤员,离作战的地方一般有几里路距离。营部有个卫生班,十四五个人;通信班十几个人;一个侦察组,七八个人。一个连两个卫生员,四个连队就有八个,加上我和新卫生员,一共十个人。战斗一打起来,我们连队的成员,伤的伤,牺牲的牺牲,国民党第 26 师还没被消灭,十个卫生员只剩下我一个。营长就采取措施,他对两个战士说:"你们要把张荣光看起来,有了伤员就抬进来,不要让他出去。"所以,我能活到现在,也是领导保护的结果。

1947 年 4 月,我们打泰安,消灭了国民党军第 72 师。泰安有座蒿里山,山东南脚边有一座庙。我们的目的就是拿下这座庙,直接打泰安的西关。蒿里山的敌人居高临下,在庙外修建了坚固的防御工事。我们几次冲锋都没有拿下来,伤亡不少。教导员田锡增告诉我:"你带人到团里去,要团部调来两门九二步兵炮[2],把前面那个大碉堡摧毁掉。"那时我已经是卫生班长,也是营部党组织的组织委员。虽然我有救护伤员的任务,但是也要服从领导安排,很快就找到炮兵连,把两门炮带回来,连续几发炮弹,就把碉堡和工事摧毁了。部队随即冲上去,把蒿里山占领了。以后就进攻西关,国民党的飞机来轰炸,我们还打掉一架飞机。战斗结束以后,营里面觉得我任务完成得不错,给我评了二等功。

1948 年 9 月,我们开始打济南。国民党整编第 74 师被消灭以后,残部后来重新整编为一个团,守卫王耀武的绥靖司令部,驻在济南城外的西边。济南的

---

[1] 口径为 122 毫米的榴弹炮。
[2] 1928 年由日本研制,用于步兵需要的火力支援,抗日战争、解放战争时期广泛用于中国战场。

马路叫经一路、经二路、纬一路、纬二路,王耀武的司令部好像在纬二路和经三路的交叉口。因为吴化文宣布起义在前,我们到济南在后,所以我们就接收吴化文的防区。在我们准备进去的时候,一看是第 74 师的整编团,这下麻烦了。我们一个营有两个连已经先进去了,重机枪连还没有进去,后边被切断了。国民党军队也发现了不对,但我们的部队很机智,说是吴化文的部队,随后整队撤出,对方也没敢打。当晚,我们重新进来,因为走过一趟,就熟悉了。我们的营长范子焰过去在济南搞过地下工作,对济南很熟悉。他带着我们走弯弯曲曲的小路,第二天一路打到司令部,不过王耀武已经不在里面了。此战营长范子焰不慎受伤,我救治好他,后来被评为三等功。

4　在河南连续奋战一年

1947 年 6 月,为了配合刘邓大军挺进中原,华东野战军一部分组成外线作战兵力出击河南。从 1947 年 7 月一直到 1948 年打济南以前,我们部队一直在河南。我军在河南作战,掩护刘邓大军过黄河到大别山去。我们第 3 纵队、第 8 纵队、第 10 纵队先将黄河边上的敌人打开一个缺口,好让刘邓部队过黄河。过了黄河后,刘邓大军配合我们三个纵队,消灭了国民党七个师,其中第 57 师被我们部队消灭。我们一直护送刘邓大军到淮河边上。

在这期间,我还见过一回邓小平。我亲眼看到一件事情,那是过淮河的时候,炮兵团长去请示邓小平,说到大别山去,部队的炮拉不进去。当时部队从敌人手里缴获了很多山炮、榴弹炮,都需要马拉着走。邓小平个子小,下马前两条腿先提起来,平放在马背上,接着从马上跳下来,说:"这个事情你还要问我? 你该拆就拆,该丢就丢,不行就推到淮河里去!""我不请示你,办了以后不得处分我?""在这种情况下我不会处分你的。你看着办,你把炮的零件该拆就拆,能带的都带走,不能拆的你就丢掉,实在不行你就扔到淮河里去。"

那时候我就感觉到邓小平很有魄力,说话不啰唆。

1947年12月,我们攻下河南许昌,接着打确山,紧接着到了南阳,之后撤回来,到漯河过春节。这时部队里面开始搞三查三整〔1〕运动,整训了一个多月。当时部队的纪律要差一点,主要是因为吃不饱穿不暖,打许昌的时候正是12月,战士们只穿两件单衣,棉衣、棉被都没有。我们在操场上集合立正,宣布了100多条纪律,其中有30多条一旦违反,就要枪毙的。

前文交代过,我的脾气确实不好,在河南就和战友打过三次。刚到河南的时候,我们担架排有30来人,我是卫生所的卫生长。按理说,运送伤员要听我指挥,但对于运伤员的问题,担架排排长跟我强词夺理,和我吵架,被我打了一个耳光。他要打我,我俩就在老百姓家里围着磨盘转,后来被人拉开了。

在漯河搞三查三整时,过年搞文娱活动,我们通信班有个通信员踩高跷,我说了他一句,他就张口骂我,我火了,拉过来要打他。我说:"你要再骂我一句,我就打你一下。"他还要骂,我就骑在他身上,把鞋子脱掉,在他后背、屁股上打了四十多下。打了以后,通信班的班长找我:"你怎么把我们小李打了啊?"他还说:"你是支部委员,打人总归不对,这样好了,等哪天我开班务会,你过去一趟给人家道个歉,你俩重归于好。他这个人嘴比较碎,经常骂这个骂那个,你原谅他。"

我们营部有个管理员,负责后勤的。因为吃饭的事情,我也打过他。我带着两个卫生员去吃饭,和伙房的人闹了点矛盾,我批评炊事员没做好事情,让人饭都没吃饱。管理员出来干预,只指责我们不指责炊事员,被我打了。营长后来说:"算了算了,张荣光脾气就这样,你又不是不晓得。"

---

〔1〕 在部队,"三查"是指查阶级、查工作、查斗志,"三整"是指整顿组织、整顿思想、整顿作风。

三查三整结束以后，我们接下来开始打洛阳。国民党青年军第 206 师防守洛阳，师长叫邱行湘。这个部队都是中学生、大学生来当兵，他们训练很好，但没什么作战经验。我们一营是主攻部队，战后被授予"洛阳营"的称号。当时我们二营打到了龙门石窟，夜里开始攻打东北门，占领以后，部队主力开始进攻东门。结果东门没有打进去，连续爆破后，一营打进去刚站住脚，就遭到国民党军的连续反扑，都被打出来。

我在东门外面桥边搞救护，守着我们的伤员，就听见有人喊叫："你是谁啊！我是石一宸，你们的团长！快把我弄出去啊！"原来洛阳城的河水不多了，但是由于炮弹打击，河底淤泥都出来了，团长不慎掉进了浅水淤泥中，出不来了。可是情况混乱，战士们听不懂，也不管。我一听是团长的名字，组织人在担架上拴上绳子，把团长拖出来了。石一宸后来在福州军区当副司令员。

洛阳打到最后，主要是打小围子，我还救了我们营长一次。打小围子打到第三天，国民党军在房顶上有几挺机枪，大约几十人。我们悄悄摸到他们的左后方，营长拿着卡宾枪对我说："你想想办法，去老百姓家里找个梯子。"没有梯子，我就找来一张床，反着搭，当作梯子。我们俩趴在床头，营长说："我来打，你看着打准了没有。"他打一枪，敌人滚下去一个，再打一枪，又滚下去一个。我俩都很高兴。这下被敌人发现了，把几挺机枪都朝向我们这边，我立刻把营长肩膀一抓，两个人一起掉下去了。营长爬起来，想对我发火，我正要说话，我俩蹲的房檐角就被机枪扫掉一片。营长这下明白了，我拉着他说："赶紧走，赶紧走。"

所以说，在战争期间，我们受别人的保护，有时候也帮助别人。鲁南战役的时候，营长专门派人保护我，让我安心搞救护。这一次，我也算是救了他。那时候部队里大家感情非常深，比亲兄弟还亲。原本和你一同吃、一同睡的人，你一抬头，发现他被敌人打死了，那种心情真的很难受。后来营长住在无锡的干休所,我们一直都保持联系。

1948 年七八月份攻打开封。我们部队大概只伤亡了十来个人,很顺利地占领了开封东关。第二天白天,国民党军队进行炮击,然后组织一个团反击,把我们推出东关,这下两方伤亡都很大。不说牺牲的人,我们负伤的就七八十人。我那时候是第 22 军一个营里的卫生长,带着两个卫生员,就找个地方,将牺牲的人掩埋。战役结束以后,不知怎么回事,可能因为是夏天,很多战士感染痢疾。我自己也拉肚子,没有办法参加下一个战役。上级给我一匹从国民党缴获来的马,叫我留在后方。那时候药物很少,有点磺胺,可以治拉肚子。我就先止住自己拉肚子,再想办法救治其他伤员。开封战役结束以后,我被评为救护模范。

此后,国民党组织军队来进攻,我们又打阻击。有一天晚上,我们打完以后撤出来,和前面的部队脱节了。国民党增援部队来了,这样我们就和前面的部队分割开了。大家没有办法,就到高粱地里躲了一天。天黑以后,要想办法联系自己的部队,我说我去吧,就骑着马到处找,前面、后面都找不到,结果不小心闯到国民党军队那里,远远看到有人在集中训话。我本想下马问,想了想后没有下马,就在马上问:"你们是哪个部队的?"结果来的人戴着一顶大钢帽,不是我们解放军戴的帽子。我一看掉头就跑,他们跟在后面追,幸好我命大逃脱了。我回到高粱地,通知部队赶紧转移。

5 在舟山群岛做卫生工作

打完济南以后,稍微休整一下,我们就南下打淮海战役。那时候刘邓大军在大别山区减员实在很严重,除了伤亡,逃跑的也很多。吃得有问题,健康也有问题。武器装备和我们华东野战军比差得很多。淮海战役时,组织指挥的是前线委员会,作战任务主要是由我们第3野战军承担。从我们军调过去很多人和炮。

我们打完淮海战役后,休整了个把月,我就进入我们军的卫生学校学习,主要学外科。开始时,是原来部队里国民党解放过来的人给我们上课。后来跟着部队到了浙江,从浙江大学医学院调来两个教授和一些助教继续教我们。

1949年7月,我军打大榭岛,此岛离陆地比较近,坐帆船大约一个小时能到。岛上面守卫大概一个团,我们大约一个师的人夜里攻击,第二天占领了这里,一部分敌人逃到舟山岛上。我们在大榭岛上住了一个月左右,接着打金塘岛。我当时卫校还没毕业,就调到前线工作。打下金塘岛,我留下来担任第191团第3营的卫生所长兼医务员。舟山本岛打下来以后,部队就到岱山,占领了国民党的海军基地。此时国民党大部已经撤掉,基本上没怎么打,就上去了。我在舟山群岛住了32年。舟山群岛有400多座岛屿,我差不多都走遍了。

一年以后,我又被调到团里担任卫生干事,负责部队的防疫、卫生、保健。后来部队扩编,在嵊泗列岛成立医院,起初医院只有160个床位,供海军一个团和空军雷达站的一个团看病。由于当地老百姓的医疗条件很差,医院就增加40个床位给老百姓看病用。岛上最多的时候,驻扎着16 000多人的部队。1950年,营里很多战士打摆子[1],最多一天有300多人打摆子。我们就打电话报告上级,华东野战军派医疗队带了药过来才解决。

1952年,贺龙担任体委主任,各个军建立体育训练工作队,一般一百七八十人。我那时年轻,爱好打篮球,参加了麓水球队[2]。部队就把我调过去担任训练队副队长。当时有三个副队长,我分管男女篮球、男女排球和女子田径。

---

[1] 疟疾的俗称。
[2] 此名是为了纪念老师长王麓水。

因为我是做医务工作上去的,他们感觉我来管理女同志要方便一点。后来另外两个副队长都走了,就我一个人管。我在训练队工作了三四年。

1957年,我是第22军直属炮兵团的卫生主任,兼任支部书记。当时南京军区委托杭州的浙江军区96医院办一个卫生主任训练班,团卫生主任、连卫生长和个别主治医生大约三四十人在这里学习。学习检验科的时候,有个女医生作为任课老师,带着显微镜到我们班里去辅导。我们班名义上叫卫生主任训练班,但班里的卫生主任实际上只有我一个。在这样的情况下,我和她就熟悉了,学习还没结束,我们就申请结婚。我们单位同意,她那边的医院党委也没有意见,这样就买了糖、瓜子、水果,开了个茶话会。我们还买了300多张一毛钱一张的票,会后大家一起去看戏。婚就这样结了。

"文化大革命"的时候,我去支"左",在县政府机关工作一段时间以后,毛主席接见团以上干部,我去了北京。那时中央办了一个毛泽东思想学习班,我在学习班学了八个半月,后回到部队继续从事医疗卫生工作,1982年离休。

长途急行军
保卫延安

张俊兴

"我们前往延安走的全部是小路，翻越太行山、吕梁山，马匹都摔死很多。"

★ 口 述 人：张俊兴

★ 采 访 人：王志龙　薛刚　周云英

★ 采访时间：2017 年 7 月 10 日

★ 采访地点：江苏省军区南京第一干休所

★ 整 理 人：余李水

- -

【老兵档案】

张俊兴，1928 年生，山东阳谷人。1941 年春参加八路军，抗战时期参加七级镇和博平战斗，后奔赴陕北保卫延安。解放战争时期先后参加辽沈、平津、衡（阳）宝（庆）、宜（昌）沙（市）、友谊关等战役。1950 年入朝参战，在朝鲜战斗生活 7 年多。1955 年被授大尉军衔，1958 年回国，因患病于 1966 年离休。

- -

1　在四个哥哥的影响下参军

我叫张俊兴，1928 年 1 月生，山东聊城阳谷县张家寨人。父亲名叫张永贵，母亲张李氏，兄弟姊妹五人，我排行老二。哥哥在我之前参加了共产党，我参军时他是交通站站长。大妹没有念什么书，二妹好歹读了个小学。1962 年我回家之时，小妹妹正在上小学，但是我们那个地方的教育不行，我就把她带到东北去念书，一直读到师范毕业。我们全家以务农为生，当时有七八亩土地，房屋有六七间。土改开始时给我家定了个中农，后来又给改为贫农。聊城位于鲁西地区，该地区民贫地瘠，人口密度大，交通闭塞，百姓多以务农为生，工业、商业发展相当有限。此外,我们鲁西地区文化事业的发展也是相当落后,读书人很少,对国内外的形势缺乏了解。不过,我还是读了一些书的。

我最初在私塾读书,老师是我的族辈大爷张友盼,他是一个落选秀才,所以我们老是读《三字经》《论语》《孟子》等。两年后,我去了洋学堂读书。但是不到半年,教我们的王玉真老师就跑了,后来才知道他是共产党,迫于当时形势,他撤离了。虽然当时我可以去上学,但是上课时间相当随意,今天上,明天、后天可能就不上,一点章法都没有。

抗战爆发之后,日军很快就打到山东,国民党军队则是连连后撤,但是范筑先坚决不撤退,誓死保卫鲁西。范筑先是冠县人,国民政府委任的少将,当时其部队号称有 10 万人。我有幸见过此人,留着胡子,骑着马,背着武装袋。我们列队欢迎范司令,大声说:"范司令好! 范司令领导我们抗日!"除了范筑先,地方抗日武装还有何思源的保安团以及红枪会[1]等组织。

1937 年平型关战役之后,八路军第 115 师第 685 团、第 686 团各有一个营分别由杨得志、杨勇率领进入鲁西,成立鲁西军区。之后,根据地进一步扩大,成立冀鲁豫军区,杨勇为司令员,苏振华任政委。八路军进入鲁西之后,积极组织老百姓抗日,遂有"大街上,哨子吹,儿童团,开大会"之说。日军进入之后,鲁西各地有相当一批人做了汉奸,其中我们村就有好多人当了汉奸。但是,这些汉奸我们也要把他们分为两类:一类是恶霸地主,他们多半充当汉奸队伍头头;一类是穷苦出身的农民,当汉奸只是为糊口,寻一碗饭吃。我家没有一个汉奸,这主要是受到我三位表哥的影响,他们参加共产党比较早。大表哥李成久很早就参加革命;三表哥李伦是团参谋长,在保卫延安时战死在凤凰岭;四表哥李强

---

[1] 红枪会是以宗教迷信相号召、以红缨枪为主要武器的村民武装自卫组织,起源于清末,兴盛于民国,在河南、山东和河北等地最为活跃。

是中共河南汲县[1]县委书记。而我大哥张俊田则是中共地下交通站站长。在四位哥哥的影响下,我也决定参加八路军。1941年初,在哥哥张俊田的介绍下,我成为区委书记魏思然的勤务员,主要负责通知开会、布置会场以及烧水等工作。父母对我们参军也没有说什么,主要是因为家里太穷了。

2 机智逃脱后两打敌伪据点

1941年8月,我随魏书记前往一个村子开会。在帮他通知完开会人员和布置好会场之后,我便独自一个人在村外玩。因为当时规定,党员开会时非党员必须离开。但是不巧的是,这一天日本人来了,把村子给包围起来了。我匆忙跑回开会的大院,魏思然书记等人早已离开了。这时房东就说:"小伙,你们头头早就走了,你也赶紧跑吧!"他也不敢留我。没办法,我只能偷偷摸摸出了村。当时正值阴历八月,天很热,我于是就脱了衣服潜伏在池塘里。然而这一切都被敌人布置在村外的流动哨看到了,他大声喊:"出来!"没有办法,我只能出来了。他一看我是小孩,而且光着身子,便问道:"你干什么的?"我说:"洗澡,我刚从外婆家回来,便在这里洗了个澡。"鬼子一听这个,又看我是个小孩,就踢了我一脚,说:"滚!"

1942年,我加入冀鲁豫军区第1分区第3团,团长是王兴中,他是个老红军,而我的三表哥李伦便是该团参谋长。由于年龄小,我被分到通信班,干通信员。

1942年夏秋,我们攻打阳谷县七级镇据点的日伪军。敌人的兵力为日军

---

[1] 1988年改设卫辉市。

一个大概 12 人的小队和伪军一个大队。我们通过一小股游击队，把敌人从据点引入我们提前埋伏的阵地，敌人进入后我们就火力大开，伪军、汉奸很快就投降了。此战我们击毙日军 9 人，俘虏伪军 80 多人。但是，仍有 3 名日本鬼子携带机关枪跑了，所以我们打得不算太好。另一方面，有一个连阻击不力，导致我们无法借此机会拔掉敌人的据点。

1942 年 9 月，我们攻打茌平县的博平，第 2 团负责主攻，我们负责阻击敌人的增援部队。这次，我们的阻击还算是成功的。战时打阻击一般都不会得到什么好东西，我们当时最喜欢打伪军、汉奸。一是因为伪军和汉奸战斗力弱，好打；二是因为伪军、汉奸驻地物资丰富，有很多米、面等。我们经常趁着伪军换防之时发起进攻。

我在冀鲁豫军区的时候，刘少奇曾经前来视察，他开玩笑说："你们冀鲁豫有一个'破饭罐'。"他指的是"濮、范、冠"，即河南濮阳、范县与山东冠县。当时我们的确不容易，聊城与阳谷公路沿线，敌人碉堡据点很多，由汉奸、伪军看守，我们曾经一晚上拔掉了十几个，但是他们很快又建立起来了。

3　从保卫延安到抗战胜利

1943 年，胡宗南图谋进攻延安，中央决定从华北调集部分部队支援延安。我们第 3 团、第 11 团、第 16 团、第 19 团、第 32 团以及马本斋回民支队等六个团，共计一万多人，先期秘密调往延安，对外宣称是调集部队前往冀鲁豫军区河南地区进行整训。

我们前往延安走的全部都是小路，翻越太行山、吕梁山，马匹都摔死很多。每个人带着四套军装、四双鞋子，加上自己的行李，总体上够重的，因此长距离行军对我们也是一个挑战。我们的军装都是羊毛织的,自己穿一套,余下的全部带给山西和延安的部队。太行山与吕梁山之间是一个平原地带,大概有100多公里宽,同蒲铁路从中穿过,日军铁路巡逻装甲车不停地巡逻。此外,汾河自北而南阻断我们行军。但是,上级要求我们一天内穿过此区域。我们白天休息,下午四五点出山,一路狂奔,第二天上午10点进入吕梁山区与接应部队会合。

我们进入延安之后,团的驻地安排在甘泉县清泉镇、富县茶坊镇等地,再往南走就是洛川、黄帝陵。随后,我们六个团合编为教导第1旅,旅长杨得志,政委张仲良。后来又组建了教导第2旅,旅长是黄永胜。

我们在延安的主要任务有三:一是军事训练,二是政治教育,三是开荒。军事训练有拼刺刀、射击等。当时部队里子弹非常紧张,而且延安也没有兵工厂,因此我们训练多是练习瞄准。政治教育是以上课的形式向我们宣传社会主义,但是纸张也是相当紧张的,我们上课用的多是油纸,而且数量有限。发展生产主要是开荒,开展生产运动。在冀鲁豫的时候,可能是为了动员我们,上面向我们宣传延安生活好,只讲丰衣足食,不讲自力更生。我们从延安去甘泉县清泉镇时,路上老百姓都没有见到多少,不像鲁西地区,人口稠密。我们到了清泉镇,连住的地方都没有,一切都要自力更生。第一是挖窑洞,一个班一个窑洞。窑洞挖好之前,住在用雨布搭好的过渡房里。第二是开荒,发展生产。我们主要种玉米、小麦,也种一些稻子。此外,我们自己做鞋子、织袜子,鞋子和袜子的材料都是上面发的,每人一尺土布,一斤羊毛。这样,我们就在延安驻扎下来了,一直到抗战胜利。

我们在延安期间,部队的伙食还是不错的,一天三顿小米饭,菜多是土豆、白菜和萝卜,当然也有肉吃,猪都是我们自己养的,炒菜的时候多半都会加一点肉。当时国民党政府对边区开展封锁,南边是胡宗南的部队,西边是马家军[1],东边则是晋绥军[2]。边区前线的小摩擦也比较多,生活日用品比较紧缺。

1945年夏天,我们团长、政委都被调到延安学习去了,而作为政委警卫员的我则被调到通信班工作,任务就是到延安拿报纸。1945年8月的一天,我如往常一样骑马前往延安。我刚拿到报纸准备走,发报纸的突然对我说:"小张,号外,日本人投降了!"于是,我骑着马飞奔回清泉镇,一进镇便大喊:"日本人投降了! 日本人投降了!"但是,他们都说我神经病,根本不信。他们拿到报纸一看,真的,日本人投降了! 一下子就炸了窝,打鼓、敲锣来庆贺。

4 从东北四平打到广西友谊关

抗日战争结束之后,中央从战略大局出发,抽调部队进军东北,我们教1旅、教2旅分别抽调两个团先期进军东北。其余部队合编为教导旅,旅长罗元发,政委徐立清。我们团政委是关盛志,我在此次部队调整时升任副班长。

1945年8月至9月,吕正操、曾克林率领第16团、第32团等部队率先开赴东北,我是与联勤部的家属最后一批一起进入东北的。我们最初的去向是长春,行军路线是从延安到张家口,再坐车到白城。但是不久,长春失陷了,于是我们把目标定为哈尔滨,继续走,过辽西进入内蒙古,一直走到齐齐哈尔,然后从齐齐哈尔坐火车到达哈尔滨。我被分配到成立于1946年2月的佳木斯汽车学校,去学习驾驶与修车,同时参与学校工作。学校学生大多是东北的,主要是

---

〔1〕 指统治宁夏、甘肃的马鸿逵、马鸿宾势力以及统治青海的马步芳、马步青势力。
〔2〕 1926年阎锡山的晋军攻占绥远特别区以后,改晋军为晋绥军。

黑龙江的。当时我年龄小,什么也不懂,看到一些人秘密开会就很好奇,一问他们,回答道:"我们是党员。"我心里就嘀咕:"那什么是党员?共产党员与八路军还不一样啊!"在汽车学校学习工作期间,我升任车队队长,指导员于清华便问我:"你跟校长这么长时间,怎么还没有入党啊?"我当时觉得入不入党都一样。1947年6月,指导员于清华与林峰的警卫员郑树法介绍我入党,挂上党旗宣了誓,这样我就入党了。

我到汽车学校不久,就被派往苏联海参崴〔1〕接车。苏联给我们的不是新车,是东北战场缴获的日本汽车。

在当时的东北,还有许多国民党潜伏的特务以及土匪。我们汽车学校就有一个教员是特务,他被抓的时候还正在给我们上课,一查竟是国民党军队的中将。原来,在日本投降之后,国民党拉拢许多东北地方杂牌部队,委任了很多将军。他们知道共产党来了之后饶不了他们,所以在黑龙江土地改革之时,就跑了一批,到国统区了。除了潜伏人员,也有一些意志不坚定者,如谢文东,他原来和共产党合作抗日,后来叛变了,成为大土匪头子,国民党授予他中将军衔。

四战四平,战争形势千变万化。我们当时在哈尔滨,睡觉都不能脱衣服,东西都放在车上,随时准备撤退。四平之战,双方投入很大,国民党方面孙立人、陈明仁都不是"软柿子",他们所属部队的战斗力不差。但是,第四次四平战役我们赢了。

第四次四平战役结束之后,我们积极开展土地改革,积蓄力量。不久,我们就越过松花江,打到吉林、辽南,最后将东北国民党军队围困在长春、沈阳、锦州等几座孤城。当时,我们汽车团天天跟着部队跑,积极为部队提供后勤支持,给他们运炮弹、衣服和粮食,而我一直跟着第38军。

长春城围困战,我也在那儿待了三个月,我们主要负责把粮食运到长春附

---

〔1〕 即符拉迪沃斯托克,原名海参崴,现为俄罗斯远东地区最大的城市。

近的县城,一旦长春城解放,我们就要把粮食运进去,保证城市的粮食供应。最后,守城国民党将领曾泽生带领滇军第 60 军起义,长春也就顺利解放了。与此同时,锦州战役也在进行中。国民党将领卫立煌预料,如果把沈阳廖耀湘部调往增援锦州,那么沈阳很快就保不住。鉴于此,当林彪命令钟伟[1]南下支援锦州时,钟伟没听。结果,钟伟赌对了,廖耀湘果真出来了,正是借着这个机会,钟伟成为第一个进入沈阳的人。

辽沈战役结束之后,我们奉命入关,首战天津。平津战役结束之后,部队休整两个月,之后南下进攻汉口,发起宜(昌)沙(市)战役,击溃国民党军队宋希濂部。后进军湖南,追击白崇禧,衡(阳)宝(庆)战役打垮白崇禧部,一直进军到友谊关。然后我们奉命回汉口休整。

5　在朝鲜战斗生活七年多

不久,朝鲜战争爆发,我们从汉口又被调回东北,准备抗美援朝。我们后勤部队 10 月之前换上朝鲜人民军军装先期进入朝鲜,做好战争的准备工作,战斗部队入朝则在 10 月。第一批入朝的战斗部队是第 38 军、第 39 军和第 40 军,他们也是穿上朝鲜人民军军装入朝。第一、二次战役都是他们打的。最初,美国人也没想到志愿军的战斗力这么强。

我入朝之后一直在后勤部第 2 分部工作,最初是汽车连指导员,后调任保卫工作。当时,我们汽车运输白天不能走,只能晚上出发,而且不能开大灯,因为容易遭到美军的轰炸。如此运输效率太低了,同志们渐渐掌握了一些经验和

---

〔1〕 钟伟(1915—1984),湖南平江人,1929 年参加中国工农红军,历任红军团政委、师政治部主任,新四军第 3 师第 10 旅副旅长,东北野战军第 12 纵队司令员。新中国成立后先后任广西军区参谋长、北京军区参谋长等职。

规律,如我们把挡风玻璃掀了起来,这样车就能跑个五六十码,但是美国鬼子老是投一些照明弹,我们有些战士就说:"我们把白天当晚上,而晚上就是我们的白天。"晚上车子都要伪装的,因此运输效率依旧有限。为了打上甘岭,我们辛辛苦苦运了两天弹药,没有想到他们几分钟全都打了出去。后来,一些俘虏说:"我们在二战都没遭遇过这么猛烈的炮火,几乎把上甘岭削平半截,土翻过来又翻过去。"除了效率低之外,战损率也比较高。我们一个团 300 多辆汽车,不到一年全部换新,部队战士也是伤亡过半。正如洪学智将军所讲,"汽车团在朝鲜是有功的"。

朝鲜停战之后,野战部队陆续回国。我一直到 1958 年 1 月才从朝鲜回国,以至于我人生中几件大事都是在朝鲜完成的。一是 1953 年我在朝鲜结婚。抗美援朝开始之后,各省相继组织抗美援朝医疗队,我爱人就来自辽宁省医疗队。她护校刚毕业,学校动员她参军,她就来了,之后安排在政治部医务室当护士,当时我在保卫科任干事。我们经过组织批准就结婚了。当时我 24 岁,她 19岁。政治部举行全体会餐,一共二十几桌,送礼的也不少,有毛巾被、热水瓶、搪瓷盆等,没有送钱的,都很穷啊。结婚时家里也不知道。从 1941 年当兵出来,我再也没有回去过,与家里通信极少,怕给家里带来麻烦。平津解放之后,部队驻扎在沧州,我哥哥去看过我一次,然后我就南下,直到 1962 年才有机会回家看看。第二件大事是 1955 年我在朝鲜被授予大尉军衔。

1958 年 1 月回国后,我没有随汽车团前往酒泉,而是与 100 多名干部去了南京。但时间不长,我就得了过敏性哮喘病,从此基本上离开了工作岗位。1966 年,我正式离休。

转战盐阜
保家乡

陆道明

"第二天打扫战场，全是血，我们看得饭都吃不下去，很惨！"

★ 口 述 人：陆道明
★ 采 访 人：王骅书　徐振理　王金鑫　陈于可慧　卢珊　周文杰　杨康
★ 采访时间：2016 年 7 月 13 日
★ 采访地点：江苏省盐城市滨海县滨海港镇沿渠村
★ 整 理 人：王金鑫

【老兵档案】

　　陆道明，1924 年生，江苏滨海人。1942 年参加新四军，曾任新四军地方游击队战士、阜东县总队战士、新四军第 3 师特务团第 2 营战士等职。抗战期间曾参加合德战斗、八滩王桥战斗、陈家港战斗、六浦战斗、阜宁战役、两淮战役等。1945 年秋复员回乡。

1　枪毙和平军，火烧银八滩

　　1942 年，我在地方组织召开的动员大会上志愿参加了新四军。最初，我在新四军的地方游击队里当战士。由于我对阜宁和射阳地形十分熟悉，所以随游击队参加了攻打合德的战斗。战斗结束后，部队在合德的桥北边枪毙了十八个罪大恶极的和平军，他们都是些流氓、土匪。

　　1943 年 3 月 30 日，我随游击队参加了八滩王桥战斗，在八滩湖的南边埋伏起来进行支援，防止敌人溃逃，同时阻击东坎方向的增援。我们阻击了一夜直到天亮。记得在战斗爆发之前，黄克诚师长为实现坚壁清野的策略，下令将银八滩的房屋全部拆掉。八滩区干部和百姓起初都不理解,黄师长尽力说服,并承诺会还给人民一个新的银八滩。

最终,以八滩区副区长韩培信同志为首的当地干部和群众先后主动三次拆毁了八滩街上 300 多户民屋,并将屋上的草聚集成一个一个草堆,待敌人来后便放火。在攻打王桥的战斗中,部队伤亡很大。第二天打扫战场,全是血,我们看得饭都吃不下去,很惨!我认识的战友于德国就是在这场战斗中牺牲的,他家当时住在楼东村。

2 参加特务团

1943 年日军进行"扫荡"后,我随部队增调阜东县,调至阜东县总队,张兴发任总队长,部队共 8 个连队。1944 年,我调到在阜宁沈舍成立的新四军第 3 师师部特务团第 2 营。当时的特务团共有三个营,除第 2 营和另一个营主要负责打仗外,剩余的一个营以干部居多,主要负责留守地方。郑贵卿任团长,陈金宝任副团长,第 2 营营长是老红军出身的孙辉明,他是当年第一个也是唯一一个来回突破乌江的红军英雄,打过大渡河,参加过飞夺泸定桥和奇袭腊子口之战,是黄克诚师长的爱将。

同年 5 月,我参加了陈家港战斗。我随特务团的两个营先在七套东边集合。过废黄河[1]的时候,水并不太深。当时,战斗由新四军第 3 师副师长兼第 8 旅旅长张爱萍负责指挥,张爱萍与副旅长张天明驻扎在陈家港街上亲临指挥,与我们一同战斗。在响水的日军为接应陈家港,对陈家港开炮,一时间炮火纷飞。

---

〔1〕 即黄河故道。

最终，伪军全部投降，我军只死亡了两三人。对于牺牲的烈士，部队用携带的席子进行包裹。这些席子不仅是用来葬烈士的，也是过河时使用的工具。我随部队在过盐河时，便曾将席子放在淤泥上，以方便过河。在这一年12月的杨庄战斗中，我随部队驻扎在北荡，第24团[1]负责主攻孙良诚的部队，第24团在前线夺下了敌人的小钢炮，同时也付出了两个连伤亡的代价。也是在这一年，我听到了抗战即将胜利的消息。

3　收复失地

1945年，部队召开大会明确收复地点。我随部队先后攻打合德、阜宁、大小陈集、小阜庄等地，逐一攻打，最终全部收复。在阜宁战役开始前，阜宁商会请部队在阜宁六十里外的大饭馆里吃饭，营级干部召开会议。商会会长告诉黄克诚师长："阜宁的敌人经常来索要东西、盘剥百姓，影响商业贸易。"他请求黄克诚收复阜宁，黄克诚连饭都没有吃，便下令立即攻打阜宁。

此后，我随部队攻打淮安赵渠[2]，攻打刘大麻子的碉堡。那是三四个位于不同方向的碉堡，形成了交叉火力网，并且外围有用铁丝缠绕的大树阻挡进攻，而我们特务团并没有重型火炮。我们在树林里吃过饭后，从凤谷村行军准备进攻碉堡。在战斗前，第2营营长孙辉明说："我们跟共产党七八年了，日本也已经投降了，是时候收复了！"最终，我随部队攻下了碉堡，但部队也付出了巨大的伤亡代价。

战斗结束后，我随部队继续转战，之后在淮安城的石塘，特务团与追赶而来

〔1〕　即新四军第3师第8旅第24团。
〔2〕　今淮安市淮阴区境内。

的敌人激战。我的战友——新港[1]人唐启功、滨淮人陈言在战斗中受伤。在行军的过程中,两人从担架上掉落下来,只得躲在麦田里。两人在麦田里看到了骑马路过的特务团团长郑贵卿和政委黄励华后,立即呼喊救命,于是郑贵卿和黄励华两位首长立即下马,牵着马把两人带回了后方。

4　永恒的记忆

1945 年,我 22 岁,在攻打淮安城受伤后,复员回家休养,部队发放了 300 斤小麦作为转业费。这一年,我和妻子万恒英结婚,我们是从小定的娃娃亲。当时,我所在的特务团正攻打淮阴的南门,第 24 团负责攻打东门。此后,我和妻子共育有五儿四女。

回顾自己的战斗生涯,我印象最为深刻的是六浦战斗。那是 1944 年 11 月底。在这场战斗爆发前,特务团团长郑贵卿同志判断上出现错误,将特务团的两个营驻守在涟水的五码头,将我所在的第 2 营留在了在淮河边涟水的六浦,保卫第 3 师师部。结果,日军得到师部在六浦的消息后,立即集结北沙、阜宁、涟水三地的部队,利用晨雾发动偷袭,企图活捉师长黄克诚和消灭我们第 3 师主力部队的有生力量。六浦被敌人三面包围,东面则是淮河。师部被迫紧急烧掉文件、拆毁电话线,师长黄克诚亲临前线指挥作战。

当时,战斗异常惨烈,牺牲了很多人。在危急的时刻,黄克诚师长看到了我。我当时年龄很小,师长急忙按下了我的头。最终,在我们第 2 营和全团的誓死保卫下,师部跳出了敌人的包围圈。这是我记得的最惨痛、也最为深刻的

---

[1] 今盐城市滨海县正红镇境内。

一场战斗。至于老首长黄励华，去东北回来的战友跟我说，黄政委在东北英勇牺牲了。

对于自己的战斗生涯，我想说，共产党为什么能胜利、能打胜仗？靠的就是老百姓的支持！

2013 年，我 89 岁的妻子万恒英去世了。现在的我还能干农活，我可以自豪地说："我战时英勇杀敌，和平时期依然为国做贡献！"

参加先锋英雄队痛打鬼子

陈为举

"我们在哪里遇到了日本鬼子就在哪里打，保护当地老百姓。"

★ 口 述 人：陈为举
★ 采 访 人：王礼生　王金鑫　陈于可慧　卢珊　张宏羽　陈泽
★ 采访时间：2016 年 7 月 15 日
★ 采访地点：江苏省盐城市滨海县正红镇朱集村
★ 整 理 人：王礼生　王金鑫

【老兵档案】

　　陈为举，1922 年生，江苏滨海人。1939 年参加国民党乡自卫队，后任班长。1940 年加入八路军第 5 纵队第 2 支队第 5 团。皖南事变后，任新四军第 3 师第 8 旅第 24 团第 2 营第 7 连第 5 班班长。1944 年起任张爱萍警卫员。抗战期间曾参加千秋港伏击战、八滩王桥战斗等。1946 年因病退伍，回乡务农。

1 参加国民党乡自卫队

　　我年少时读过两三年私塾，学习过《千字文》《百家姓》《三字经》等等。除学习外，平时帮父母干活割草，并在表姐表哥家帮忙割草来换取粮食。我于 1939 年三四月份参军入伍，那年我 18 岁，加入了五六十岁的国民党乡长王召清负责的国民党自卫队，乡长 30 多岁的大儿子王友康任队长。

　　我们的队长王友康早年在武汉的政府印刷厂工作，日本鬼子攻占武汉后，印刷厂被解散，王友康便加入中国共产党，成为一名地下党，并于 1938 年回到滨海，与当地地下党取得联系。由于害怕王友康的共产党员身份暴露，乡长王召清找人将王友康安排到自卫队当了队长。

平时，王友康带领我们打土匪、抓汉奸，在道路站岗放哨，查过路票。说真的，当时我也不懂什么是国民党、什么又是共产党，只知道乡长是国民党员，他儿子是共产党员。我之所以参加自卫队，主要是能有口饭吃，减轻家里负担，也能抗日保家乡。

2　共产党和八路军一起打鬼子

1940 年秋，中国共产党和八路军第 115 师老 5 团来到滨海地区，时常派文艺工作者下乡，对滨海人民以礼相待，帮助百姓干活，同时开展文艺演出，宣传党的主张，影响深远。我们这些自卫队队员也时常去看演出，加上王友康的宣传，深受影响。老 5 团的首长看到自卫队不懂军事，无法打仗，于是派老 5 团第 2 营的连长董树山到自卫队，帮助自卫队指挥战斗。董树山看到我们自卫队的人都出身贫苦，部队人数也很多，回去后便报告了上级。

之后，老 5 团的胡定威前往自卫队担任指导员，此时的自卫队名义上是自卫队，其实早已是中国共产党掌握的游击队。平时，由于游击队的枪支没有敌人那样好，所以打仗常常打不过日伪军。于是，八路军时常将我们组织起来打游击，我曾随自卫队在千秋港袭击过湖中日本鬼子的汽油艇。

当时的千秋港大河从合德向西流至滨海。早在 1940 年的 4 月，日伪军便时常骚扰千秋港大河的沿岸地区，千秋港的南岸地区早已为敌人占领，而河北岸地区则还没有。当年秋天，我们提前得到上级提供的情报，得知将有日本鬼子的汽油艇走千秋港大河，经过我们活动的地区。于是，游击队事先安排我们一个排的兵力埋伏于河北岸，而河的东边是街道，西北则是渡船口。

到了那天要吃中饭的时候，鬼子的汽油艇来到了我们的埋伏地点，当时汽油艇后边还拖着一条小驳船，汽油艇有很多。我们在北岸注意和观察着鬼子的一举一动。我们发现日本鬼子在渡船口停下来开始煮中饭吃，并且有几个鬼子上岸向南去买小菜子，得意扬扬的，自以为没有人敢伏击他们。此后，日本鬼子便毫无防备地在吃饭，而二十几名穿着老百姓的衣服、枪藏在大褂子里、分布在不同地方的战士，也分别从各地通报了鬼子的情况。

游击队里的张二林同志对我们说："让鬼子先一个个吃饭，看他们吃过饭后往哪里，是上岸还是怎么样。他们上岸扰民，我们就和他们打；他们吃饭后走了，我们就不理他们。"接着，我们看到他们船上的人逐渐多了，好像要走了。鬼子吃饭后，原先藏在汽油艇里的机枪小炮全都露出来了，我们这才注意到。此后，他们准备起锚，我们判断出了日本鬼子的航行方向，并决定给他们一点颜色看看。日本鬼子走得匆忙，我们则紧追其后。然而，那时候，我们没有手表，不晓得时间，于是我班上的十几名战士就在东边先向日本鬼子开火，很快，西边也打了起来。

我们排枪齐发，刚打出去就撂倒了三个日本鬼子，鬼子应声便掉下了河，但是敌人死没死我们不晓得，我们没敢出去看结果。那时，我所在的游击队主要就是打游击，除了打鬼子汽油艇，还打过敌人的碉堡。鬼子气急败坏时，机枪便"哗啦哗啦"打，炮"哐啷哐啷"放，刚进村就烧杀抢掠，逮住老百姓就像杀鸡一样，所以我们在哪里遇到了日本鬼子就在哪里打，保护当地老百姓。此后，游击队的主要任务还包括打土匪和捉汉奸。

3 大家一起参加新四军

1941 年,自卫队接到命令正式归属老 5 团,自卫队由王友康交给老 5 团董连长集训,我们穿上了军装。当年 2 月份,八路军改编为新四军序列,我于 3 月份调至新四军第 3 师第 8 旅第 24 团第 2 营。在自卫队的时候我已经是班长,所以担任了第 7 连第 5 班班长,副班长是顾客全。参军后,我便随部队攻打位于陈家港一个师的和平军。

1943 年,我参加了自己一生中最为激烈的战斗——八滩王桥战斗。1943 年 3 月 27 日,占领东坎的日本鬼子派出一个中队的鬼子和大汉奸徐继泰下属的一个营的伪军由东坎前往八滩。到 29 日,日本鬼子驻扎在王桥,伪军则在八滩。我随部队驻扎在前案的马营根子,当时,第 24 团分别活动在滨海、响水、大丰、阜东〔1〕等地。

4 王光汉副营长英勇牺牲

在得到消息后,我们第 24 团团长谢振华立即汇报第 3 师师长黄克诚,黄克诚师长见电报后下令攻打八滩王桥。当时第 22 团、第 23 团还在两淮,只得派特务营与第 24 团第 3 营负责阻击来自东坎和陈洋的敌人。由毛和发担任营长的第 1 营攻打位于八滩的伪军,第 2 营负责主攻王桥。上级下达死命令,部队于 30 日夜里到达八滩,于 10 点多钟动手。

团长谢振华下达命令——第 2 营必须攻下王桥。当时的第 2 营洪营造为

〔1〕 今盐城市滨海县。

营长,郝济民、王光汉[1]为副营长,第 2 营下辖第 5 连、第 6 连、第 7 连。日本鬼子的主力集中在中门,于是第 2 营组织先锋英雄队,参加者是"英雄",不参加的则是"狗熊"。副营长王光汉带头报名,我和战友们一起报了名。在第 2 营的猛烈攻势下,日本鬼子只得打电报求救。而在第 1 营的进攻下,位于八滩的伪军则被迫主动投降。

在这场战斗中,第 2 营牺牲了很多人,副营长王光汉英勇牺牲,我在这场战斗中也被炮弹弹片划伤,而跟在我后面的几名战友则被炸死了。1944 年,我调任张爱萍的警卫员,保卫张爱萍将军两三年后,于 1946 年因病退伍。抗战期间也和陈毅军长见过面,握了手。1947 年,26 岁的时候,我结了婚,生了孩子。

---

〔1〕 王光汉(? —1943),老红军。1940 年 2 月,跟随黄克诚部从晋东南下,行程 8 000 余里,一路上参加多次战斗,战功显赫。1941 年 1 月,担任新四军第 3 师第 8 旅第 24 团第 2 营副营长。1943 年 3 月在王桥战斗中不幸壮烈牺牲,时年 30 岁左右。

奇袭日伪据点的区中队战士

陈永福

"我跑了三天四夜就吃了半碗绿豆，这是比较艰苦的。"

★ 口 述 人：陈永福

★ 采 访 人：张若愚　来碧荣　刘莹　赖秋成　吴林香

★ 采访时间：2018 年 2 月 28 日

★ 采访地点：江苏省连云港市海州区警备区干休所

★ 整 理 人：王莹莹　张若愚

【老兵档案】

陈永福，1929 年 5 月 4 日生，山东德州人。1944 年 10 月入伍，1947 年加入中国共产党。在抗战期间担任通信员，参加过大邝庄、田柳庄等战斗。解放战争中参加昌(邑)潍(坊)、济南、淮海等战役。新中国成立后分配至连云港海防巡逻队工作，1982 年离休。

1　一心想去当兵打鬼子

我的生日是 1929 年 5 月 4 日，老家在山东省德州市临邑县。家中有父母、一个姐姐、一个妹妹。我们那个地方地比较多，一个人平均有三四亩。我父母都是种地的，家里有二十多亩地。我八岁的时候上过半年私塾，出来当兵的时候只认得我的名字。不上学以后，就在家割草喂牲口。

我们家乡那个地方，日本鬼子去得比较早，1938 年就被日本鬼子占领了。他们对我们家乡的老百姓采取"三光政策"。总的来说，老百姓是比较苦的。鬼子到我们那个村子"扫荡"过好多次，我从八岁以后就看到过他们把老百姓赶在一起,要他们交出八路军战士和共产党地下党员。我们那个村子有一次让鬼子杀了三个人,都是20多岁的小伙子,鬼子说他们是八路。我家那个时候比较穷,没有多少东西可抢,所以鬼子没有到我家去抢过。

1942年,我们县里有一帮人组织娃娃队,有20多个人,经常活动。他们唱歌唱得很好,我看着很热闹,就想当兵,也就跟着出来了。我的舅舅那时候当村长,他不愿意叫我出来,又把我叫回去,但是我还是想出来。后来我就想办法,我要么不走,要走我就让你找不着。到了1944年上半年,我们家那里有个区中队,我跟人家区中队的战士打得火热,战士对我也很好。他们到别的村去活动,我也跟着去。

因为舅舅不让我出来,所以在1944年10月,我就跑到离家乡五六十里的济阳县第一区和第六区合并成立的一六区队当兵,区长是府杰明。

在我走了十几天以后,父母知道了。在那个时候,大家都害怕当兵,大部分人都不愿意当兵。我的舅舅去找过我,他对我说当兵危险,赶紧回家。我舅舅找到领导,请领导劝我回家,但是领导把他给劝回去了。

2　部队的学习和生活

我在部队里面也学文化认字,文书弄个棒子在地上写,我们有时一天学一个字,有时好几天学一个字。那时候,小学毕业就不错了。打仗的时候,指导员就交代班长,冲锋时不能让这些小学毕业的在前面,撤退的时候让他们先走。部队对小学毕业的战士就这么保护。

我们平时吃饭都是跟老百姓借点粮,没有时间做就收点,北方百姓家里有窝窝头、饼子,我们收了以后热一热。我们吃饭的时候,连长、指导员看着,谁来吃,锅盖不准掀开,伸手拿,拿到什么就吃什么,拿到好的吃好的,拿到坏的就吃坏的。一天吃两顿。由于我们是打游击战,打一枪换一个地方。一天换一个地方就不错了,有时候一天换好几个地方。有时住下以后吃饭,还没吃好就要换地方。因为那个时候日本鬼子不断"扫荡",有的时候做好的饭吃不上,就要赶快跑。我们区中队的人比较少,只有三四十个,我当通信兵。通信兵吃饭的时候,要先给首长盛上,然后自己才能吃。有一次,我给他们盛了以后,自己端起碗来才吃了半碗,歪把子机枪就响起来了,我放下碗赶快跑。我跑了三天四夜就只吃了半碗绿豆,这是比较艰苦的。

我们平时不打仗的时候也搞训练,主要是学射击、刺杀,一般是早晨天亮了就起床,天黑了就睡觉。部队里有开小差的,如果发现了,我们就把他抓回来,有的是教育,有的是关禁闭,不打不杀。

跟日本鬼子打仗的次数很多,跟日本鬼子在 100 米以内正对着打的就有六次,在远处打的就更多了。

3　抓住机会偷袭日伪据点

1944 年 11 月,我在区中队,日伪在离济阳县城六华里的大邝庄有个据点,里面平时住着一个中队的伪军。有一天,伪军让县城里的日本鬼子调去"扫荡"了,老百姓就到区中队里来报告。区中队的主力到渤海军区[1]学习去了,只有一个班的人在驻守。这一个班九个人,其中有两个病号,另外还有我和区长,一共十一个人。根据当时的情况,不打这个据点吧,很可惜,要打确实自己感觉力量不够。怎么办? 最后,区长召集大家开会,研究怎么打。我们决定找两个基

---

[1] 1944 年初,冀鲁边军区和清河军区合并成立渤海军区。

干民兵[1]参加行动，又找了个铁水桶，把水桶打上眼儿备用。区长有个驳壳枪，其他人都是七九步枪。

我们研究后决定前半夜去打。在接近据点察看地形后，区长还是不太了解，但是我们有个副班长，他原来在那个据点里面当伪军，后来出来投诚了，所以他了解地形。他在看了地形后，先喊话说："伪军弟兄们，你们被包围了，赶快缴枪吧，缴枪不杀，我们优待俘虏。"话音落了后，里面没有动静，没有动静就打。我们一个班分成三个组，打排枪。一阵子打完以后，又对里面喊话，还是没有动静，我们又打了一个排枪，然后用驳壳枪在铁桶里面打，响声比较小，就像小机枪一样。这一打，里面就有回答了，只听喊道："八路爷爷，我们缴枪，你们不是优待俘虏吗？缴枪不要杀我们。"我们说："好！你把你们的枪和子弹都撂下来，撂下来后，你们人再下来。"他们把枪和子弹都撂下来了，估计他们手里没有什么枪，我们就让三个战士带着两个民兵过去，把枪和子弹收过来，连他们枪里带着的子弹一共200多发，手榴弹也有十几个。我们收回来枪弹以后，就把里面简单地收拾一下，也不敢久留，就出来赶紧往根据地撤。他们那些人看到以后说："你们不是集合吗？就这么几个人？"我们这次带回伪军十一个人，还有一个炊事员，还有十二条枪。我们到根据地以后对他们进行教育，愿意留下的，可以留下，其中有两个伪军留下了，其他人就给点路费让他们回家了。

4　遇到袭击从道沟逃脱

有一次，一个结巴嘴战士站岗，他胆子还挺大的，看到日本鬼子从离他这个

---

[1] 基干民兵是我党领导下的民兵武装一部分，是民兵中的基础与骨干，是民兵武装的重要力量，抗战时一般脱产。

庄子三华里左右的庄子出来了以后,没有马上回来报告,他要看看有多少人后才回来报告。但是他看着鬼子的队伍后面一直不断头,前边离我们驻扎的地方还有一华里的时候,后边还是没有断头,就有点害怕了,吓得赶快跑回来了报告。他回来报告时光"啊,啊,啊",讲不出来,区队副就说:"你唱,讲不出来你就唱。"他就唱:"鬼子来了!"我那时候当通信兵,正在烧水,提着壶准备往茶壶里灌水。他一说来了鬼子,我撂下壶就赶紧向外跑,外面有好几个班驻一个胡同,我大声说:"1、2、3班赶快集合!"在另一个胡同还有一个班,我赶紧去那个班传信。但是,跑到那个胡同口,日本鬼子离我就只有四五十公尺了,我的枪压了三发子弹,但是不敢打,就往回跑。刚跑到那个胡同口,拐过去也就十几公尺就到了,歪把子机枪枪弹顺着胡同就打过来了。区队长也跟着跑出来了,他在我后面,我跑在他前面。第1班和第3班都跑出来了,第2班跑得比较慢,伤了三个,其中一个伤到腿了,比较重一点,有一个伤着胳膊,有一个伤到耳朵,打了个洞。还好,没有一个战士牺牲。我们远远地看到至少有180多个鬼子在村子里。我们向五六华里以外的另一个村子跑。之所以能够安全撤离,是因为我们撤离的道路是平时挖的道沟。那时候老百姓不懂我们挖道沟干啥,就编了口号说:"八路军,瞎胡闹,先砸狗,后掘道。"我们打狗,是因为晚上一有动静,狗就叫,我们就无法秘密行动了,所以不让养狗。我们挖的那个道沟有将近一人深。鬼子来了,我们在道沟里面跑,他们就看不到了。

5 协助攻下田柳庄据点

杨国夫是渤海军区的司令员,1945年我们在他的指挥下打过仗。伪军在寿光有个田柳庄据点,我们打田柳庄就是由杨国夫指挥的。杨司令是秃头,他说,三天打不下田柳庄,他的秃头就长毛。在其他兄弟部队攻击的时候,我们负责掩护。我拿着比较矮的小马枪,一般战士有四颗手榴弹,我们通信兵只有两颗手榴弹。子弹倒不少,有五六十发。打了三天终于打下来了。那时候,渤海军区有两个团,叫特务1团和特务2团,敌人在田柳庄那个大据点有3 000多人。我们部队当时已经改成第165区中队了,在济阳县周围那几个县,都是拿我们中队当一个连队来使用,军分区就拿县大队当主力部队使用,当团使用。县大队那时候有1 000多人,我们那个区中队就有110个人。我们打下田柳庄,缴获了轻、重机枪20挺,其他的步枪就多了,还有迫击炮。总计俘虏了将近千人,击毙了将近千人,还有一部分敌人跑了。我们伤亡也有六七百人。俘虏来了以后,我们就是教育教育,愿意跟八路军干的就当八路,不愿意的就给两个钱,让他回家。

日本鬼子的武士道比较厉害。那是1945年的3至4月份,在济阳县有个叫"老实王"的大村,我们把日本鬼子和伪军围在老实王西边五六里路的一个地方,但是我们那个时候没有把他们包围住,让他们跑了,其中有不少伪军,都跑掉了。日本鬼子跑在后面,开始他们还跟我们打,后来他们打不过也跑。我们在后面追,八个鬼子被追到一片坟地后,他们把刺刀尖朝上埋到地下,在地里弄一个圈,八个人头对着头都趴在上面自杀了。

1945年8月20日,鬼子投降的消息从上面传下来,当时我在济阳县大队里,部队和老百姓召开了军民联欢大会,庆祝胜利。

6 参加了半截子淮海战役

全面内战爆发时,我入县大队已经有一段时间了。我们那个县大队人比较多,最多的时候发展到 11 个连,1 000 多人。这样,我们主动打的就比较多,被动打的就比较少了,相应来讲,危险性就没有以前那么大了。

我在县大队当通信兵的时候,一次有一个连队让国民党军队截住了,其他部队也被截住,下不来了。我和小梁两个通信兵去通知那个连队撤下来,小梁拿着信,我们进到了坟地里,跑进去多远我就不知道了,因为夏天太热,我中暑后就晕倒在那里了。这个时候正好遇到副连长带着战士把伤病员往回送,小梁报告了副连长,他安排正在撤离部队的几个战士把我往外抬,最后抬到了驻地。我好几个小时以后才苏醒过来。

1947 年,我入党了。入党介绍人一个叫王俊英,是县大队后勤供给员,我还给他当过通信兵;另一个叫范光福。那个时候我没有写申请书,是他们找我谈话,了解情况后就介绍入党了,没有宣誓,预备期半年。

成为预备党员后不久,我就去教导大队进行军事训练,学习射击,上政治课,听指导员讲讲形势。在教导大队学习的时候,我就提前三个月转正了。在我入党的时候,在我们那个部队,党员的身份基本上是公开的。我在教导大队学了半年以后,大概在七月底八月初,就从教导大队出来,到临邑县宿安镇当了通讯班班长,另有一个副班长,他一般做一些思想工作。这个通讯班是渤海军区第 2 分区通讯队的通讯班,最少的时候有 9 个人,最多的时候有 13 个人。我们平时除了完成通讯任务外,还要搞训练。

解放战争时期,我们除了在临邑县里打过仗以外,还参加了昌(邑)潍(坊)战役和济南战役。此后,部队回到临邑县城驻地,我当了副排长,后跟着司令员去参加淮海战役,我们打到徐州北边利国附近,司令员接到命令,要他回去。我当时是副排长,他就叫我跟他回去。我当时讲:"你走你的,给你带几个通信兵,我不回去,我留在这里。"他说:"我在路上遇到小股敌人怎么办?"我就这么跟他回去了。就这样,淮海战役我参加了半截。

7 在海防巡逻队工作 28 年

新中国刚成立时，我们部队属于渤海军区，我随部队驻扎在山东。1951 年初，我到速成学校学习，开始在德州，后来到了济宁。速成学校学完相当于小学毕业的程度，主要学语文、算术、化学等等，主要学文化，军事学的比较少。我们学的时间不到一年，大概 11 个月。1952 年底学完了文化，我们毕业生被分配到连云港，从济南上火车到徐州转车后到达。在连云港驻扎的那个部队归临沂军分区代管，我的关系随后就转过去了。

我在连云港一个连队里干了一段时间，1954 年 11 月份到了一个海防巡逻队，在那儿一直工作了 28 年。1982 年离休就到干休所来了。

新四军将士
的理发师

陈志祥

"部队战士是每 20 天理一次头发，每次少人时，我就知道有战友牺牲了。"

★ 口 述 人：陈志祥

★ 采 访 人：王骅书　王金鑫　徐婷　陈雯　孙莹　蔡雪纯

★ 采访时间：2017 年 1 月 15 日

★ 采访地点：江苏省盐城市盐都区大冈镇

★ 整 理 人：王金鑫

【老兵档案】

陈志祥，1924 年生，江苏盐城人。1942 年正月参加新四军，曾任盐阜区盐城县冈东区区队理发员、盐阜区盐城县大队第 1 连连部理发员等职。抗战胜利后，调入扩充大队任理发员，1950 年复员回乡。

1　志愿参加新四军

我小名叫小三子、老三子，小时候家里很穷，所以我 16 岁的时候就跟人去学剪头了。1941 年腊月，我们新四军部队当时在盐城伍佑攻打敌人的据点，部队用排枪，五六条枪排起来一起开，攻下了丁家垛，然后从伍佑的右北边攻打杨岸，伍佑和杨岸一起打下之后，便去攻打盐城。当时，日本鬼子全部驻扎在盐城，其他的地方都是和平军。

我就是在这之后的 1942 年正月自愿去当兵的，当时加入的是冈东区队。区长是王建忠，中队长是许建和一个姓赵的队长。当时区队里有一百多人，区中队里主要发的是老套筒，也有三八式这样的好枪，这些都是部队打胜仗缴获来的。

2 当兵的其实大多是光头

在区中队里，我的任务就是为战士们剪头理发。在区队待了一年左右，我就调到县政府的县大队的第1连连部，继续当理发员。当时，我就在连部和通信员、警卫员、连长待在一起。在第1连，我仍然是负责剪头，当时县大队的第1连、第2连、第3连、机枪连、炮兵连每个连都配有理发员，剪刀这些工具都是公家买给我们使用的，在部队里我自己也带过学徒。

当时的规定是班长、排长留平顶头，战士剪"和尚头"，所以我自己也剃成了光头。但是，连长、营长、团长是不准剪光头的。当然，也有带头剪光头的，因为怕有的战士不肯剪光头。其实，留长发不卫生，剪过之后多清爽。当时我除了剪头，也洗头和刮胡子。部队战士是每20天理一次头发，每次少人时，我就知道有战友牺牲了。

3 大家一起分面吃

平时，驻地的老百姓会将杀好了的猪送到部队来慰问。老百姓慰劳，我们是不用给钱的。不慰问的时候，我们都是吃面，我们每个人都有一个面口袋，面口袋和枪、手榴弹一样都是随身携带。要吃饭的时候，我们都是到老百姓家里借锅来烧饭。当时是一个班十二个人，一个排三十几个人，到煮饭的时候，每个人倒一个人的量，不够的由后面补齐，然后大家一起分着吃。当时，部队里每个班有五六双筷子，大家轮流拿筷子夹来吃。

1945年9月，我的亲叔叔陈长连在攻打清江淮阴城的时候牺牲了。我是从小过继给他的，他是我的继父，牺牲的时候他是副班长。叔叔牺牲后，被装在棺材里运了回来。当时到处都是敌人，环境很艰苦，所以部队就发了三担粮食作为抚恤金。

我在县大队待了一年多之后，扩充大队下来招人，我就进入了扩充大队，还是在后勤部门当理发员为士兵剪头。当时扩充大队有一千多人，后来部队去了苏南，开到苏州和上海去了。

4　走村串乡剪头发

1947年，我经姑奶奶介绍和妻子徐水香结婚，1948年我们的大儿子出生。1949年"党员参大军"的时候，我被调去剪头，当年是在崇明岛过的年。1950年秋天，我回到了盐城，在八滩种田。

回村后，我平时走村串乡去给人剪头，当时也给妇女剪头。当时的剪头费大家有给粮食的，也有的是给钱。当时是给三四毛钱，到了1958年、1959年，那时候是吃食堂了，剪头主要是由工分员记工分，到年底结算给钱。

我除了会剪头外，还会吹唢呐和拉二胡，平时也靠这谋生。我的大儿子后来就跟着我学剪头和吹唢呐，我们一家人都会音乐，全家还曾经参加过县里的文艺汇演，得过一等奖。我家几代都是当兵的，叔叔和我，还有我的儿子和孙子，都当过兵。

父亲的书信
鼓舞我前行

邵　俏

"国家不能贫弱，否则不仅帝国主义欺负你，别的国家也欺负你。"

★ 口述人：邵偶
★ 采访人：肖晓飞 莫非 陈敏
★ 采访时间：2017 年 1 月 5 日
★ 采访地点：江苏省淮安市青浦区友联巷
★ 整理人：肖晓飞

【老兵档案】

邵偶，1927 年生，江苏南通人。1944 年参加青年军第 207 师第 621 团。1945 年初调至驻印暂编汽车团第 2 团学习，抗战胜利前夕回国。同年冬进入东北保安司令部韩侨事务处工作，1946 年回南通，就读于南通学院。新中国成立以后在苏北农业实验场、苏南农业实验场等单位工作，1983 年当选江苏省政协委员。1997 年退休。

1　在战火中求学

我的老家在江苏南通平潮，我家是读书世家。我的高祖是清朝的举人，祖父叫邵子山，父亲叫邵伯言。我的祖父、叔祖父都是清朝的秀才，废除科举以后，他们又上了师范学校，一直以教书为业。南通很多读书人都是我祖父的学生。我家在当地不算富裕，但是社会地位比较高，很受人尊敬。后来我们老家由于运河扒河道，老家的房子被拆除，家中的旧书、家具都没能保留下来。

父亲曾在张謇主办的通州师范见习班学习，开始工作时做小学教师，后来到老《南通日报》做记者、编辑，后来担任主编，还曾做过南通县[1]参议员，参加编纂《南通地方志》。在报馆的时候，代张謇写一些应酬的文字，当时社会上请张謇写字的人太多，什么寿联、祭文、传记、诗词……张謇是大忙人一个，哪有时间？多是由我父亲代笔。父亲的这些文字都有简报，登在《南通日报》上，后来编成一个文集，叫作《诚庵文存》，可惜在"文革"时都被毁掉了。父亲的照片也没保存下来。

后来，父亲到南京汇文女中教书，不久经人介绍，兼任卫立煌长公子卫道杰[2]的家庭教师，因此与卫立煌结识。抗战时期，我在昆明的卫立煌公馆门口见过卫道杰一面，那时远征军反攻缅甸已经结束。

父亲虽然没有学历，但家学还是很不错的，书香子弟，文章写得很好。当时收入在一百元左右。抗战爆发以后，父亲离开南京参军，做了卫立煌的部下，从上尉做起，一直做到少校、中校、上校。最后参加远征军，在云南龙陵为国捐躯。

我生于1927年11月，家中兄妹三人，长兄邵杰，小妹邵佶。抗战以前，哥哥在镇江中学读书，1942年到大后方，在武功的第三临时师范读书，后来在西北农学院毕业，抗战胜利以后回到家乡，在银行工作。妹妹邵佶比我小很多，一直和我母亲在一起，长大后在张謇创办的南通女子师范读书，这个学校里女生倾向革命的人很多。抗战胜利后，她偷偷地跑出去参加了新四军，在苏北军区工作，解放以后调到了福州军区。妹妹悄悄参军以后，母亲到处找她也找不到，后来妹妹来信说："你们不要找了，我已经在部队里。"

1933年，我虚岁七岁，开始上小学，上学时父亲人已在南京。母亲不识字，按照道理，正常我应该是读小学一年级，但是不知道怎么却把我送到了幼稚园。

---

[1] 今南通市。

[2] 卫道杰(1918—1986)，安徽合肥人。1934年至1937年，在南京金陵中学读书。1937年考入黄埔军校第14期，毕业后分配到第一战区长官部特务连，先后任第14军军部特务营营长、第85师第253团代理副团长。1944年任远征军驻云南驿机场守备团副团长。

在幼稚园，我是大小孩了，整天学习什么"排排坐，吃果果"，我就不愿意去。第二年该上二年级了，我转到大王庙小学读书。1935 年，二年级没有读完，我跟着父亲到了南京，考入五台山小学。在南京的时候，父亲带我去看过中华剧团的海京伯马戏团表演，当时一张马戏团门票的价格很贵。父亲还带我去游玩过中山陵、玄武湖、夫子庙、明故宫，五台山附近的清凉山更是常去之处。父亲是教国文和历史的，一边带我看，一边给我讲解。

此时华北的形势很紧张，日本要进攻中国，南京的形势也很危险。父亲说，我们在南京举目无亲，万一有什么变化，在南京寸步难行，还是回家乡去吧。所以我又回到南通。

南通有好几个小学，除了南通小学，通州师范小学也很有名。我就读于省立南通小学。我的级任老师很有名，大画家范曾的母亲廖镜心教语文。她和我们家也算世交——南通的读书人之间走得都比较近。廖老师"文革"时候受迫害去世了。我读书的时候，从来也不用功，廖老师就不太喜欢我，但是教常识的陈老师很喜欢我。我的常识、算术差不多都是满分，但语文刚过及格线。

回来以后读三年级，仅仅读了一年，又迁到海安李堡的外祖父家。李堡是个小镇，并非兵家必争之地，迁居到此就是希望有个照应。外祖父是一个小业主，开了间小商店。我的大舅是县政府的科员，小舅是国立东南大学毕业的，在外地教书，另外两个舅舅做生意为生。

到李堡以后，我就读于李堡小学四年级。此时沿海很多地方被日军占领，我和父亲的联系也就中断了。家中经济靠父亲支撑，但当时父亲有钱也寄不回来，我们吃饭就成问题。我住在外祖父家里，母亲和妹妹寄居在别人家，哥哥邵杰在后方上学。一家五口，分在四个地方。

读了没几天，卢沟桥一声枪响，日军全面侵华，我们又逃难下乡，读书又一次中断。日军到了李堡镇，周围人都逃走了，无人抵抗。日本人在镇上看到小孩子,还发糖给他们吃。后来,日军找到地方上一些有威望、名气的人出来,领导维持会,并在地方上组织了保安队。

逃难回来,我接着上四年级,一直上到五年级。在李堡小学,开始时老师也不大喜欢我,结果考试的时候,我考了个第一,后来五年级连续两个学期考了第一,让老师刮目相看。我是全科优秀,体育、唱歌成绩都很好。

这时候,如皋中学搬到李堡。哥哥说:"将来读书的机会很少,说不定随时随地都会失学,多上一天是一天,机会不能放过,中学搬到这里来,你就以同等学力去考中学。"于是我去参加考试,考上了如皋中学。这样,我小学一年级、六年级都没有上,直接读了初中。

一年以后,新四军过江,学校停办——开学照开学,但无人上课。如皋老百姓起初对新四军似乎没有好印象,老百姓私下把新四军称作"方方",因为"四"这个字是方形的。但新四军来了以后纪律不错,我们学生和新四军没有接触,接触到的都是搞民运的人。

1941年7月,李堡镇发生了一件大事——日军派了九架飞机轰炸李堡。实际上,李堡并非军事重镇,后来听说是来轰炸陈毅的。那几天,苏北很多地方如马塘、丰利、掘港,都遭到了轰炸。我亲眼看到了九架飞机投弹,可以说李堡这次轰炸,我是亲眼看见日军飞机丢炸弹并能描述出来的人。

当时我上初一,那时胆子很大,我听到飞机声,爬到屋顶上观看。轰炸前一个小时,一架日本飞机飞来,高度很低,连驾驶员也能看得见,转了两圈走了。过了一会儿,九架飞机来了,声音很大,三架一组,成"品"字形飞过来。第一架飞机侧身俯冲下来,紧接着机身摆正,一个炸弹就甩下来了,炸弹不大,远远看去,外形颇像灭火器。我立刻从房顶上跳下来,赶紧跑到房里,还没来得及躲到床下,就听到爆炸声,接着就是地动山摇。

这次轰炸,外祖父的房子中弹,有一半倒塌,外祖父、大舅母都在轰炸中遇难。我的表哥、表姐也都受了伤。李堡镇 50 多人炸死，100 多人炸伤，房屋毁坏约 200 间。估计这次轰炸扔了 20 多枚炸弹，当地的记录说是 50 多，我觉得可能没有这么多。40 年以后，我到李堡探亲，和当地的人谈起这次轰炸，很多当事人对这次轰炸都已经淡忘了，年轻一代根本就不知道这个事。

在如皋上完了初一，我又回到了南通。此时的南通，城区都被日军占领，新四军则在乡村活动，周围还有很多和平军出没，此外还有韩德勤的部队。我的一个叔叔在南通的私立平漕中学工作，我就到那里读书。公立中学都被日伪接管了，平漕中学由几位老师发起，是三不管地带，新四军不管，和平军的子弟也在那里上学，所以和平军也不管。

一年以后，即 1943 年，我上初三，没上几天，父亲写信来，说有人到内地，你在老家既没有饭吃，也没有前途，你赶紧到后方吧。

我们七个人一同到内地，有五个学生（内中有我和表哥二人）和两个已工作的知识分子。从上海坐上火车，那时候坐火车有严格的规定，头等车只有日本人才能坐，二等车是有身份有地位的人乘坐，我们这样的平民只能坐三等车。不同档次的车厢有严格区分。我年纪小，刚上车还很好奇，伸头朝二等车厢看了一眼，马上就有人来赶我走，不让靠近。路上有伪军盘查行李，我们不敢暴露学生身份，只带了衣服、被子，带着地方伪政权办的良民证上了车。火车经过南京到了徐州后，我们换乘汽车，接着坐架子车到安徽的亳县——这里是中日军事分界线，过了亳县就到内地。

1943 年端午节前后，我们到达洛阳。那时候政府在洛阳等地办了"战区失学失业青年招待所"，专门接待从沦陷区逃过来的青年，类似于中转站，免费供应食宿。留在洛阳的有三个，同行的四个苏州人去了重庆。我们三个人为什么留在洛阳？因为苏州那几位经济条件好。再走就要花钱，所以我们三个留了下来。

招待所由第一战区司令部派人接待，收留的手续也很简单，只要能证明你从沦陷区来的，都能收留。我就凭着身上揣的良民证办理了入住。招待所里一天两餐，发一个大馒头，将近一斤，还有牛肉粉丝。我们肚子小，大馒头吃不了，就留下一块，拿到外面卖牛肉汤的店里，可以换一碗牛肉汤。住宿就是打地铺，大家都挤在一个大通铺上。

洛阳招待所大部分都是从河北、北平来的学生，江浙来的学生很少，这里平时散漫、自由得很，也没人管理，更无人来做学生工作，有一部分青年后来去了延安。

到洛阳招待所不久，父亲来看我，父子相见，自然很开心。在洛阳和父亲在一起的时间也不长——经常见面，但不住在一起。那时候公教人员很苦，我住在战时失学失业青年招待所，有时候去看望父亲。我们在洛阳三个月，等待分配，教育部将我和表哥分到了陕西洋县的国立七中。这批学生一般都是直接安排在洛阳先修班，但是先修班有一些人事不太协调，我的二舅刚好在当时教育部工作，所以我们被安排到国立七中。

招待所给我们发了一张证明，坐火车可以不用买票。洛阳还有一个基督教会，每个人凭证明都可以去教会领 300 元补助费。我们离开洛阳到宝鸡，换乘汽车，票都买好了，但遇上大雨，秦岭的公路被冲坏，无法通车，在宝鸡等了一周。本来我们的费用（车费、生活费）是有预算的，雨天路坏，多等一周，吃住就成了问题。我们找到当地的青年会——青年会具体是什么组织我也不清楚，请求帮助，青年会免费给我们腾了一间空房住宿。雨停了，我们继续上路，坐车到汉中，最后赶到洋县。

到了七中，我应该上高一，学校安排入学考试。由于我们是教育部分配来的，觉得自己很厉害，有点心高气傲，心想：我们还需要考试吗？教务主任王江是一个大学应届毕业生，西北大学地理专业出身，为人高傲，他认为你们牛什么,教育部安排的有什么了不起? 要求我们加考一门地理。本来考试没有问题,主科都无问题。可是地理是副科,在学校不受重视,我们离开家乡、离开学校快有半年了,这样一来,地理考试不及格。结果,我还是读初中,被安排在国立七中的初三。

第二年,我重新参加考试,考上七中。

▌2　父亲的几封信

父亲自离家外出谋生,我们兄妹便很少能见父亲一面。待稍长成年之际,与父亲通过书信往来。

南京沦陷前,父亲离开南京,先到合肥,在合肥女子师范教了一阵子书。抗战军兴,安徽形势紧张,父亲因与卫立煌有旧,便到了山西。当时卫立煌在山西做第一战区副司令长官,父亲担任卫立煌的第一战区兵站总监部的上尉译电员,兵站总监部就是做后勤的,职位较低,工作也简单。因为父亲有才能,很快得到提拔,担任少校秘书。战时的秘书还是很有权的,县政府没有副县长,下面只有秘书,相当于副县长。此后又提拔父亲为中校秘书主任,军队中一般由司令、参谋长掌握大权,秘书主任没什么权力,但是我父亲还是有一定权力的,有时能代表兵站总监部长官。所有的单位公文都在他手里。

据说,卫立煌和八路军关系非常好,通过后勤部暗中支持八路军很多东西,但具体如何我也不知道。1943年我到洛阳,跟父亲在一起,此时卫立煌已经下来了,传闻就是因为他和共产党的关系。他的继任者是蒋鼎文。父亲要和卫立煌共进退,也下来了。重新回到学校,在洛阳的大学先修班、省立洛阳中学教书。

　　1943 年秋季，父亲给我写过一封很重要的信，题为《诚与术》，什么意思呢？我离开洛阳到七中去上学，路上经过武功，哥哥邵杰在那里读书，我去看望他。哥哥毕业之前要实习，父亲很支持他，说实习很重要，是进入社会的第一步，要把它当回事情。结果呢，哥哥没有去实习。到了武功，我说："你怎么骗父亲呢？父亲对你寄予很大希望，你怎么不说呢？"我就考虑，这个事情要不要告诉父亲。告诉吧，不好；不告诉吧，也不好。我考虑了很久，决定替哥哥隐瞒。

　　到学校后，我还是给父亲写了一封信，把我的想法和顾虑告诉了父亲。父亲给我回了一封很长的信，信中说做人要诚实，诚实是基本的，但有的时候善意的隐瞒也有道理，你这样做还是对的，这和完全违背诚实是两回事，后者属于奸诈、权术。父亲的这封信，说明他其实是个思想很开通的人，不是一般的教书匠。

　　同年，日军攻打洛阳，父亲离开洛阳退到西安，这个时候卫立煌要出任远征军司令长官，父亲奉召跟卫立煌一起去了云南。这次父亲提升了一级，在长官部做军简三阶上校秘书，在购粮委员会协办军粮购供。远征军要吃饭，父亲在当地征购粮食，仍然负责后勤工作。

　　父亲到了云南以后，给我来过几次信，给我影响很大。第一封信是谈到云南之后的感想，谈了两点：一是云南的自然形势，地处山区，原始森林密布，瘴气很重；二是云南社会情况，属于少数民族地区，基层政权掌握在土司手中，土司是少数民族地区特殊的统治者，权力很大。

　　以后的信谈到他的工作情况，信中说本来是可以留在司令部里，但是购粮的工作很复杂，大权都掌握在土司手上，买粮食不通过土司就困难重重——这里面牵涉到钱的问题。第二点，到部队也是一关，部队也不是清水衙门，粮食买了来到部队，这里又是一道弯弯。所以有时候他不得不下去——原本是可以不去的。

最后一封信是这样讲的，腾冲是我国抗战以来收复的第一个城市，其他的都是短暂收复又得而复失。收复腾冲死伤很大，据说日本大概死伤两三千，中国是九千，还有民工四千，是日本的几倍。胜利是胜利了，但是代价很沉重。信中还说："我现在在龙陵，龙陵是此地收复的最后一个城市。我到达时，日本人已经败退，但夜里仍能听到枪声。"这是我收到父亲的最后一封信。

我报名参军以前，给他写过一封信，他当时刚好离开司令部去了前线，没有接到我的信，也就没有给我回信说同意不同意。不过，父亲以前也跟我说过——在洛阳时，我和父亲说我要考军校。父亲说："你当军人也好，当科学家也好，做什么我都没有意见，但有一条——你要把基础打好。当军人不是仅凭勇敢，还要有知识、有学问，起码要上高中以后才能去。"所以我想，我当兵父亲应该还是支持的。参军之后，两年之内如果不死，可以重回学校继续读书。当然，两年内死不死都很难说。

战时颠沛流离，父亲的信我都交给一个亲戚保存，可惜信后来都遗失了。

1945年初，父亲完成购粮以后，在回保山司令部的路上不幸翻车，遇难牺牲。此时我已经到昆明，分到了第207师，我并不知情。当时他在司令部的朋友征求我在西安的哥哥的意见，说在战时情况下，不可能将你父亲的尸骨运回去，最好的办法是火葬。家里人同意了，骨灰就放在昆明寄枢所。抗战胜利后，我到昆明取回父亲骨灰。

我到了印度之后，哥哥邵杰写信告诉我这个噩耗，我收到来信，看了两遍，第一遍没看懂什么意思，第二遍才知道是父亲牺牲了，我就放声大哭。连长、排长对我很好，很同情我的遭遇，安排我一个人住到团部的空房子里。我痛哭了两天，最后眼泪也没有了，就重新回到部队训练。父亲对我来说非常重要，很长一段日子里，我一想到父亲不在了就痛哭。

父亲牺牲以后，他的朋友、上级给他募捐，有一本记录册子，第一名是卫立煌,捐了一百元,那时候一百元也不少了。最后,钱都汇给我哥哥了。我回国的时候,去看望我父亲的上司,他说:"我这里还有一笔钱,是留给你的。"我没有要。我说:"我是一个当兵的,我的地址是流动的,这个钱无法保存,收到收不到也不知道,你还是给我哥哥吧!"以后,长官部又替我母亲和家人申请遗属抚恤,那时候是国防部负责,我去领过两次。再后来,通货膨胀厉害,币值贬低,就没有再去领。

3　在印度受训

在七中读书的时候,有个飞行英雄周志开,打下过敌人很多飞机,到我们学校演讲,讲述和敌人空中作战的事迹。同学们听了十分激动,很多人报名参加空军,我也是其中之一。不过体格检查就把我淘汰了,因为沙眼。这次报名,只有一个初一的学生考取了空军幼龄学校。

1944 年,我 17 岁,开始读高一。抗战进入了最艰难的时候,日军在太平洋战场上已经不行,海军基本上垮掉,制空权也没有了,日军就想从东南亚开始进攻中国的腹地。日军调集 65 万人马分三路向中国进攻,北边把洛阳攻占,中端攻占了湖北老河口,在湘西到汉中把整个中国大后方切成两段,南边桂林、柳州也沦陷了。日军前锋已经抵达独山,离重庆不是很远,全国为之震惊。

因此,国民政府提出"一寸山河一寸血,十万青年十万军"。原先中国是征兵制,年满一定岁数的人都要去当兵。陈立夫当教育部长以后,说中国的知识分子很少,大学生、中学生尤其少,战争毕竟是短时期的,战争结束以后要搞建设,建设要靠人才,人才要靠教育,故而大学生、中学生很宝贵,不能去当兵,定为缓征,到年龄不用去当兵。

11月份，我念高一两个月左右，在报纸上看到"一寸山河一寸血，十万青年十万军"的号召。我一直有当兵的想法，便写信给父亲，但一直没等到回信，我在报名即将截止的时候参加了青年军。国民政府办了29个国立中学，绝大部分都是沦陷区的学生，大家不愿意做亡国奴，都是自发报名参加。我们学校报名的很多，同期入伍的一共137人，除了个别是初中生，几乎都是高中生，占国立七中的百分之二十。那时候，中学的规模跟现在不能比，从初一到高中只有几百人。

我们这批学生先到西安检查身体，接着坐飞机到云南沾益机场，送到云南曲靖。我与七中的同班同学吕志孔同分在第207师第621团第7连。连长姓戴，团长姓张，我们的师长叫方先觉，就是死守衡阳47天的那位，当时在我们心中是大英雄。

青年军的伙食还不错，上面规定，每天都有荤菜。我走了以后，听说司务长、连长因为贪污，被赶跑了。如果没有油水可捞，连长和司务长也不会贪污。

我到部队不到半个月，上面通知中印公路即将开通，需要驾驶员，要在青年军招一部分人，要有一定外文基础，安排到印度学习驾驶。最终调了两个团约2 000人到印度受训。

但实际上也不完全是这样，我所知道的有两个人就不是：一个是少校张寿民，军校第13期的，陆大参谋班毕业，他就想到外国去看一下汽车，于是冒充报名；另一个是黄埔第15期的上尉连长。

我庆幸自己离开了第207师，我这个体格，当步兵根本不行，既要扛枪背子弹，还要背粮食，哪里行啊！

1945年春节过后，我们分批坐飞机到印度，运输的飞机五花八门，我乘坐的是货运机。一架飞机大约载30人，没有座位，没有氧气筒——有的飞机上有。飞机从沾益起飞，那天天气很好，晴空万里，中途飞越喜马拉雅山脉，共四个小时，到印度汀江机场降落，此地为航线的终点。

战时飞机的飞行高度最多 5 000 公尺,重载飞机只有 3 500 公尺,只能在喜马拉雅山的山沟之间小心翼翼地飞行。刚上飞机,大家兴高采烈。进入山区时,看到底下是重峦叠嶂,白雪皑皑,十分美丽。不料,飞到中途,飞机开始上下颠簸,忽上忽下——高空气流有的地方厚,有的地方稀薄。飞机向上还挺有意思,人跟着往上一跳。而向下颠簸时,人的心跳陡然加快,痛苦万分,顿时什么心情都没有了。由于飞越高空,我们统一穿着新发的棉袄,飞机内外都结了一层冰,有的人在颠簸过程中难受得呕吐,吐到地下都结成了冰。

到汀江机场后,当地已安排好接送,我们安顿好之后就换掉了服装,统一换上黄色的咔叽服、皮鞋,统一发放了球鞋、羊毛褂、羊毛裤,这些衣物由英军供应。身上穿的棉袄——上飞机时刚发的新棉袄都烧掉了。

驻印军的训练都在兰姆伽,那里有很多美国人开办的训练机构:汽车学校、坦克学校、炮兵学校、汽车修理学校、通信兵学校等等。我们从汀江坐火车,经两天三夜到达兰姆伽。

我们去兰姆伽的时候,驻印军都已离开,只剩下一个坦克营没走,留在来做我们的助教。我们暂编汽车团共两个团,我在第 2 团第 3 营第 7 连,团长黄占魁[1]是黄埔第 8 期毕业生,留英学习坦克,后来在台湾做了后勤司令。

还在沾益机场的时候,所有人等待着出发,我的一个同学说:"到国外以后,饮食肯定不习惯,我们去街上吃一餐吧,将来想也吃不到了。"我俩从街上吃完饭回来后,发现自己不幸落单,其他同学都已经先走了,我俩慌忙往机场赶。所以后来到了印度,其他同学都分在汽车团第 8 连,我俩在第 7 连。

我们在印度大概有五个月,实际上,学开汽车也就一个多月。任务就是学习驾驶,学习的是美式十轮大卡车。那时是美国人训练的,初级班一个月,今天

---

〔1〕 黄占魁(1912—1984),字缵轩,湖南湘潭人。1930 年考入黄埔军校第 8 期,旋被选送英国皇家炮兵学校学习,回国后任陆军交辎学校教官。后任军政部辎重兵汽车暂编第 2 团团长,负责西南运输补给。1949 年赴台。

训练这个，明天训练那个。第一天学习原地不动、松刹车、开排挡、加油，一个小时，重复这些动作。第二天学习原地驾驶，排挡不变，绕圈子。第三天，开始换排挡。此后就是困难地形、夜间驾驶等各种知识。

上午是学驾驶，每天学一个项目，四个人一辆汽车，每人开一小时。下午是学习理论，汽车的构造、更换轮胎、雨雪天气装防滑链之类。唯独不教修理——美国人有个道理，学驾驶的不教修理，修理需要花很多时间，有专门的修理学校。中印公路开通，现在急需派上用场，来不及教修理。

训练时，四个人一辆车，回国以后两个人一辆车。训练场很大，一个美国教官，四个美国军士，另外一辆车配备一个中国助教，一辆车坐四个人，一个学员坐驾驶位上学，副驾驶是中国助教或美国教官，三个学员坐后面。美国人自己有个吉普车，在训练场上来回穿梭，监督教学情况。

美国人训练跟中国人不同，教你做什么你就得就做什么，做完了没有多余的话，几点钟开始、结束，非常准时。这对我们也很有影响。美国教官说英语，中国的翻译和美国人在一起，这些人大部分是中央大学和西南联大的大学生，待遇很好，跟美国人差不多。

英国人负责后勤给养、伙食服装。汽车团的伙食还不错，饭菜都很齐全，荤素皆有，以牛肉、包心菜居多。每天，车子把菜拖过来，由各个连队自己做，大家轮流烧饭。我年纪小，不会做饭，就跟着连里的老大哥打打下手。美国人、英国人的标准是另外一套，行军时候吃的就不同，一个大纸盒子，里面有白糖、香烟、饼干、口香糖、乳酪等。部队里崇美气氛较重，大家都很喜欢美国的东西。我们平时和美国人私下往来不多，美国人不喜欢和我们拉拉扯扯。

当地印度人很多，印度天气炎热，人们也懒洋洋的，劳动的不多。据说中国驻印军未到以前，当地华侨受印度人欺负，我们去了以后，情况有所好转。说明国家不能贫弱，否则不仅帝国主义欺负你，别的国家也欺负你。

我们平时训练,在军营里出不去,只有礼拜天有两个小时可以到附近小镇上转一转。还有一天上午是内务检查、评比,下午休息。

我们队里也有美国人驾驶车,美国人特别是黑人驾驶员,都有十几年的驾龄,开车速度很快,我们学员都没有几个小时的驾驶经验,差距很大。我在连队里岁数最小,开车成绩是数一数二的,和美国人开车,我紧跟在后面,一点都不落下。

有一回在山区,有一辆车不知什么原因翻下山谷。美国人来一看,说车不要了。我们当时就奇怪,崭新的汽车,上面装满了物资,怎么就不要了?但是你一想,如果挽救这一辆车,需要花多大的人力、物力?美国人不干这个事情,人没有损失,车子就不要了。美国人最在意的是生命。当然,美国人有本钱不要。

在和美国人相处的时间里,我们有一个体会:美国人做事目标非常明确。干什么就是什么,很讲究效率,没有多余的话。另外还有一点,我们中国人到哪里,互相敬香烟,美国人不会,都是自己抽自己的。我和美国人相处时间不长,但是学到很多东西,两国文化不一样,美国人有很多值得我们借鉴的东西。

在学习过程中,我还出过一次事故,轧死了一头猪。我到了印度农村,开的是训练车,路旁有一头猪,当我车子开过来时,猪忽然横穿马路,我刹车刹不住,直接从猪身上轧过去。美国人处理这件事非常干净利落。如果轧死一头猪,看是大猪、小猪还是什么,按价赔偿,都是比较优惠的。所以印度人无所谓。轧死以后,教官来现场看,分清责任,一句多余的话都没有,事后也没有什么总结经验,因为他知道,这个事故发生以后,你自己就有体会了,应该怎么样,不需要多讲。实际上,我内心印象非常深刻,好几天不敢开车,自然也不用再去讨论将来怎么样去改正。

兰姆伽训练结束后,就准备回国。第1团结束得早,有一部分学员被派往加尔各答等地,短途送货。我们第2团则一直处于训练状态。兰姆伽是中印公路的起点,是在丛林间开辟的道路,我们曾经到原始森林里去过,驻扎的帐篷后面就是原始森林,进去就很难出来。原始森林里蚊虫极多,一旦叮咬,很有可能引发疟疾,美国人为此准备了很多药品。我在部队里也和国内通过信,父亲已经去世,和哥哥通过几次信,寄到西安一般需要个把礼拜。

汽车团陆陆续续分批回国。1945 年 7 月,我们开着卡车沿着中印公路一起回国,从雷多开到昆明。部队里一说要回国,大伙儿都很高兴,第二天一早起来,把行李整理好,吃过早饭,汽车早已停在外面,两个人一辆车(两个人轮流开),按照次序开回国。路上速度很慢,每天只驾驶几小时,车上油、水、粮食都已备足,睡觉则在车厢上或车厢底下,垫一块油布,历时 14 天到达终点。

路上还出了一次事故。车队开入国内的滇缅公路,天下大雨,道路很滑,行到拐弯处,我前面的一辆拖车拐弯拐得急了,车一打滑,他的车没有翻,后面的拖车翻了,把整个路面挡住了,一面是山,一面是下坡,中间是汽车。我就紧跟在后面,刚转过弯,就看到这个情景,向左就是撞山,向前就是撞车,电光火石之间,也来不及思索,只有向右一转,整辆车直接就滑下坡了。我的车子已经刹住了,可是路很滑,车子一直向前滑行,旁边的副驾驶情急之下跳车,我没办法跟着跳,心想这下完了,最后连人带车一起翻坡。还好,下面是稻田,不是山沟。几分钟以后,我感觉没有太大问题,四肢能动,便挣扎着爬起来。随后,美国人来了,用吊车把车子救回来。

回到昆明,车停在停车场,我们被安排在当地苗族老百姓家中。后来,部队发了一批新车,我很快就离开了,我的战友则在云贵之间开车运货。

我离开云南以前,昆明还发生了一件大事。云南省主席龙云被迫下台,大批坦克车自东向西,一辆一辆地开往市区。龙云下台的消息传来,我们拍手欢庆,因为我们对他没有好感。当初刚到曲靖时,连长就打招呼说:"你们在路上碰到龙云的部队,就给我离远一点,不要惹他,你惹不起!"我们心里对龙云印象很不好,认为他飞扬跋扈。另外,中央军驻扎云南,驻扎地点需要龙云点头。龙云还可以自己发行钞票,如同军阀一般。

1945 年 8 月 15 日晚上,我们还驻扎在昆明郊区一个小山坡上,那天晚上,昆明方向灯火通明,锣鼓声、人声沸腾,我们还以为出了什么大事。第二天得到消息,说日本人投降了,大家欢呼雀跃,这场战争终于结束了。

4 从农业技术员到淮安政协

1946 年 10 月,我离开东北,送父亲的骨灰回老家,安葬于平漕。我还准备回东北复学,但东北打得很激烈,家里不让回去。南通老家也有大学,我就没有再回东北中正大学,转而就读于南通学院[1]。

一开始学的是经济,后来改学农艺化学。我觉得,农艺化学技术性很强,讲的是新中国的农业,很有用处。

后来淮阴市政协成立,需要党外人士。当时考察对象有三个人,我是其中之一,那时我刚当选省政协委员,所以被选为淮阴市政协副秘书长。

虽被选为政协委员,但我并不想当。政协里很多人都是我敬重的老师、前辈,都是各行各业的代表,我肚子里没有货,根本不敢发言,心想还是辞职不干好了。但是转念一想,怎么这么孬种呢?坚持干下去吧。我这辈子从来也没有说过自己不行。

到了政协以后,我一直搞民主党派工作,到 70 岁退休。

回顾我的一生,我对自己的所作所为从没有过后悔,因为无论正确与否,都是我自己决定、自己做的选择。很多时候,在历史潮流下,是大势所趋,没有所谓对错之分。知足常乐,安享晚年,足矣。

---

〔1〕 今南通大学。

在鲁中军区的光荣经历

邵淦溪

"大家都看到，只有共产党、八路军、毛主席才能够解放人民大众。"

★ 口 述 人：邵淦溪

★ 采 访 人：叶铭　薛刚

★ 采访时间：2018 年 4 月 2 日

★ 采访地点：江苏省徐州市中山北路西阁街

★ 整 理 人：王威

【老兵档案】

　　邵淦溪，1929 年生，山东蒙阴人，1945 年 1 月入伍，1946 年 1 月入党。抗战时期为汶山区小队和中队战士，后任鲁中军区独立营文书。解放战争时期先后参加过孟良崮、南麻、莱阳、兖州、淮海、渡江和上海等战役。解放后，1952 年在北京高级航校机关任组织处长，在徐州飞行训练团当政委，后任西安空军工程学院建筑系政委。1982 年调任徐州空军后勤学校政委，当年离休。

1　光荣参军

　　我老家在山东省蒙阴县，属于沂蒙山区。家里有父亲、母亲、两个姐姐、一个哥哥。在没有土改之前，家里靠种田勉强维持生活。后来土改了，我家分到了中等程度的田，日子过得还可以。我们家比较重视教育，尽管上学要交学费，但哥哥姐姐都上过学。我读了几年私塾，上过三年小学，在小学写大字还得过奖。我们读的书主要有《古文观止》和《中庸》。日本人来了以后，学校就停了，书也没有办法读了。

我们村子很大,有好几百户,上千口人。离村不远的地方被鬼子占领着。鬼子从我们那里路过,没有住过。我们通过几里路之外的村子知道鬼子要来的消息后,就带上吃的东西赶快跑。我家里养过鸡鸭,因为鬼子没有在我们村里住过,所以我们就没有被骚扰过。不像我老伴的家,她是浙江人,家里鸡啊、猪啊都给鬼子杀吃了。我们村当时有几十个民兵,相当于一个民兵连。我们村有书记和村长,村长叫王新福。村干部领导民兵,民兵都有枪,不脱产,招之即来。

1945 年初,地方政府动员当兵,我自愿参军,现场报名,名字报上去后就给了我一朵红花。那个时候当兵,家里也很乐意,因为抗日战争已经到后期了,老百姓生活最困难的时期已经慢慢改变,加上共产党领导八路军开展的革命斗争已经对人民产生了非常大的影响,大家都看到,只有共产党、八路军、毛主席才能够解放人民大众。当时,我们村里面有 30 多人集体入伍了,老百姓都来欢送我们,非常高兴。

我当兵先是在区小队〔1〕待了半年。小队有 30 多人,分为三个班,都穿便衣,使用汉阳造。后来到了区中队,这时候发军装了,黄颜色的,没有臂章。那个汉阳造其实挺重的,和人差不多高。区小队没有机枪,中队也没有。我们一人十几发子弹。那时,训练就是瞄准、正步、起步,还有早操、跑步。我们那个地方没有大米,每天三餐,以吃面食为主。菜就是一般的青菜。政工人员就一个指导员,他给我们上很简单的课。在区中队的时候,我们还要支援老百姓干活,当时在蒙阴县的汶南区,那属于沂蒙山区。后来我就到鲁中军分区独立营去了,当了几天战士后就当文书了。文书就不扛枪了,搞统计人员名单等事。

我们部队上升到独立营的时候,日本人就宣布投降了。上级给我们传达了

---

〔1〕 区小队是抗日战争和解放战争时期的地方部队,由脱产民兵组成。负责武装保卫本县区、训练民兵、配合主力作战,必要时升级为主力部队。一般设区队长和政治指导员,相较不脱产的民兵而言,区小队属于地方正规部队。

这个消息，大家都很高兴，都欢呼，敲锣打鼓。

2　入党并参加解放战争

1946 年 1 月，我入党了。入党介绍人除了教导员泮浩之外，还有一个副指导员。他们为什么介绍我入党呢？那时候是处处带头的人才能入党。因为我不怕苦、不怕累，没有个人私心。别人不干，我干；别人干得差一点，我干得好一点，努力一点；对人忠诚一点。入党要填写申请表，按照党章的要求填写，然后对着一面党旗宣誓。誓词中"对党忠诚""永不叛党"这些都是有的。那时候入党总体上很简单。在正常情况下，预备期就是半年，因为我岁数小，所以预备期是一年。到了 1947 年初，我转为正式党员。那个时候入党都是秘密的，组织生活没有固定时间，都是临时通知。开会拍个肩、打个招呼就知道怎么回事了。小组会都到外头去开。有时候住在农村，到外头高粱地坐下来开会，说说有什么任务、哪个人怎么样、要注意什么，就这些东西。党支部的组织生活会，一般就是将自己了解的大概情况做个汇报，然后就是谈整个连队的情况，谁是发展对象、谁有什么问题，等等。那时完全是以党员为核心，然后通过党的支部把部队日常工作做起来。

1947 年 2 月的莱芜战役以后，我们就编入到华东野战军第 7 纵队第 21 师第 63 团了。那时国民党对山东开展重点进攻，我们在山东的部队就非常苦了。敌人几十万人压下来，我们是节节地往后退，从江苏到山东，一直退到了山东的胶东。经常是我们今天在这里，明天这个地方就是国民党的了。我们在孟良崮打过阻击战，阻击国民党第 83 师。第 83 师有一个号称"天下第一团"的，就被我们那个部队消灭了。当时那是在磨石沟，第 83 师进攻的势头猛，但我们也不是单纯防御,也有反包围,最后把这个团给消灭了。

紧接着,我们参加南麻战役[1]。那时候我们的脚丫子都是烂的,因为经常下雨,穿的鞋都是猪皮底的鞋,脚在里头都是滑来滑去的,没有哪一个不烂脚丫。背包背的被子都是湿的。那个时候背包,是每人一块布,就简单包一包,实际上包不起来的,不起什么作用,底下那一块有一点油布,背的这块还是湿的。我们一天到晚行军。打仗苦,其中行军最苦。我们从南麻撤出来之后,国民党部队就追我们,我们退,他们进,他们扬言要多少天把我们赶到大海去。也确实是,我们今天在这里,明天他就上来了,他们就一直跟着我们,就一天的距离。我们吃饭是走到哪里就在哪里做。那时老百姓对我们真好。在莱阳,我们的衣服、被子都湿了,老百姓都升火帮我们烤。我们就这样从南麻到高密,从高密到了莱阳。

打莱阳的时候,我是在政治处当干事。当时国民党守军是广东部队,战斗力不是很强。但是,城隍庙很难打,因为没有重型武器,打不下来。我们部队就知道拼命往上冲,损失很大,后来才知道挖战壕,一步步地向前进。我们纵队不会打攻坚战,打防御战可以。后来,总部就不让我们打了,再打这支部队就完了,剩下的就给第13纵打,第13纵上去一天就把它解决掉了。莱阳战役结束后,胶东半岛形势出现了利于我们的转折。我们部队到掖县修整,然后继续推进。

我们在掖县待了两个月,除了补充部队之外还训练,搞"诉苦三查"[2]教育。比如说我们解放区参军的战士,就讲解放前怎么样受地主压迫。也要找一些被解放的国民党军队战士,让他讲怎么样受军官压迫的。这样的教育很起作用的,效果非常好。

---

[1] 南麻战役是在晋冀鲁豫野战军开始转入战略进攻和华东野战军大部向敌侧后出击时,留在内线的华东野战军部队组织实施的攻坚战。该战役由于种种主客观原因,虽未能实现预定目标,但打乱了敌人对山东重点进攻的部署,破坏了敌人的企图。

[2] "诉苦"是诉旧社会和反动派给予劳动人民之苦,"三查"是查阶级、查工作、查斗志。

　　掖县休整后，在 1948 年春夏之交我们就开始打兖州了。我们打兖州时挖地道，国民党就没辙了。但是，我遭遇过一次险情。那时，我和一个团参谋长跑到兖州西门外一个避弹壕里避弹。参谋长说，我们老蹲在这个避弹壕里不行，该挪挪地方。我就跟着他挪挪地方，刚走出去十几分钟，到了另外一个避弹壕，结果我们原先所在的避弹壕就落了一个炮弹。我们算是捡了这么一条命，这次教训很深刻。

　　后来，我们打曲阜，那里还乡团多，一发迫击炮弹落在曲阜城里头一爆，他们就慌了。我们进了曲阜，上级命令孔林不准破坏。我那会在政治处，还在做干事。济南战役时，我们部队在藤县准备打阻击，但是国民党的援军没有到，就没打起来。

　　到了淮海战役时，我参加了第一阶段，就是消灭黄百韬兵团。我们在徐州的徐东阻击邱清泉部队，一直阻击了十几天。阻击战抓不了俘虏，也逮不着枪，就是消耗战。打阻击伤亡大，当一个连只剩 20％，就得下来好好补充了，再打元气就彻底没了。我们这个部队善于打阻击战，一般是白天打了，晚上修战壕。我们知道晚上国民党的部队是不动的。在潘塘的时候，有一天晚上，我们团有一个副连长带了一个排，钻到国民党部队那边，来到一个院里，国民党的一个排打一天仗也累了，都在那里呼呼大睡。我们这次抓了一个排的俘虏过来。

　　我们打阻击没有打掉过敌人的坦克，他们的飞机每天都来炸，炸完就走。其实那些飞机也有地下党驾驶的，他们一般是把炸弹摔在别的地方就行了。

　　我们完成阻击任务后，就去打黄维兵团。由于打阻击战连续十几天没有好好休息。部队撤出战斗以后，走到了一个村子里，半夜黑灯瞎火的也不知道什么村子，我在一个老百姓门前一下子就睡着了，等我醒来，一个人也没有了。我赶快往前赶，赶了十几里路才追上部队。

　　我们打尖古堆这一战伤亡大，一个连就剩下几个人。我们对阵的是国民党整编第 11 师,也是王牌部队。那个时候,我们到了一个连环堡,搞不清楚这个堡都是连着的。我们损失大啊,差不多三分之一的人都消耗了。淮海战役的时候,我们那个团的一个连队一百多个人伤亡后就剩了六个人。国民党军第 11 师确实有战斗力,按照武器来说,他比我们强大多了,他弱的就是人心不齐,所以最后还是被打垮了。

我那时在政治处当组织干事,就带着一个副指导员和一个通信员,去掩埋我们牺牲的同志。牺牲的将士送过来之后,开始除了清洗之外,还整整容,用白布把他包裹起来。后来因为人数太多,有 90 多人,白布用到一半就没有了,后来牺牲的人只能根据棉衣上的名字,哪个部队的,家是哪里的,直接土埋了,写了个牌子插上。最后,我们需要把牺牲将士登记入册,上交政治处。在登记牺牲将士时,有两个战士给我的印象比较深。一个战士的兜里有几块钱,还有一个条子,条子上写着这是他的最后一次党费。另一个战士兜里也有几块钱和一个条子,条子上写请组织上把这几块钱寄回他的老家,给他的父母亲。

渡江战役我们打得很顺利。在渡江前一天,我们打了国民党在江北的几个据点,所以我们是第二天从芜湖渡江的。渡江以后就下雨,我们一直往前追,经过宣城,最后追到上海。我们负责打崇明岛,等到我们坐船上岛,敌人都跑了。

3 为空军发展出力

1949 年解放崇明以后,我们前往浙西天目山地区剿匪。当时土匪把很多区政府都给端掉了。我们通过当地人找到土匪的下落,用小分队抓到土匪后交给地方。到了 1950 年,我们部队就到了福建,准备打台湾,一天到晚在海边训练。不久之后,朝鲜战争爆发了,我们部队被调回来准备参加朝鲜战争,从晋江移驻无锡。然后部队就整编了,其中两个师去抗美援朝了,军部就变成空四军的军部。我所在师的师部去了北京南苑机场,组建了一个空军指挥员训练班,训练飞行员。这样,1952 年初我就到空军来了。后来南苑训练班改成了高级航校,训练中队长、大队长和指挥员。那时,我在航校机关当组织处长。我和我爱人是一个部队的,她搞文艺工作,比我小五岁。那个时候结婚有要求,营以上干部才行。1954 年,我们在北京南苑机场结婚。

我两次去福建晋江指导航空部队训练。在徐州飞行训练团当团政委,工作了 10 年。其间,在林彪、吴法宪的影响下,我们团内部两派斗争很激烈,团长是吴法宪那边的,我差点被他送进监狱。"九一三"事件后,我就没事了。后来我被调到西安空军工程学院建筑系当了两年政委。1982 年我又调到徐州空军后勤学校当政委,因为已经到了 55 岁,就从这个位子上离休了。

青纱帐里
打游击

范富祥

"我们从第一天开始作战，一直打到第二天下午才吃中饭。"

★ 口 述 人：范富祥

★ 采 访 人：王骅书　王金鑫　陈于可慧　卢珊　周贤楷　薄凡

★ 采访时间：2016 年 7 月 15 日

★ 采访地点：江苏省盐城市滨海县滨海港镇板桥村

★ 整 理 人：王金鑫

【老兵档案】

范富祥，1924 年生，江苏滨海人。1942 年参加新四军，1946 年加入中国共产党。曾任新四军农民大队第 2 排战士、班长，新四军第 3 师第 8 旅第 24 团警卫连第 7 班班长等职。抗战期间曾参加八滩王桥战斗、合德战斗、陈家港战斗、阜宁战役等战斗战役。1945 年复员回乡，后任板桥村村长、革委会主任，1982 年退休。

1　告别妻儿去参军

1941 年，我与妻子崔巧云结婚，她家在滨海八滩乡。一年后，我的大儿子出生。同年春天，我参加了新四军农民大队，农民大队里武器主要是步枪，有土马枪，还有极个别的是三八式，是从地主那得来的。但是，刚打过就卡壳。

在农民大队的时候，我参加了保卫响水的战斗。那时候，我已经是第 2 排的班长了。当时排长告诉我："和阜东总队的吴亦新打从响水下来'扫荡'的日伪军。"敌人主要是鬼子和和平军，和平军人多。当时，顾正国是我们的大队长，他以前在阜东总队待过，是出了名的。第 1 排排长是王济民，后来是师级以上干部。我自己所在的第 2 排排长是姚维山,退伍后到了振东。

部队行动时,排长姚维山嘱咐我,让我使用三八式步枪,打准点儿。当时面对和平军的"扫荡",我们只能打几下歇一下,结果枪还脱口了。回去后,排长问我:"三发子弹打死几个敌人的?"我回答道:"排长啊,三发子弹能打死几个呀?敌人是几挺机枪打我们几个呀!我们一个连,一个队伍,人家一开枪,我们就只能退下来,相差太大,不行呀!"

2 青纱帐里打游击

就这样,我在农民大队待了不到一年,于同年秋天转至新四军第 3 师第 8 旅第 24 团警卫连。当时的连长名叫李富春,在打八滩时大脑受伤,和人沟通有障碍,后来升任第 1 营副营长,团长是谢振华,政治处主任是方中铎,人称"方小矮子"。

当时的第 24 团不是打游击战就是负责主攻,攻打城池。由于敌我力量悬殊,所以平时主要就是打游击战。我们在青纱帐里进行埋伏,守株待兔,待敌人走过,便立即一声喊,军号一吹,扔手榴弹和射击,打败敌人后就进行追击。有一次,一直追击鬼子和和平军到东坎的东门才回去。当时打游击战,我们时常缴到敌人的枪,一人缴一支枪,这种情况也很常见。

当时,第 24 团和阜东总队活动于盐阜各地,第 22、第 23 团则主要活动于阜宁南边的地区。我先后参加过攻打八滩、合德、阜宁、东坎、响水、七套、八套和陈家港的战斗。在 1943 年的八滩战斗中,夜里打仗的时候,我曾近距离见到过日本鬼子。

3 合德战斗中，虎将陈发鸿[1]团长牺牲

1944年10月，田里长的棉花已经雪白的时候，新四军第3师第8旅开展对合德的进攻。当时，驻守合德及其附近的有周圩子与顾景班的一千余名和平军和几十名鬼子，我随特务连及第24团两个营负责打阻击战。第22团则主攻合德。在第22团的猛烈进攻下，炮楼中的鬼子吓得跑进地道中，在炮楼中的和平军也忙着跑进地道，但被他们的日本主子挡在了地道口，直到最后才让他们进入地道。

在战斗中，部队里聚在一起的一名班长和一名副班长，以及一名炮兵教官被敌人发现，于是炮楼里的伪阜宁县海防总队少将司令顾景班手下的伪军一枪打中了副班长和炮兵教官，结果副班长被打死，贯穿副班长身体的子弹则打伤了炮兵教官。而此时，第22团团长陈发鸿携警卫员正在前去指挥部队进攻鬼子碉堡，当他们走到一座合德通往鬼窑子南北方向的桥上时，被碉堡中的鬼子发现。日本鬼子开枪击中了陈发鸿团长的胸部，陈发鸿团长牺牲于桥上。当时，部队迅速用担架将陈发鸿团长抬下桥，但是，猛将陈发鸿却早已没有了呼吸。在得知团长牺牲后，第22团及第24团将士群情激奋，奋勇杀敌。

我正随警卫连和第24团的一个营，以及阜东总队和射阳总队阻击来自陈洋方向敌人的增援部队。当时，阻击部队达两个营，而敌人只有二三十名鬼子和几十名和平军，共百余名日伪军，我们已可以包围敌人。但是，我们第24团团长谢振华考虑到当前的战略任务是主力攻占合德，如果包围敌人不力，让敌人跑去增援合德，就会影响大局，于是放弃包围，采取阻击的方法。我们打了一

─────────────────

〔1〕 陈发鸿(1915—1944)，陕西延川人。1935年参加中国工农红军，抗日战争爆发后，历任八路军第115师第344旅第687团营长、副团长等职，曾参加平型关大战及山西灵丘、河北威县等战斗。皖南事变后，任新四军第3师第8旅第22团副团长、团长，因作战勇猛，被誉为"虎将"。1944年10月21日，在合德战斗中英勇牺牲，时年29岁。

天一夜,我们的班里有两个战士挂彩了。在我们的顽强抵抗和强大兵力的威慑下,陈洋增援部队被吓回了位于合德西边18里的陈洋。当时,我们从第一天开始作战,一直打到第二天下午才吃中饭。记得当时是干米饭,放在饭盒里,筷子则放在饭包里。

那时候,打仗环境恶劣,每次打仗伤亡都很大,都有上百人的伤亡。打仗时,都有农民担架队随行,有三十人队、六十人队,还有百人队,一般则是二三十人。当初,我们攻打射阳时,便有几十副担架随行,这些担架都是用竹竿和绳网搭成。当时,牺牲的同志便直接挖坟埋了,只有极个别的是家人来处理的。牺牲战友的木牌上都写有名字,牺牲和受伤的战友都是有册子记载的。庆幸的是,我从军三年从未受伤,最危险的一次是子弹划破了自己的棉袄。

4　差点被炸死

1945年阜宁战役爆发,当时占据阜宁城的是孙良诚的和平军,伪军兵力多,火力强。第24团的第2营是主力营,第3营的营长是王绍财。在进攻阜宁时,和平军实行反冲锋,结果第3营的第9连、第10连、第11连共三个连被冲散,营长王绍财身中两刀,英勇牺牲。于是,谢振华团长急令作为团直属连的特务连冲上去。当时,我已是第7班的班长,那时部队里一个排有三挺机枪,我的班上也有一挺。

在战斗中,我发现对面的和平军在挥舞小黄旗,于是立即向连副报告,我们怀疑敌人在排兵布阵,结果敌人向我们第24团进行大规模反攻。当时的第1营营长毛和发采取虚张声势的策略,边喊冲锋边安排部队撤退。而我们警卫连则遭到了敌人的轰炸,只听炮弹"呲"的一声,仅仅一瞬间,第6班的大部分战士被炸死,第6班班长为保护我而英勇牺牲。而我自己的班上也挂彩三四个,牺牲了三四个,伤亡一半。尽管团长谢振华严令部队坚守,但第24团还是被迫暂时撤退了。

5 抗战胜利,复员回乡

1945年抗战胜利时,警卫连驻扎在东台,我们连长从连长大会上得知日本投降后,向我们传达了胜利的消息。抗战胜利后,由于我当初在冲锋时伤到了自己的胃,身体不好,于是,我与同样得胃病的战友一起于1945年退伍。

1946年,我加入了中国共产党。此后,在1965年社教运动时,社教队来到了板桥村。在社教队的支持下,我担任了村长。

"文化大革命"结束后,因为我素有威望,所以通过民主选举,以绝对高票当选了村委会主任。1982年国家实行干部年轻化后,我就退下来了。对于自己的17年村干部生涯,我可以自豪地说:"我为国家做出了贡献!"

轻伤重伤击不垮革命斗志

季刚芹

"当时我就想,新四军怎么这么好！我越来越爱这支部队。"

★ 口 述 人：季刚芹
★ 采 访 人：张连红　张若愚　来碧荣　王华亮　贾晶晶　张俊　胡建飞
　　　　　　刘红贝　何昊轩
★ 采访时间：2018 年 2 月 2 日
★ 采访地点：江苏省常州市荷花池社区
★ 整 理 人：王莹莹　张若愚

【老兵档案】

　　季刚芹，原名季刚勤，1928 年 10 月 13 日生，江苏宝应人。1944 年参加新四军苏中二分区特务营第 3 连，后任副班长、班长等职，1944 年 11 月入党。抗战时期历经三垛伏击战等战役，解放战争时期历经邵伯、涟水保卫战等，从军期间数次负伤。1953 年 7 月 1 日开赴朝鲜战场，1955 年回国，1982 年转业至常州，1987 年离休。

1　童年饱受日伪与国民党欺侮

　　我出生于 1928 年 10 月 13 日，老家在江苏省宝应县望直港镇北沙头村，以前叫獐狮荡，村庄很大，有 300 户人家。家里十口人，我在兄弟里排老三，有个大姐，还有弟弟、妹妹。我父母亲种了一辈子田，都是老农民。我的父亲还识几个字，母亲一个字也不识。父亲叫季建文，母亲叫沈之华。小时候我们家里很困难，经常没有饭吃，冬天还要去讨饭。伪保长还逼我们家纳税，我们家拿不出钱，伪保长就把我们的锅砸掉，压迫我们，这使我种下一颗对他们的仇恨心。我决心长大以后要参加革命,参加部队,扛枪杀他们。

1943 年,国民党的部队不抗日,到我们村庄上抓了好多人给他们划船、挑担子,就是当民夫。国民党原来有个军部驻扎在我们村上,撤退时有几十条船。村上的青年都躲起来,怕被他们抓走。我大哥躲在一个草堆里,但还是被他们抓走了,几乎送了命。被抓去的民夫一个多月以后又回来了,不是放回来的,是把船扔掉,趁国民党不注意的时候偷偷跑回来的。

小时候,我常见国民党的士兵,十二三岁时就见过。那时我们家里没饭吃,父亲带着我到舅舅家借粮食。舅舅家在望直港,好不容易借到了五担稻谷。我们坐在一艘漏水的破船里,把稻子放在一个大洗澡桶里,用稻芥子围起来,划着船走。从宝应县到望直港一路都是国民党的军队。在此之前的一天夜里,国民党部队从县城撤退,当时我在舅舅家睡觉,听到外面吵闹,老百姓在喊"过兵了"。后来他们走了以后,早上我跟表弟上街看看国民党有没有落下什么东西。那时麦子已经返青了,我发现了一只木柄手榴弹,它的头很长,柄也很长,我就把它捡了起来。我表弟吓死了,说这个不能拿,炸了会死人。我说不碍事,不怕,我要带着它,有用的。那个时候不懂,但我知道这个东西可以爆炸,我正愁打敌人没有武器呢。后来表弟经常讲:"你小子胆子很大,手榴弹都敢捡回去。"我把手榴弹塞在稻子里,我父亲都不知道。

我和父亲坐船走的时候,一个在河边站岗放哨的国民党士兵正蹲在树底下乘凉,看到我们就说:"过来,过来,老乡,往这靠,你从哪里来? 你这个稻子要纳税,一包香烟的钱。"他把我们扣下来,想敲我们竹杠。我父亲就求他说:"老总,稻子是借来的,家里没的吃,我们拿什么交税呢?"但国民党士兵说不行,不让走。结果鬼子来"帮忙"了,鬼子的飞机一扫射,国民党士兵都跑到防空洞里去了。我父亲胆小,他怕国民党,但我胆子大,我就拿着竹竿将船划到老远,我们因此而躲开了。躲开以后我就想把稻子拉到岸上,但手榴弹被发现的话就不得了了。我父亲不知道手榴弹的事,我又不能跟他说,怕他会骂我、打我。我就偷偷地把手伸进稻子里,趁父亲一不注意,就把手榴弹拿出来扔到河里去了。

小时候鬼子的飞机来宝应县城很频繁,而且飞得很低,俯冲下来就机枪扫射,我们都能看到飞行员。他们张狂得很,根本就不怕,随便杀人,打得老百姓到处跑,那真不是人过的日子。鬼子飞机来的时候,驻防的国民党士兵都躲到他们自己挖的防空洞里。国民党平时抢我们老百姓东西,要我们纳税,不纳税就砸锅,我们就没有东西烧饭吃。敌人来了,他们就跑得比兔子还快。夜里头,我们家西北方向一片火光,那是鬼子在疯狂地烧,我们还听到炮的响声。那时我就想,怎么这么多敌人、坏人打我们,让我们老百姓日子没法过,田也没法种。

我从 8 岁开始上私塾,断断续续上到 11 岁。上学的时候买不到书,就乱读,反正识两个字就行。那个先生也不讲"子曰:学而时习之,不亦乐乎"这些,开始时是念《百家姓》,"赵钱孙李周吴郑王",后来一下子跳到《论语》《孟子》,买到什么书就念什么书。我也不懂得什么意思,先生也不会讲。那时候就是讲孔夫子,向孔夫子磕头。念私塾要交学费,没有学费是不行的,一个人一年大概要交一担稻子,就是 100 斤。

2 为报国仇家恨,毅然从军抗日

1944 年,新四军一个工作队来到我们家乡,大概有一个连,相当于是我们当地的政府。他们刚来的时候一下子就散开准备战斗,帮我们打鬼子,我们老百姓在一座桥上欢迎他们,看热闹。这支连队管很多老百姓的事情,宣传群众,发动群众,组织群众。首先要组织儿童团搞宣传,这时我就进了儿童团。新四军编歌曲教我们唱,让我们进行宣传,还给我们化装,我和另外一个小孩化装成女孩子在国民党的乡政府门口唱。我去了儿童团以后还不错,新四军给我们一点吃的东西。新四军对我们这些小孩蛮有好感,还叫我当儿童团长,很看得起我。

新四军在我们家乡建立了通讯站和地下工作活动的地点,我经常到那里去玩,就接触了一些新四军的干部,他们给我讲了很多抗日打鬼子的革命故事,特别讲到共产党,共产党那时候是秘密的,不大公开讲。我以为部队就是共产党,产生了一种错觉。我仇恨日本鬼子,恨"三光政策",1942、1943年,他们把我们家里都烧掉了,我家的稻种也被烧掉,我母亲哭着说,春天没有稻种怎么种田?还有一次,在插秧栽稻子的季节,我看到残忍的日本鬼子在碉堡里用掷弹筒把在田里插秧的老百姓当活靶子打。子弹一开始没打到人,后来一发子弹打死了好多老百姓。老百姓拼命地逃。那时我是小孩子,经过我们家乡水荡子时看到了这一幕。还有不抗日的国民党,还有土匪、伪军、汉奸、走狗,我恨他们打鬼子没本事,欺负老百姓有本事。但新四军好得很,国民党当官的都打当兵的,新四军官兵一致,同娱乐、同训练。国民党部队撤走后,有好多物资没来得及带走,新四军已经赶了上来,就得到了胜利果实。物资包括机船、人船,还有一些军用物资。国民党把这些没来得及带走的物资都藏在芦苇荡里。我们家芦苇荡很大,有一两千亩,后来都被新四军接收了。

我是1944年6月份参加的新四军,部队是苏中第2分区特务营第3连。开始时我在里面当战士,后来也当了副班长、班长。特务营就是执行特别任务。当时我们一同参军的三个人,另外两个一个开小差跑回家,一个到边疆去了,也不知死活,就剩下我一个人。

3　参军后的三件好事与积极入党

参加部队以后,我做了三件好事。第一件好事,我上过一点私塾,有点文化,家里八个兄弟姊妹里只有我识字。我看班里同志们都不识字,连名字都不会写，就想教他们学文化，一有空就教他们识字。他们也都很高兴，都讲："小鬼教我们识字太好了，没想到你还有文化。"因为我是班里最小的一个战士，所以他们都喊我"小鬼"，可喜欢我了。第二件好事就是我跟着副班长学刺杀，学的是日本式的十个动作，我当兵三天就学会了。他们教了我一下，我按照他们的样子有空就练杀敌本领。他们说："小季不简单，很聪明，三天就学会了刺杀。"第三件好事是有一次我站岗放哨回来，雷阵雨刚刚过去，太阳出来，我很高兴，走路一走一跳，结果一不小心，脚一下子踢到石头上，把脚指甲踢掉了，流血很多，脚也肿了起来，伤口发炎，很疼。后来，我就到连部找卫生员给我包扎一下。包扎以后当天晚上就要行军40里路，要通过第二封锁线，连长、指导员都很担心我这个小战士能不能跟上。我说："没问题，连长、指导员，你们放心，我一定跟得上。"后来，指导员说："这样吧，我找个拐杖给你。"我说："可以，没问题，有拐杖就更好了。"我拄着拐杖，一拐一拐地在夜里行走，脚都肿了起来，但是我咬着牙坚持，最后终于走完了40里路，到达目的地。到了之后，连长就开始讲评当天的行军情况，还表扬我了，说："季刚芹同志今天晚上行军表现很好，吃苦耐劳，带着伤还坚持完成了行军任务，好同志，应该表扬。今天晚上，他的勤务就免除了，不要站哨了。"他还告诉班长照顾我，让我好好休息。当时我就想，新四军怎么这么好！我越来越爱这支部队，这是很朴素的感情。

又过了一段时间，第4班班长和第5班班长把我叫到一个草堆边上谈话，这个时候我已经17岁出头了。他们说："你认识不认识共产党？"我说："你们不都是共产党吗？我现在不就是在共产党里吗？"他们说："不对，共产党和军队有区别的。"他们说共产党是个政党组织，是秘密的，是先锋队，是堡垒。我说："你们不就是共产党员吗？"我认为副班长一定是共产党员，他平时表现特别好，能吃苦，能团结大家。果然不错，他是党员，这时我才知道共产党员要起先锋模范作用。所以在1944年11月，我就填了入党志愿书，进行了秘密宣誓，要忠于党,为党保密,必要时候要牺牲自己,打仗要冲锋在前、退却在后等等。我的入党介绍人是赵桂香、陈小宝。那时我入党和别人还不一样,本来规定满 18 岁才可以入党,实际上我还不到 18 岁。那时部队讲成分,我是贫农出身,预备期是三个月,如果是中农出身就要四个月或者更长。那时党的秘密不轻易暴露,查不出谁是党员。打那之后,我都会想到自己是名党员,班长是党员,只要班长冲在哪里,我就跟在哪里,我死也要跟班长走。我入党的动机就是为工农大众打天下,为穷人翻身。

入党后,我们组织生活就开党小组会,没有固定的时间、地点,要打仗、要执行任务时就要开小组会。过去有个规矩,先党内后党外,凡是大事情来了,党员开支部大会,开完会党小组讨论要保证完成任务,开起来时间也很短,讲话很简单,三言两语就完了。我们平时很少开会,怕暴露秘密、暴露身份。通知开会的方式也很秘密,就是拉一下,大家就知道了,然后就一个一个地到草堆、土地庙、空房子或者没什么人的地方开会。到了 1945 年我当班长以后,我在党内也当选为党支部委员。党支委比普通的党员开会要多一点,知道的事情要早一点。

4　配合部队领导"假枪毙"逃兵

参军之后,部队里面开小差当逃兵的不是很多,但是也有几个,我们共产党有一项任务叫巩固部队。我记得我当班长时我们班还跑掉了一个,连长为此批评我。我们连长是福建上杭人,他讲话我也听不懂,我就做检讨说:"连长,我错了,我这个班长没尽到责任。"有时候部队有时间了空下来了,就派人去把这些逃兵抓回来。抓回来就关禁闭,关几天教育教育,然后就算了。但是部队为了留住士兵,也采取"假枪毙"逃兵的办法。因为开小差的逃兵不断,今天也有,明天也有，一个连队七八十个人一下子跑掉十来个，影响很不好，其他兵也会动摇。部队就商量，把逃兵抓回来之后，用"假枪毙"的策略来教训那些思想动摇的战士。

当时是 1945 年春天，部队在黄桥休整的时候，日本鬼子还没有投降，我已经是第 5 班的班长了。部队里跑掉好几个兵，有我自己班的，也有其他班的，把我们气死了。我自己班的这个逃兵，是被我们俘虏的国民党士兵，连云港人，在我们班表现蛮好，总是拍我的马屁。逃跑的那晚，他在哨位上站哨，我是班长，我背着枪去查哨，对他说："注意别打瞌睡，提高警惕，口令记得吧？不要忘了。"结果他还是逃了。后来抓回来的是其他班的逃兵。那时候部队政治水平差，事先连指导员交代我任务，说："五班长，待会儿'枪毙'的时候，你要跑出去喊'刀下留人'这句话，你要做到。"我说："行！"我们营教导员叫全营在黄桥一个中学的大操场上集合，总共三个连队，当众宣布将逃兵带上来，就是开小差被抓回来的那个，五花大绑着。教导员讲话，批判开小差很无耻，是动摇分子、怕死鬼，骂了一通，然后宣布枪毙！两个战士连拖带滚地架着逃兵。当时我坐着扛着枪，等到教导员宣布枪毙时，我赶快把枪放下，喊着"刀下留人"，跑到要枪毙逃兵的地方。后来就把这逃兵留下了，他跪在我面前，说："班长，你是我的恩人！"我说："别哭了，以后不能开小差，回去以后好好干。"

5 军旅生活与三垛伏击战

起初，我刚到部队一个星期，离家三十多里，父母两个人一起自己划小木船到部队来看我。父母见了我，说："儿子，你怎么会当兵呢？"我说："当兵好，家里兄弟多，该有一个当兵。我这个兵当对了，像在家里一样，他们对我好，你们放心回去。"母亲有点儿舍不得,来看了一下,连饭都没吃就回去了。当时部队领导也知道了父母过来看我,特别是连长、指导员,看到我的父母,便做他们的工作,"你们儿子在这里表现很好,我们都像亲兄弟一样。"

到了夏天6月份,没有蚊帐,蚊子咬得要命,睡不着觉,我很想家。我家虽没的吃,可有个大蚊帐,蚊子咬不到我。副班长人很好,说:"来,小季,咱们两个把头都放进蚊帐里,蚊子就咬不到了。"我们都穿着衣服睡觉,子弹袋都背着,十只手榴弹当枕头。副班长像我的亲哥哥一样,待我当亲兄弟。

刚参军时我没有枪,后来我要站岗放哨了,部队就给了我一支枪,但打不响。开始我不知道,一共十发子弹,七发是跳火,只有三发是好的。跳火就是把子弹屁股换掉,装上火药,子弹头是我们自己土造的,一般打不响。我有三发好子弹,叫原火。我一天到晚把这三发好子弹当宝贝,怕丢了。结果真正打起仗来的时候它也一个都不响。后来班长说我这个枪就是打不响,它的撞针短了一截,我说怎么早不讲。打鬼子我们就用手榴弹,我最喜欢手榴弹,因为它厉害。有一次我们打宝应县城,突击打进去以后,夜里头看不清楚。敌人的马、骡子跑了出来,我们以为是敌人,就扔手榴弹,马就叫了起来,好多马被炸死了,后来鬼子也投降了。手榴弹很厉害,一炸就是一片。

在部队时我们每人有四个手榴弹、一把刺刀。刚开始时刺刀是扁的,后来1946年我们兵工厂自己造的是三角的,这家伙很厉害。那时候我们的思想很单纯,天天就想着消灭敌人,没有别的想法。开始我背的是七九式步枪,到1945年下半年,我当班长时背的是三八大盖步枪。过去背上这个枪不容易打。一次打仗的时候,我开枪,都打不响,班里人说这个枪没用,是做样子的,比棍子强一点儿。

在部队吃饭还可以,因为我们家乡是鱼米之乡,能吃得饱,但有时也会挨饿,供应不上,饿一顿两顿是常有的事情,饿得没办法就吃被我们打死的敌人的战马。把战马皮剥掉，肉过火，炊事房发到班里，每人到班里去领，一人一块。那时我们一边走一边啃，马肉酸得不得了，可是我们肚子饿得慌，又没有盐，只能这样吃。一天是三顿饭，刚开始我们特务营在司令部里，驻地还不错，生活有规律，开饭就到一个大操场，枪一架，一个班一盆菜，饭在一个大炉子里蒸，大家各自去盛，就这么吃。我们也没有什么食堂，都是跟老百姓借房子，炊事员在那烧饭，有的是自己搭个棚子烧。

睡觉也是分散住在老百姓家，但都在一个村庄里，集合就吹号，也不给老百姓钱。部队里面纪律很严，在百姓家里都是住堂屋，也就是客厅。冬天用稻草一铺就睡，夏天就睡在外面走廊里，搭一块铺板，有时直接睡在地上。走的时候要"捆稻草，水缸满，院子光"。那时，我当政工干部，每天都要检查纪律。我们给老百姓的水缸挑得满满的，地上扫得干干净净，稻草原来在什么地方，我们就要放到那去。损坏东西还要赔偿，连队都要检查。新四军的纪律很严，我们整天唱"三大纪律八项注意"。我们连里有文化教员，这些人都是初中生，那时候被部队当宝贝。他们有时候教我们唱歌，还教我们跳舞、扭秧歌。部队苦中作乐，也讲一些故事。

我们是一个班住在一户人家。有一次住在老百姓家时我还闹过笑话。当时我还是新兵。冬天，在老百姓家里睡觉，到了夜里我要上厕所，憋得不得了，看不见就瞎摸，摸到人家房间里去了，人家不说我还不知道。因为看不到，出了很多洋相。

1945年4月，我们打三垛伏击战。这时我还没有当班长，是轻机枪助手。过去，一挺轻机枪就要一个党员看住，不能被别人偷了跑掉，部队过去动不动就有逃兵带着轻机枪偷跑了，到敌人那里受奖。因此，机枪组三个人中要配一个党员。那时候叫我当机枪手，可我个子小，扛不动轻机枪才当的机枪助手。后来我才知道，我是党员，机枪交给了我，我要看住这挺机枪。部队里要害部门和关键部位，都要有党员去控制、掌握，凸显党的领导。我们连队可怜，那时只有四挺轻机枪，其中有两挺假机枪是土造货，是从伪军那里缴获来的，打着打着就卡壳了。从鬼子那里缴获来的是好机枪。我的机枪是旁插式机枪，就是旁边插一个装子弹的梭子，机枪一打，这个梭子就进去了，打光了再继续插上去，这是德国货，这个机枪很好。

在兄弟部队攻打三垛时，我们一个营的连队专门攻打高邮的碉堡，我们就封锁警戒线，挡住高邮城里的敌人，不让他们下来。后来，这个碉堡也没打下来，天亮了，赶快要撤退。撤退的时候，鬼子可厉害了，看到我们的机枪在老百姓的屋顶上架着，鬼子就封锁这条公路，然后从公路上下来两路纵队。我在第2排，第1排在左，第3排在右，我们就听到公路上鬼子的大皮鞋"咔嚓咔嚓"响。我们在地上埋了地雷，机枪都瞄准好，排长说"准备"，我们每个排就开火两挺机枪，一下子把鬼子打死了不少。后来，鬼子一个指挥官"哇哇哇"不知道在说些什么，他一说完部队就散开了，占领了好多坟包。当时我们三个排排成三角形，我们第2排在中间后面的屋顶上，我们一枪没打，主要是第1排和第3排，他们伤亡比较大。我们地雷炸，手榴弹响，鬼子不敢前进了。

我在屋顶上看到第1排好几个同志负伤了，一个个头打伤了，胳膊也伤了。那时候是冬天，冷得不得了。我们一边撤，鬼子一边追，我们撤不掉，于是第3排派一个班掩护整个大部队撤，由一个副排长顶住。先是用手榴弹打，子弹、手榴弹都打光，最后真是拼刺刀了。我们决心与敌人同归于尽。为了掩护我们整个连队，有七名战友牺牲了。那时我也在撤，但扛不动轻机枪，我就跟排长说，我实在不行了，跑不动了，我要扔掉它。排长说他来扛，他力气大。当时机枪手不知道跑哪里去了。我们撤退时要拼命地跑，鬼子追我们，我们就靠两条腿，身上的机枪还蛮重。

1945年日本鬼子是在东台投降的，当时我们部队在黄桥休整，听到鬼子投降的消息我们高兴得不得了。那时我还有个想法，我想回家了，日本鬼子投降我就可以回家种田了。最后党支部开会,说我们不能松懈,现在国民党要抢胜利果实,我们要做好准备。

6 三次负伤

我在参军过程中负过三次伤。第一次是工伤,当时翻车了,我断了三根手指。那个时候年纪小,三根断指后来都长起来了。第二次是眼伤,攻打兴化城的时候,我们在城墙底下提着手榴弹,准备要爬城墙,手榴弹突然爆炸燃烧,烧到我的眼睛和眉毛,当时我眼睛就看不见。那时我很悲观,心想完了,双目失明了,什么也看不到了。

第三次是 1946 年解放战争时期,国民党顽固派经常挑衅我们。这一年秋天,国民党向我们发动进攻,我们要守卫华东的大门——扬州邵伯。当时上级领导也跟我们讲了国民党撕毁和平协定,发动战争,部队一定要提高警惕,做好战斗准备。那时我既是班长又是党支委,懂得不少革命道理,特别懂得为谁扛枪、为谁打仗这些道理。有一天,我们连队接受一个任务,要用一个晚上拔掉敌人一个据点,在扬州的仙女庙后面的孔家庄。经过侦察,我们发现孔家庄的敌人只有一个排,我们派去三个连,一定要把它消灭掉。结果战斗打响以后,敌人冒出来一个营,我们部队顶不住了。但不管怎么样,仗还得打。我们是突击连,我是第 5 班班长,又是突击班,就是过去讲的"尖刀班",必须冲在最前面开路。连部在一个土地庙里,我们班就在土地庙这里等着。到了夜里,我们准备好后,连长说:"五班长,马上准备冲锋,我的号令一响,机枪一响,你们这个班就要冲!"我说:"没问题!"结果号一响,机枪打得很猛,震得耳朵都听不到。前面一片开阔地,都是稻田,稻子还没收,我们就不管三七二十一,刀山火海也得上。

结果三冲两冲，冲到前面是一条河，不好走了。河对岸就是敌人，离我们不远，但是河也有几十米宽。我们就往前爬到河边上，愣了一下，考虑是不是要过河。敌人发现我们，他们的机枪、手榴弹一起开火，打我们这个班，其中一只手榴弹打到我身上爆炸了。我昏死过去，什么都不知道了。

秋天天气比较凉，大概几分钟以后，我感觉到仗怎么打得这么猛，我怎么两条腿一点都不能动，我用手一摸，都是血淋淋的。负伤一开始是不疼的，只是发麻，腿不能动，我马上告诉副班长说："副班长，我负伤了，我要下去处理，没有命令你不准撤退！"就这样，我什么人也不要，自己爬下去了。两条腿不能动，我就靠上半身爬。天黑乎乎的，也不知道方向对不对。我记得连队包扎所在土地庙，我一边爬一边想这是什么地方。那时候我才18岁，年纪很小。当时我还有点劲，我想爬下去才能处理伤口，不然的话不好办，血流得一塌糊涂。结果还真爬到了土地庙。土地庙在高处，稻田在低处，中间隔着一个大高坎，我两条腿不能动，上不去，庙里的战友不知道我负伤，我又不能叫唤。最后，我咬咬牙齿，告诉自己只有上去才能得救。

敌人机枪打得很猛，打得稻子都往下掉。后来我就咬着牙一撑，爬到了坎子上。卫生员看到我了，就连忙说："五班长负伤了，快给五班长包扎！"我说我屁股这个地方不能动，嘴巴还能说话，然后，马上就上了担架。那时候爱国民主人士募捐支援解放军，送给野战医院一套医疗器材，里面就有白帆布担架。我趴在担架上，流的血太多，把担架都染红了。我脸上又是泥巴又是血，身上脏得不像样。卫生员说："扎了七个绷带，还是止不了血。"这时，天也快亮了——我们白天不打仗，都是夜间战斗，利用夜幕来掩护自己。卫生员就叫民工抬着我这副担架赶快往下转移。这时突然来了命令，部队要停止战斗，撤回到自己的阵地。敌人反而抓着我们不放，打得很紧，而且国民党部队装备精良，我们基本上还是小米加步枪，主要靠缴获敌人的装备和手榴弹。结果敌人追了上来，担架就下不去。机枪打得那么密,子弹就在我身旁飞。民工也没见过这个场面,跌跌爬爬地抬担架,差点把我摔着。眼看敌人快要逼近,正好碰到副排长陈小宝,我说:"副排长,我这个担架都下不去了,你看怎么办呢?"他说:"不要紧,班长你放心。"然后,他带了一个班和一挺机枪,爬到坟山,往前跑了几步,把敌人顶住不让他们前进。民工很好、很勇敢,很快把我抬了下来。

后来,我们一边打一边撤,撤到了邵伯到高邮运河旁边的一条大公路上。这时敌人的飞机来了,国民党的飞机嚣张得很,来了就扫射,机枪打得公路上都看不清楚。民工一下子跌倒,把担架连同我一起扔到田里去了。好在我们班上一个叫居安福的老战士很好,也是老党员,我们副班长叫他照顾一下我,把我送到团包扎所去。后来,飞机总算过去了,一颗子弹都没有打到我们。我被摔在路边上后,他们又把我抱起来,继续抬担架,抬到了我们自己阵地上的邵伯团部指挥包扎所。到了团部包扎所以后,天也亮了,民工抬着担架上的我从邵伯南门往北门的一条街上走,老百姓都咂嘴说:"这个小战士可能活不了了,身上这么多血,伤很重。"那时候,我只能趴着,脸侧着,看见团部包扎所还有很多伤员。

包扎所最好的地方就是有油条给我们吃,我说我什么也不想吃,只要喝水,因为流血太多嘴巴就干,他们就给我一个缸子喝水。后来,我换了药以后,我们伤员要用船从运河上运往淮安的华东军区和平医院。很糟糕的是,这个船走得很慢,伤口疼得不得了,疼得我直发抖。走着走着,雷阵雨来了,伤口如果淋着雨就会发炎,要出问题的,很危险。船上蚊子特别多,我只好在船上乱爬,躲避蚊子。最后终于天亮时到了宝应转运站。民工把伤兵员抬上岸,换药、吃饭。上岸的时候是我舅舅抬的我,真是无巧不成书。他当时是民工,专门救伤兵员,把他们从船上抬到岸上,换完药吃饭后再抬回去。舅舅已经认不得我,但我认得他,他把我放门板上抬到一个庙里。医院在这里有包扎所,舅舅我也不敢叫,因为当时我想,我家离这很近,我一叫舅舅,他一定会告诉我妈妈,那影响就太坏了。一看到舅舅，我就低着头不和他打照面，等换好了药再吃饭，吃了饭又上船，被继续拉到淮安。

到了淮安，第二天就确定开刀。要全身麻醉，那是我第一次吃麻药。医院条件不错，都是竹子床，我就趴在那里，我被蚊子咬得要死。有的伤兵员伤口有蛆，好长，我都看到了。我隔壁有个伤员，被机枪打了一个大口子，蛆在里面爬。我的伤口很大、很深，是手榴弹炸的，血流那么多，很快要发炎，要出问题。那时候条件很差，开刀我也不懂，反正听天由命。我就被抬到医院去开刀，担架"嘎吱嘎吱"地响。开刀手术很简单，我看到手术室的桶里有好多纱布之类的东西。医生把我抬到手术床上这么一捆，像杀猪一样，不准我动。医生问我会不会喝酒，我说不会。他就把纱布罩在我嘴上，我说这是什么东西，他说这是麻药，要我坚持一下。全身麻醉后，我就什么都不知道了。开刀前还有一项工作。一刀开下去，会不会死很难讲，所以要首先登记伤员的名字、部队番号、籍贯等。如果伤员牺牲了，就拿一个木牌子把这些信息写上去，插在坟头。

麻醉后就开刀了，开得很好。多亏那一刀，把泥土、弹片都给挖出来。开刀完了我也不知道，民工又把我抬回来。在路上担架"嘎吱嘎吱"响，我一下就醒了。我问："开刀完了吗？"那个民工回答说："完了，你醒了吧？"民工说我太苦了，给我买点西瓜吃。我说那可不行，群众纪律不能吃西瓜。他说我伤得这么重，为老百姓打敌人、打国民党，买点西瓜吃没关系。正好旁边就是卖西瓜的摊子，他就买了一块西瓜给我，我说这西瓜吃得真舒服，我嘴巴干得不得了。

7　伤愈返回部队继续作战

我到了医院一个多月后，国民党又来进攻了，国民党第 74 师很猖狂，要攻打淮安。医院动员凡是能走动的伤病员全部出院,不能走动的全部由医护人员扶着转院。那时我的伤口还没有完全好,还在换药,但是快愈合了,我两条腿可以走,就是腰不能弯,东西掉地上我拿不到,只能慢慢地蹲下来拿东西。因为敌人打来了我还能走,所以我就要求出院归队了。我自己背着一点东西就走了,一边走一边打听部队在哪儿,医院告诉我部队在邵伯,可能调到东台那里去了。那时候好在有兵站,是专门为我们伤兵员归队设立的,还做很多后勤保障工作。我到了东台,部队不在那里,弄不好我跑到敌占区了,会被敌人抓去。结果还不错,后来终于找到了部队。部队里同志对我很好,我回到了我的老连队。回去以后我感到很惊讶,我熟悉的人大部分都牺牲了,连长、指导员我也不认得了。后来他们跟我讲,说我们连队被敌人偷袭了。

那时,部队正在睡午觉,我们的连队被国民党偷袭。伤亡很大,连里死伤了70多人。部队边打边撤,连队里老兵基本上都没有了,就叫我当副排长。连长、指导员很照顾我,我说我的腰不能背包,伤口还没好,他们就叫伙房帮我挑着包。就这样,我继续跟着部队参加解放战争。

我当兵父母是知道的,但负伤他们不知道。1946年的秋天,有一次我们的部队到我家乡去。我们连长就叫我去买鱼给部队改善伙食。我还带了一个战士,叫这个战士把钱带着,买了几十斤鱼。然后我就顺便回家看一下,我的家就在卖鱼的地方的旁边。结果我母亲他们不知道我回来,也不认识我,当时我穿着当兵的衣服。后来,我到了家里,那些邻居传消息快得很,告诉还在菜地浇粪的我的母亲:"你的三儿子回来了! 快点回去看看!"我母亲赶紧把东西都扔掉不顾了,赶快跑回来。看到我,母亲说:"听说你又受伤了,赶快给妈妈看看。"我说:"没有什么关系,我这个伤不好看,要脱裤子的。我年纪这么大,怎么好看呢?"我母亲把我拖到房间里,把门关起来,说:"快脱下来我看看。在哪里? 哎哟,这么大的伤口,疼吗?"我说:"不疼,没关系。"

1947年，我参加了涟水保卫战，那时有第7纵、第10纵两个纵队，就是两个军，当时我在第10纵炮3师第89团。第7纵先打，保护黄河，就在黄河边上用沙子、沙土做工事，后来还用尸体当工事。牺牲的战友们多得不得了。国民党用炮弹一炸，工事就塌掉，我们就把尸体拖过来摞起来，我就在尸体上吃饭。敌人来了，我们大战七天，最后，我们撤了，第10纵队司令谢祥军牺牲在那里。他在涟水宝塔的指挥所里，敌人一发炮弹打在他的肚子上，肠子都流了出来。

8　夫妻共同参加抗美援朝

部队有规定，营以上干部要经过军区的批准才能结婚。开始叫"二五八团"——25岁以上、8年军龄以上、团级干部才可以结婚，后来就放宽到营级干部。我结婚时很年轻，1951年我当了营级干部，提干以后就可以谈恋爱，经团部后勤主任张锡意介绍，我和我老伴许乃双就在福建同安驻地谈恋爱，然后就结婚了。那时候部队动员，所有没结婚但有条件结婚的赶紧结婚，结婚以后就去抗美援朝，结果我们两个一起到朝鲜去了。

我跟着中国人民解放军炮3师在福建把装备全部交给别人，然后当了步兵，到了三亚乘火车。1953年7月1日，我们跨过了鸭绿江，踏上朝鲜的土地。我们一到朝鲜局势就紧张，敌人的飞机猖狂得不得了，到处都是废墟。我们没地方住，都住在山头上、树林里。那时候我在组织机关里当干事，上级通知，一下火车就往树林里跑，谁也不要管。要拼命地跑，不跑的话，敌人的飞机就来轰炸了。到了朝鲜，我们都很紧张，都是战斗的气氛。

在朝鲜，我们还是叫中国人民解放军炮3师，我后来到炮3师第12团，先是在第2营当教导员，后来到第1营。那时在朝鲜我们部队叫志愿军，不叫解放军。我们到朝鲜吃的不习惯,老吃罐头、鸡蛋粉。1955 年春天,我们从朝鲜撤回国。回国也很苦的,偷偷地回,不能让敌人知道我们撤退。我们回国的时候坐的是闷罐子火车,上级命令把门关紧,不准探头探脑,不准随便开门,每个车厢发一个大粪桶。我们的炮等武器装备都交给了兄弟部队,就这样回来,开到辽宁锦西。到那以后,列车政委把门打开,我们发现到了祖国,都高兴得不得了,我们下车喘口气,呼吸祖国的新鲜空气。

我老伴是在炮 3 师师部司令部第 2 团,是卫生兵,跟我们一个部队。我俩在朝鲜时见不到面。后来,停战部队撤到后方,要建基地。加上冬天快到了,我们赶快建房子准备要过冬。但是毛主席有命令,要爱护朝鲜的一草一木、一山一水,那我们拿什么盖房子呢? 只好花钱买山上的树木,砍砍弄弄,给钱赔偿,这样把房子建了起来。之后,我们就住在朝鲜的一个洞里,我们团里三个营也住在这附近。住下以后,有个好心人也是我的战友,叫杨承林,他在师部政治部当秘书。有一天,他来跟我说:"季教导员,你爱人在这里,你不让她去看看你?"我说:"这个地方怎么好看呢?"他说:"机会难得,不要怕,去看一看就迅速回来。她又不是普通老百姓,她也是军队当兵的,怕啥?"结果,我老伴就来了,我们团聚了一次,她就怀孕了,后来生下了我的大女儿,起名叫季影丽。我老伴怀孕时不能工作,因为在朝鲜战地苦得很,她想吃苹果都没有,我就把她赶快送到师卫生医院。当时她反应很强烈,最后在医院里也不行了,又把她送回国,送到锦西的留守处,最后就在留守处等了一段时间。1954 年 9 月生下了孩子。不到半年,我们整个部队都回了国。

从 1947 年开始,我就在部队做政治工作。开始我也不太懂怎么做,后来慢慢地学习、总结、参加培训,解放以后我还到过高级炮兵学校学习。1982 年,我从部队转业到常州。1987 年底离休,当时是常州市天宁区政协主席。

在情报战
线上九死
一生

季爱民

"虽然送这份情报我本人吃了苦，但使得老百姓免遭了一次殃，我心里还是非常高兴的。"

★ 口 述 人：季爱民

★ 采 访 人：叶铭　薛刚　杨汉驰　赵欠艳　赵瑜　吴俊　贾晶　袁杰

★ 采访时间：2018 年 2 月 1 日

★ 采访地点：江苏省常州市第二人民医院老干部病房

★ 整 理 人：乐凡

【老兵档案】

　　季爱民，1928 年生，江苏盐城人。1942 年参加新四军盐东总队。之后在新四军第 3 师第 2 科从事情报工作，多次深入虎穴获取情报。解放战争期间，1947 年调到军队医院工作。1955 年转业到常州，做地方工作。

1　年少从军

　　我叫季爱民，原名叫季步恺。我是 15 岁当兵的。当时，我家境贫寒。家里一共有 13 口人，只有 30 多亩地。30 多亩土地看似面积不小，但一亩地只能收几十斤粮食，大麦只能收 80 斤到 100 斤。盐碱地靠在黄海之滨，原来是大海淤起来的。到了春天，太阳一晒，土地就发白，生长盐蒿，所以家里养活不了这么多人。我 13 岁的时候，跟着父亲种地主家的田，当佃农。生活是衣不蔽体，食不果腹。到了春天的时候，吃野菜，吃野草根——野菜底下那个根。那个东西很难吃。还吃茅草中间那个芯，还吃小蒜、荠菜充饥。一天吃两顿稀饭，很稀的。"堂房里喊着盛饭，厨房里都能淹死人"，稀饭就稀到这种程度。一家那么多人,这么一大盆,盛过来看不见粮食的,通常在里面放两根胡萝卜充饥。我六岁放牛,八岁学会栽秧,十二岁学会耕田耙地。地耕好以后要把土打碎,这叫耙地。耕田耙地,挑泥挖沟,样样都干,我就是个强劳动力了。我从小块头比较大,力气也比较大,跟我相同年龄的、比我大几岁的,要跟我打架的话,到我手里一碰他就倒下了。我们地方上的保长和我比较熟悉。有什么事情,比如跑到据点、保甲去送信或者联系,就叫我去。我是一个能够吃苦的人。穷人的孩子早当家。

我当兵的原因一是家里很贫穷,当兵工资高。我有一个邻居家里的亲戚是我的堂房叔叔,我喊他舅舅,他到我家里去给我宣传。我现在分析他是个地下党,他和我讲共产党、新四军好,干部以身作则,能吃苦,对待老百姓不打不骂,不拿老百姓东西,爱护老百姓,为穷人翻身谋幸福。当时我十三四岁,听到这种宣传就对共产党、新四军确实有好感。本来新四军第一次到我们家乡的时候,老百姓还像对待国民党那样把东西藏起来。结果他们来了替我们挑水、打扫卫生、帮着收庄稼,对老百姓态度非常好。所以我觉得这个军队好,是真正为我们穷人翻身打仗革命的。

我老早就想当兵,但是因为我年纪太小,人家不愿意收我,就一直到了15岁才当上兵。因为我块头比较大,当兵时没有人喊我"小季",一开始就喊我"老季"。我力气大,也肯学习,所以刚当兵,我就是优秀士兵。因为我穷,所以我要让穷人翻身得解放,我当兵,这是一个原因。第二个原因是我对日本鬼子,对伪军汉奸、汉奸部队恨得不得了。我们家旁边有个小镇叫盘湾镇,现在是盐城市射阳县盘湾镇,离我家三里路。我记得清清楚楚,1943年的正月初六,日本鬼子先是用飞机轰炸来威慑,之后是用汽艇。盐城向东北到我们那儿是一条大河,叫新洋港,流到盘洋后拐弯向北再向东流入废黄河。它可以通汽艇、快艇。敌人正月初六侵占盘湾,住了42天,把这个小镇的三分之二都烧光了。日本鬼子烧杀抢掠、奸淫妇女,下乡的时候扫荡,把我们的乡长、乡农会会长喊过去,要把他们的房子烧掉。日本人不单是抢,甚至是粗点的树都砍掉了拿去建碉堡用,所以我对日寇非常痛恨。有人在"扫荡"时伸头出来看,日本人就开枪。两个人伸头出去看,一枪两个人都被打伤了,都倒下去了。我觉得日寇很残暴。一个13岁的小女孩被11个日本兵强奸,到最后她都爬不起来了。镇上的房子烧掉了,乡下老百姓的房子也烧掉了,我们的村干部、乡干部房子也被烧掉了。所以我抱着救国的心态去当兵,要翻身解放,这是第二个原因。打败日寇和汉奸汪精卫,就这两个目的。那时我15岁,我去当兵也给家庭减轻了负担。

我参加革命三个月之后就加入了中国共产党,四月份入伍,七月份入党。当时的介绍人是我的副指导员邵邦杰,也是我的同学。还有我的班长袁明,他前年才过世,是一位伤残荣誉军人。当时入党很简单,填个表,写入党志愿书,宣誓。入党是很秘密的,我填志愿书的时候,有个叫蔡金凯的人在旁边,指导员让他走开了。入党宣誓的时候,我们教导员是之后的坦克兵政委朱志宇,他讲得我汗毛凛凛的。他说谁要怕死谁就出去。那个时候说真话我也不懂得什么东西,领导叫我做什么我就做什么,听党的话。我年纪虽小,但一点都不调皮,忠厚老实。党员每个月交一个或两个铜板党费,只交这么多,因为我们没有东西可以交了,一个月就发四两黄烟。那时候党员身份是秘密的,一个班里有一个到两个党员。共产党员每两天要向小组长汇报班里人的思想动态。组织生活很秘密,几个人开小组会汇报自己的想法和班里的动态。如果忘了,小组长会到班门口咳一声,党员就明白自己没有汇报,得赶紧去。咳嗽声也算是个暗号了。

2 情报功臣

我开始是在区队,去区队之前在地方参加基干民兵。基干民兵时常到据点旁边去打两枪,实际上是骚扰骚扰的。虽然那个不算什么,但是我吃公粮,没有穿军装,没有拿津贴。一直到1943年4月份,我15周岁的时候,我正式到区队了。区队有两个纵队,之后没过多久就合并成一个纵队了。我当兵时也爱学习。我能吃苦,军事上我也肯认真学习,操场动作,单兵教练。我是尖子,操场动作,出去打野外,利用地形地物,我也可以。那个时候政治考试就考谁养活谁。地主富农不劳动,为什么他们生活很好?工人、农民终年劳动,起早摸黑,为什么不得温饱?什么原因?剥削,阶级剥削!谁养活谁?是地主养活农民,还是农民养活地主?是农民养活地主!全区队的考试我是第一名。考共产党员的标准,过去是"六大标准",现在是"八大标准"。我考"六大标准",背得很熟。考文化,我也是优秀。我不管在操场上,在课堂上,在政治上,在党的知识上,我都是优秀。我当兵还得过两次奖,一次是奖十块钱,是中央银行的新票子。还有一次是奖本子之类的学习用品。

我当兵十个月打了两次仗。第一次打仗,我们只有一二十个人,跑到距离据点两里多路的地方,正好遇到伪军的维持会下乡催粮要草,我们打了两个排枪,第一排枪伪军不知道子弹从哪儿来的。第二排枪打过去之后,伪军知道了,于是派了一个多连追我们。我们一面走,一面还击。开始打了几排枪以后,我们没有伤亡,伪军也没有伤亡。伪军用机关枪对我们"啪啪啪啪"地打,我们就撤退了。因为我们的武器都是从老百姓当中征收过来的,各种各样的都有,子弹又少。

第二次是到了秋天,我们一个区队都上去了,敌人大概两百多人,我们连炊事员一起才七八十个人。那次我们有伤亡,牺牲一个,重伤一个。敌人有没有伤亡,我不知道。在这次战斗中我可以说是踩着战友的尸体、踏着烈士的鲜血英勇冲锋在前。之后,我们改叫盐东总队,总队长是张志勇,参谋长叫陈友通,政委叫孙海光,情报站站长叫毛镇涛。后来到第3师去,到盐城去归第3师司令部指挥,情报站站长叫李生,是个大块头。还有一个站长叫秦平。盐城在国民党时期是一个县。新四军来建了根据地之后，盐城分成了三个县：一个是盐城县，在西南边；一个是盐东县，靠冈河；还有一个是建湖县，就是现在的建阳跟湖垛一带。为什么叫建湖县呢？是两个镇名字合起来的，建阳是一个镇，湖垛是一个镇，相隔12里路，所以就合称建湖。湖垛被日本鬼子占了，建阳是我们的根据地。从湖垛有一条线一直到盐城，先到冈门，再到皮岔河，然后到古基寺，一直到盐城，三里窑、九里窑都是据点。我们那儿叫盐东县，我调到县总队，当情报员。当时是从区队八十几个人中选出了两个人当情报员。我在情报站一直工作到鬼子投降，当了两年零四个月的情报员。日本投降以后，我又从盐城到连云港，专门搜集国民党的情报。

我做情报员主要是在盐东总队的情报总站。我的中心任务主要是在解放区，到据点的次数比较少，经常到据点周围活动。我们这是叫"出没于敌人的据点内外，行动于敌人的碉堡脚下"。我也到过据点里，我们要送情报，要往返于敌人的封锁线。敌人的封锁线是一条线一条线的，我要穿过封锁线，把情报送到总队部去。这是"拎着脑袋走路"，随时都有可能被敌人发觉，被逮捕。这很危险，比打仗更危险。当兵打仗我有枪，我可以拿枪和敌人打。当兵也不是一天到晚都打仗，而情报工作是天天要做。我多次和敌人相遇，凭借自己的坚忍、沉着、冷静，都化险为夷了，没有被敌人发觉。我们一共有六七个情报员，可以说我是骨干当中的骨干。哪里打仗了，听到枪声了，我们就去侦察情况，了解清楚之后回来报告。那个时候，两边都是敌人的据点，我们在中间。两边据点相隔一二十里路，我们就在中间地区活动。六七个人吃饭，我充当运输员挑粮食、当采购员买菜，还当炊事员做饭。我们站长出去，我是他的警卫员、通信员。总队部或者第3师师部来人了，我是招待员。我什么事情都干，草不够烧了，我还要去拾柴火。我们情报站站长和我两个人一起出去。我们那个地方草多，都是草地。我们借老百姓的耙子耙草。我把他捆，我把好一堆，他来捆。我们站长夸我说:"乖乖,你这个小伙子这么厉害,个把小时一担草。"因此我当了三个月情报员就得到提拔,虽然还是情报员,但我享受班长待遇。别人是普通战士待遇。发肥皂时规定一个战士半块,我却发了一整块。我问站长:"为什么我拿一块肥皂,他们拿半块?他们有意见吗?"他让我不要管,说我是班长待遇,所以发一块肥皂。别人传递情报,今天出去第二天才能回来,我是早上出去,当天晚上就能赶回来。别人完成任务要两天,我一天就完成了。我不是走路,是跑过去。不单是跑,我是赤着脚跑。伪军看到我赤着脚就认为我是老百姓。一年只发两双鞋子,哪里够穿呢?只能赤着脚走,而且这样敌人也看不出来我是个情报员,认为我就是个普通老百姓。有一天,来情报说有多少鬼子从伍佑到盐城,这个情报要马上送走。当时站里没有人,内勤也不在,我就自己写自己送,送给参谋长。参谋长左看右看也看不懂,因为我文化低,写得不好。之后,我给参谋长汇报了情报内容和事情的经过。

我做情报员有几次化险为夷的经历。一次是我到伪军孙良诚部队的据点里去。孙良诚当时是华北的汉奸八大将领中的一大将领,他的部队很能打。淮海战役开始,他的部队是被我们消灭的第一个兵团。他1944年从开封调到盐城,第4军驻在盐城,第5军驻在阜宁。我们站长让我到盐城去了解三个情况。第一是敌人军部的情况,能够了解多少就是多少。第二是敌人的兵力、战斗力,了解一个营也好,了解一个连也好,这样方便分析敌人的全部情况。第三是了解日本鬼子宪兵队的情况。但是我没有熟人,城里的情报员不好去接触。尽管这样,我还是直接去了。我摸清了赵云祥所部一个连的全部情况,因为他们正好在我姨母家附近。当时,我扮成卖辣椒的农民进城,住在我姨母家里。当时进城要有良民证,我挑着辣椒,我的外婆陪着我一块去的,这样就进城了。之后我就看到伪军的一个连,他们正好在我姨母家门前,天天早上在那里出操,我就数人数。今天数,明天数,连数三次。这个连97个兵,出操的97个人,装备6

挺轻机枪,步兵武器都是七九步枪。后来,我又分析,加上炊事员以及每个班有一个值日的,这个连共有110个人左右。

后来,赵云祥起义了,实际上是投降。为什么他会投降呢? 伍佑在盐城的东南角上36里路,伍佑的敌人被我们打跑了,往盐城跑了。伪军的一个团长王发强被我们抓获了,我们就做他的工作,说马上把他放回去,让他告诉赵军长:"南到长江边、北到连云港都是解放区,我们大军已经把你层层包围住了。国民党现在很被动,部署安排救不了你。向东是黄海,你部队里河南人多,旱鸭子不懂水性。向西是一片河荡。现在盐城市区已被大军包围,一万名官兵和家属插翅难飞。"赵云祥听了还不大放心,带了200人来跟我们谈判,打算万一不行的话就跟我们干。但是这次谈话很成功。他部队里面有个作战参谋之后当了我们团的参谋长。他起义过来有条件,要求给他一队人马。之后,我们派了一个排,大概30个骑兵,都是配短枪的警卫人员,送他去扬州了。

我还要了解孙良诚军部的情况。这支部队刚刚从北方调到盐城来,伪军的维持会要组织去慰问,表示欢迎。当时有100多人,前面吹着洋号,后面铜管"呜哇呜哇",再加上老百姓,100多人的一个队伍。我觉得这是一个好机会,于是我就插到人群当中混到军部里。军部门口有六个上着刺刀的哨兵在两边站着,威风凛凛的。我原以为慰问队进去要表示慰问之意,会有接待的人要讲话,中间会有一个过程。结果进去以后,去慰问的人把慰问信之类的东西递交后,只说了几句客套话就带着整个队伍走了。但是我是有任务的,我一进去后就留心观察军部的军长办公室、参谋处、作战处、总务处……聚精神在记哪个是在什么位置。我看完以后,头掉过来一看,欢迎的人群走掉了,就剩我一个人在军部里头了。那个军部是个有两层楼的大院子,前面是一条河,涨潮时大概有一百米宽,落潮时还有六七十米宽。河对面有个敌人的据点和碉堡,用来保护军部。走的时候必须要从有哨兵的地方过去,当时我也吓得一身冷汗,心想,现在队伍走掉了,我一个人如何出去。假如哨兵盘问,事情就麻烦了,我只好在心里告诫自己要沉着、冷静,不能待在里面,时间越长就越麻烦,得赶快走。如果哨兵问,就说找地方小便所以掉队了,再说些"你们从北方来辛苦了"之类的好话。还好,两边的哨兵就朝我看了看,没有盘问。不入虎穴,焉得虎子!不到老虎洞里去,我怎么了解军部的情况呢?假如敌人盘问,再把我带去审讯,一吓唬,我讲话就语无伦次了,漏洞就出来了。还好就这样混过来了。

第三个任务是了解鬼子宪兵队。鬼子宪兵队就在我姨母家东边的一个小楼上头,他们有六条狗。他们的狗和我们老百姓的狗不一样,有灰色的,还有花的,多个品种。抓去的共产党、地下党还有嫌疑分子审讯时如果不交代,鬼子就让狗咬。曾经有一个地下情报员就被狗吃掉了。狗是听号令的,一放枪狗就上来了,把人一口咬住,衣服撕了,肉也吃了,非常残暴。日本鬼子有一种叫木笼的刑具,是用木头做的一个笼子。人站在里头,外面用洋钉把木头钉起来。洋钉比木头厚度长,洋钉钉进去后人在里面就不能动了,一动,洋钉就会把肉刮掉。日本鬼子用酷刑让人招供是不是共产党,城里有什么人,是哪个部队的,首长是谁,有多少武器。第三种就是吊打。第四个酷刑是压杠子,我们叫"上柴棍"。用比板凳稍微宽一点儿比人长一点儿的板凳,让人趴在上面,再用粗树棍在腿上往下压。每边都是两个人压,人一压就昏过去了,浑身是汗。昏过去就用冷水泼醒。第五种是水牢。寒冬腊月把人泡在很深的水牢里。我看到的就有这么多,距离二三十米远还能听到受刑人的哭叫声。到第六天我临走之前,日本鬼子的宪兵队长到我姨母家里去,我不知道他是不是发觉我了,他还和我坐在一条板凳上头。他看看我,我看看他,因为大家不认识,没有搭话,坐了大概有半个小时,他就走掉了。我姨母就问我知不知道刚才跟我坐在一条板凳上的是什么人。我说不知道。我姨母告诉我,他是宪兵队的队长,专门抓我们共产党的。宪兵队队长也是搞情报的,穿着便衣,所以我不认得。他因为就住在我姨母家附近,所以经常过来。我姨母知道我是个新四军,但是不知道我是个情报员。我感觉不对劲,得赶紧走,时间长了会出问题的。我就立即离开。这也是我打到据点里去比较惊险的一次经历。

三项任务我都完成了,鬼子的刑具、人员,日本鬼子宪兵队共有 11 人,我都了解了。我是出没于敌人据点的。我去了之后就了解一下大概,因为我不靠据点内部的人。我知道我们有一个人被鬼子抓去了,关了 37 天。最后,他家里人倾家荡产地把他赎了回来。这个我知道,但是我不跟他联系,我们只有单线直线联系,没有双向联系的。这是我打到据点里的一些主要的故事。

还有一次在伍佑,那个时候我已经从盐城调到第 3 师师部去了,在第 2 科专门做情报工作。我们那时候对外叫研究社,实际上是个情报站,属于第 3 师。我走到伍佑,从盐城到盐东,又经过伍佑北边一个山墩口,一条大河叫通榆河。我们两个人走过去,走到碉堡底下,碉堡里有个头头出来了。我们刚刚离开这个碉堡没多远,只有十几米路,他就把我们喊回来到碉堡旁边的厨房。他问我们是干什么的,经过这里为什么不和他打招呼。我说:"我不好跟你打招呼,如果跟你打招呼,就给你增加了麻烦。我不知道长官你叫什么。我跟你打招呼,得跑到碉堡里问长官叫什么名字。这样就容易让人怀疑我通共。希望你谅解。"他说:"还好你碰到我,要是碰到客军就不好说话了,应该打招呼的。"客军是孙良诚的主力部队,专门收税的,实际上是个警察部队。我就借口是去看亲戚,以免暴露我的身份。但是他知道我是做情报工作的,因为跟我一起的另一个人到他碉堡里去过,他认识。我说:"今天我没有跟你打招呼,现在我跟你打招呼,我明天还要经过这儿,我就不打招呼了,请你给予关照。"就是想要他保护我,他倒客气,最后还让炊事员烧水给我们喝。他还告诉我说他们现在有一个班十几个人下去催粮要草,可能会撞上我们。如果被问到就说是到亲戚家里去看老人。不问的话就直接走过去。他这样也给自己留条后路。果真,我们出去两里路，在小路上碰到十几个背着枪的。就这样擦着身子走过去了。所以我们做情报员要机灵。

还有一次险情发生在一个叫班头地的据点。从伍佑到龙王庙的一条线上有五六个据点，被我们打掉一个，吓跑掉一个，还有三四个据点。我到班头地据点旁边和我们情报员联络工作。前面有大概十户人家，没有看到敌人。没想到一拐弯就迎面碰上了敌人。哎哟，这事情就危险了！我对这个地方不熟悉，他们要是叫我带路，我把他们往哪儿带呢？正好我看到路旁边大概二十米远的麦地里有一个穿着红棉袄的女同志。在我们家乡，只有刚刚结婚的新娘子才穿着红棉袄。这是个好机会。"哎，大嫂！"我喊了一声，她没理我。"哎，大嫂！"她头掉过来，"有什么事吗？"她问。我喊她大嫂，就冒充她小叔子呢，我说："大哥在家吧？"她说："现在不在家，到邻居家里借东西去了，马上就回来。"于是，我赶快从路上岔到麦地里去。她在挖菜，已经挖了大概有两斤多重的菜。我把篮子一拎，"走，回家，到你家去。""好，到我家坐坐。"我说："老妈妈病危险了，我找大哥来商量商量后事。"我这样讲，敌人听了就以为我是本地人了。实际上，我根本不认得这个女同志，这个女同志也不认识我。但是我们的人经常在那边转，地方老百姓知道有新四军的地下人员。

还有几次，敌人和我擦肩而过，我穿着便衣，像农民一样，他走他的，我走我的。有时候敌人在路上行军，我看见了就岔到另外一个地方回避了。等他们走过去了我再走。有一次，我从第3师回到盐东的时候，伪军大概有一个营，从上冈到合德，到现在的射阳县城，我们就隔着一条河。河两边是堆，堆是由原来开河的泥土堆起来的，就是河堤。我一走到堆前，就看见敌人亮晃晃的刺刀，我赶快把头缩回来。旁边正好有几个老百姓在砍草，我就岔到草地里去帮人家抱草。等敌人过去了，后面没有动静了，我就跑到有渡船的地方乘渡船到对面那个堆，快速走到岔路，离开这个封锁线。这种危险情况我遇到不止一次。

　　我们那时候的生活非常艰苦,还有艰巨的任务要完成。我才到区队的时候,一年只发一套外衣,原来早去的人还有一套衬衣。他们发两套衣服,我们只发一套外衣。穷到什么程度呢? 带我出来当兵的总队长陈建辉,他看到我没有衣服穿,就把他的一件夹袄给我穿。后来他想找我拿回去,我说我没有衣服穿,赤着个身子,不如回家去了。他看我确实就穿着这个衣服,他就不要了。我就穿着他这个夹衣,夏天也穿,穷啊! 当兵的时候一天一斤半粮食、五钱油、五钱盐,一天吃两顿,早上八九点钟吃一次,下午三四点钟吃一次。一个月的津贴是四两黄烟,等于现在的一包香烟,还不是多么大众化的香烟,相当于现在的"大前门"香烟。晚上行军,风雨无阻,一天夜里最多要行动三个地方。有时候刚刚坐下来或躺下来,说有敌情就赶快再移动。有的区队放哨的坐那儿睡觉打盹,被日本鬼子刺刀捅死了,最后这个区队也差不多被消灭了,稍微麻痹一点就不得了了。

　　我到第 3 师做情报工作,绕一个大圈子才能从盐城南边到第 3 师师部,一天要跑百八十里路。在冈河南边的三里桥有据点,三里桥的据点就靠着渡口旁边,没多远。我要在敌人早上出发之前三四点钟左右穿过这个地方。那个地方没有渡船也没有桥,桥被拆掉了。我六岁放牛就会游水了,所以就脱了衣服游过去。一天跑百八十里路,晚上睡下去,骨头"吱吱"地响。那时候路上不像现在有饭店什么的。遇到老百姓卖稀饭,我就买一碗吃。吃完爬起就跑,遇到河,没有船就游过去,很艰苦的。

　　还有一次,我整整三十多个小时没有吃饭,就为了一定要把情报送到。这个情报内容是敌人在春节后要下来到解放区抓壮丁。这份情报是我们打进敌人内部的伪乡长朱裕同从据点里听到的。这份情报关系到老百姓的安全问题,很重要,很急。我星期天上午八点钟出发,下午才到他家里,一直等到晚上九点多钟。他说情况紧急,得赶快把情报送走,和领导说要采取措施。我拿到这个情报就赶快走。桥没有了,路都挖掉了。我一夜游了五道河,是四条小河、一条大河。河里已经有薄薄的冰了,我脱掉衣服游过去。有一条大河叫朱家港口,靠着新洋港河口子,蛮宽的,比常州的大运河都宽。正好刚刚涨潮回潮,天已经漆黑了,一点都看不到人,只听见水"哗哗"地流。晚上没有渡船,我把棉衣脱掉了,举着手游过去,被潮水冲了几十米下去。我游到对岸,上了岸之后,用棉衣面子把身上水擦一擦,身上有脓疮、疥疮,都是脓和血。一直到第二天下午,我都没有饭吃,我把情报送到后,参谋长马上派盐东总队的第 2 连带着两挺轻机枪立即出发,到敌人据点外面去活动,敌人就没有敢下来。虽然送这份情报我本人吃了苦,但是部队及时赶到敌人的据点外部,打破了敌人的计划,使得老百姓免遭了一次灾,避免了损失,确保了人民群众的安全,我心里还是非常高兴的。当时身上虱子多得不得了,手一摸,痒的地方一捏,就是两个虱子一手血。

我已经记不清日本人投降的消息是怎么传来的了,当时我住在秦南镇的东边。解放区的人民敲锣打鼓,到处贴捷报,老百姓都过去看,高兴得欢呼雀跃。

3 转而从医

解放战争时期,我从苏中七战七捷一直打到渡江,每个重大战役我都参加了。苏中七战七捷,我们打了四天三夜。济南战役、淮海战役、渡江战役这些都有我一份。但是我没有拿枪,没有到前线去和敌人短兵相接。谢祥军是我们的司令员。在涟水战役中,他带领一个警卫班去侦察,结果被敌人的冷枪打伤抬下来了。当时的卫生部部长刘长胜问司令员感觉怎么样,司令员说没有什么问题。结果没有采取紧急包扎就把他往后方抬。开始走的时候,司令员还有反应,走到板湖就已经死掉了。刘长胜是我们卫生部部长,也是老红军了,最后被撤职查办了。李男丁是华东的一级战斗英雄,是个女同志,浙江人。当时有一大批伤病员处在敌人军队围追之下,是她使得伤病员转危为安的。

我的情报工作一直做到1946年。4月8号,叶挺坐飞机,共19个人,包括秦邦宪、王若飞,从重庆坐飞机到延安去,飞机不幸撞上了黑茶山。这就是"四八烈士"事件。我就是那一天离开情报站的。当时我们没有开追悼会,只有中央开追悼会了。秦邦宪就是博古,"左倾"机会主义者,第五次反"围剿"失败就是因为他。王若飞,我们盐城为了纪念他,将登瀛桥改叫若飞桥,盐城还有叶挺公园。之后都改名了,因为中央不准用个人的名字命名。

1946年"四八烈士"事件以后,我就是排级干部了,我先在第10纵队侦察科帮了两三个月的忙。苏中七战七捷开始之前,第18集团军的副参谋长滕代远到苏中,在高邮开动员会,我也参加了。之后,我就从司令部调到第10纵队卫生部。1947年1月初,我送伤病员到山东,我们八点钟过陇海路,十点钟敌人也从这路上走,差这么一点点就碰上。

再之后,我就到了第十后方医院。1955年1月9号,我从部队转业到地方,当人事科的科员、组织员,再到组织科长。后来到基层当党委书记。1963年,我当那个局里的党委副书记,之后我就搞"四清"工作,搞了五年。"文化大革命"结束后,我是交通局的领导。之后到天宁区当了三年的区委代理书记,然后到民政局当了十年党委书记兼局长。我离休以后干了十年扶贫。我还是新四军历史研究会的创始人,当了八年半代理会长,负责了十八年的新四军研究会工作。

从儿童团团长到新四军教导员

周长根

"鬼子残害人民，我非常恨他们。新四军抗日打鬼子，所以我参军。"

★ 口述人：周长根

★ 采访人：张若愚　谢吟龙　来碧荣　王华亮　袁杰　赵玖艳

★ 采访时间：2018 年 2 月 1 日

★ 采访地点：江苏省常州市第二人民医院

★ 整理人：李嘉欣　张若愚

【老兵档案】

　　周长根，男，1927 年 1 月 29 日生，江苏东台人。1945 年 3 月参加新四军台北独立团堤东区游击连，同年 7 月入党。历任连队文书、东台独立团政治处统计干事、第 20 军通信营教导员等职。抗战时期历经伏击战数次，解放战争时期历经苏中七战七捷、淮海战役、渡江战役等。新中国成立后参加抗美援朝，1955 年被授大尉军衔。1979 年转业至常州，翌年 2 月就任天宁区区长，1987 年 5 月 9 日离休。立二等功一次。

1　少年时代参加儿童团

　　我的家乡原来是叫东台县第九区大姚乡二道浦口。我记事的时候，家里有七亩地，是爷爷奶奶分给我爸的，后来土地改革的时候我家分了三十亩地，一人五亩。我有个姐姐，下边有个妹妹，还有个弟弟，我是老二，加上父母一共六口人。我家是贫农，我记事的时候，我爸爸在做长工，他年轻的时候在上海码头扛包。

我小时候我爸爸因为不识字,就要让我识几个字。我七岁上读私塾,读到十一岁就下地劳动了,半工半读。夏天种地,冬天读书,读了七八年时间,后来1944年8月,我到了盐垦中学。我家吃不饱穿不暖,日子穷。

1943年,新四军来到我的家乡。新四军部队指导员姚忠仁到我家发动群众,他看到我,就选我当儿童团团长,组织儿童团,跟民兵一起活动。新四军动员参军,妻子送丈夫当兵,父母送儿子当兵,那时候我印象最清楚的是一首歌,唱的是:"青天呀蓝天,自有蓝蓝的天;这是什么人的地头上了青天,叫一声老乡听分明,这个就是坚决抗日的新四军,新四呀军呀,打鬼子为人民,打走那个日本鬼子享太平"。这是我小时候学的,我依然记得。儿童团就是一帮小孩子,扛木头棍跟着民兵站岗放哨,唱"大刀向鬼子们的头上砍去"。我们的团当时比较大,有二三十个人,有十几个大概和我同岁。

我们那里有个汉奸当伪保长,叫江山,他有个哥哥叫江大,江大是乡长,江山是保长。这个伪保长帮"二鬼子"干了不少坏事,坑害老百姓,打新四军。

有一天晚上,江山睡在家里,不知道我们要抓他。行动开始前,我们儿童团员再去看清楚江山在不在家。我们跑得快,目标小,一般人不会注意。实际上,我们就是新四军的耳目。那天晚上是锄奸行动。得到我们的准确报告后,新四军一个班立刻动手,抓住了伪保长江山和他哥哥江大,同时还抓了其他几个汉奸,一共五六个人,都枪毙掉了。这件事把"二鬼子"吓得不轻,老百姓个个喊好。

后来,我们部队指导员姚忠仁又把我介绍到盐垦中学,那是1944年的8月份。带着台北县独立团政委的介绍信,我到了盐垦中学习了几个月。那时候,我们的校长是孙慰民。11月份我就毕业了。盐垦中学那时候在台北大桥口。在学校里学党史,学共产歌,还学怎么发动群众,怎么宣传群众。那时候已经发展我入党了。我分配工作的时候,介绍信没带,单位不承认我的党员身份,我只好到部队又重新入党,所以我入党两次。1944 年头一次入党时没有预备期,1945 年 7 月第二次入党时有 3 个月的预备期。我转正的时候开了支部大会,举行了入党宣誓仪式,当时我特别高兴。入党后每周开小组会,要讲自己的缺点,有哪些做得不对的地方。有的时候就讲思想有什么活动,做个报告,有的时候吃不饱,思想动摇,这些都要讲到。开会的时间有长有短,大家都要讲一遍,我们小组五个人,每人都讲。每个人的缺点大家天天扒,哪里不对大家就指出来,都不客气,批评都蛮厉害,说得我们每个人脸通红。这个对我的教育很大,因为我毛病太多,我有点娇气、怕苦,后来在小组会批评后,我不怕苦了。我还怕冷,小组会上有同志说我的意志不坚定,会动摇。每次小组会基本都是别的几个同志对我意见比较大,说我娇气十足,因为我吃东西挑嘴,有些东西不好吃我就不吃。

2　为了给指导员报仇而参军

从学校出来后,我被分配到台北县堤东区当办事员,后来当司务长。1945 年 3 月份,日本鬼子和伪军来"扫荡",我们乡的指导员姚忠仁被伪军排长枪杀了。姚忠仁曾领导我参加革命,我为了给他报仇,立志要当兵。后来我就参加了我们堤东区游击连,不做地方工作了。参加新四军抗日打鬼子,一方面因为鬼子残害人民,我非常恨他们。新四军抗日打鬼子,所以我要参军。另一方面呢,家里穷,没有饭吃。看新四军还能吃上饭,所以我就当新四军。

我出去当兵家里人一开始不知道,我当了兵之后他们才知道。我们家人思想落后,那时候有句话,"好人不当兵,好铁不打钉"。参军后,父母让我回去,我说:"不回去。回去日本鬼子来'扫荡',吃得消?汉奸来抓我,怎么吃得消?我不回去。"

我们部队的番号是台北独立团堤东区游击连,我在连队当文书。头一次当兵时,我有个套筒枪,子弹打不远,我打了七八次,每次子弹都掉下来。给我五发子弹,三发是臭的,两发是好的。还有两颗木柄手榴弹。那时候我甩手榴弹能甩 30 多公尺。平时我们训练武打技术、拼刺刀、射击、投弹、挖战壕。参军时发了军装,我记得是一件外衣、一件衬衫,还有一顶帽子。军服是灰色的,有臂章,上面写着 N4A。

那时我们当兵,天天晚上要行军,一般是吃完饭以后休息,隐蔽起来。敌人来"扫荡",我们就打,有时候跟敌人是从早打到晚。我当兵初期,懂的军事知识很少。

在部队里吃完饭要行军,至少 80 里,到宿营地要问老百姓借门板,铺上稻草睡觉。早晨起来后要把稻草还回去,门板装好。有时候老百姓家的水缸没水了,我们就帮着挑水,还打扫卫生。因为我是文书,当了三年兵只打了一次仗,是一次伏击战。那时候我连射五发子弹,实际上只有三发。那一仗伏击的时候,我把子弹打光了。打掉以后,连长问我:"小周啊,你打几个鬼子啊? 打几个伪军啊?"我说我子弹是打掉了,但是没看到打到敌人。"那打什么枪!"连长把我批了一通,说:"打枪要专心,专门对着鬼子头和胸,然后再慢慢地击发,你懂不懂啊?"我说:"这个你没教我们。"我从此知道,战场上不能放空枪,每一颗子弹都很金贵。

3 部队里面开三会

我们新四军内部队的纪律很严明,谁违反纪律,我们部队的指导员就会及时做工作,发现有苗头的马上谈话,进行教育。我们有个连长,外号叫"海把子",打仗很好,但品行不好,总违反禁令,还偷老百姓鸡来下酒。他打仗的时候当连长,下来以后违反纪律就被撤销了,三起三落。部队里有逃兵,和我同时当兵的人当中有两个开小差的。逃兵抓回来以后,就开斗争会让他检讨。有的人不止逃一次,抓回来开斗争会,但后来又开小差。这些逃兵怕苦、怕死,打仗下来就开小差。有个老兵开了三次小差,被五花大绑抓回来,都说要枪毙他,但新四军说不能枪毙,影响不好。我们打仗牺牲了几个人,他怕下次打仗时自己会死,所以开小差,我们就批评他:"他怕死,你怕死,谁去打日本鬼子?"

部队里面常开三个大会。打仗之前开动员会;打仗打好了、立功受奖了,开庆功大会;犯错误开斗争大会,这个会我记忆蛮深的。那时候我在台北独立团,打国民党的时候,我们连里的一个副指导员负责阻击,我们第3连负责迂回,分攻敌人。结果,敌人来了以后,他领着部队撤退了,没阻击住,我们扑个空。回来就开斗争大会,批判这个指导员。斗争太激烈,最后把他副指导员职务给撤掉了。另外还有追悼会,死了人以后开。我们有个排长战斗牺牲了,开追悼大会,大家都去追悼他。这个还比较简单。斗争大会气氛很激烈,斗得人头皮都发麻。

因为我是地方干部,1945年6月我就调到了东台独立团团部,当政治处统计干事。为什么升这么快呢?因为我在区里是干部,副连级待遇。

4 内战与新中国成立后

1945 年 8 月 15 日，日本鬼子投降了，可国民党又来进攻我们。我们打东台、打如皋、打盐城，在苦斗中又打出了一片天地。当时部队要进行整军，我就被调到苏中一分区军事干校学习了半年，再后来我就到了第 20 军当副指导员，后来又当指导员。1947 年 1 月，我被调到军分区第 2 团，后来又到第 20 军打淮海战役、渡江战役，解放上海。1947 年，我在部队里立了二等功，在庆功大会上发了奖品。新中国成立以后我又参加了抗美援朝。

1955 年授衔时是大尉。1960 年我是少校，1964 年升中校。我在部队一直干到师级。1979 年 11 月 27 日，我转业到常州市东风区革委会当副主任。1980年 2 月被选为区长。1980 年到 1984 年，我当了五年区长，后来调到人防办当主任书记。1987 年 5 月 9 日，我 62 岁时正式离休。

年少抗日的
"中国好人"

周仁甫

"一分钟不忘革命，一分钟不忘党的领导。"

★ 口述人：周仁甫

★ 采访人：左峰铭　陈桢　陈成　吴梦婷　周贤楷　陈泽

★ 采访时间：2015 年 7 月 16 日　2016 年 4 月 28 日

★ 采访地点：江苏省盐城市响水县响水镇东园社区

★ 整理人：王金鑫

【老兵档案】

　　周仁甫，1924 年生，江苏响水人。1940 年秋参加八路军，1943 年 10 月加入中国共产党。曾任八路军滨海大队宣传队宣传员、盐阜区阜宁县东北行署特务连文化教员、新四军东北干部学校学员、盐阜区滨海县四区佑东乡乡长、滨海独立团第 5 连指导员、盐阜军分区独立第 1 团第 5 连指导员、华中野战军第 10 纵队第 82 团第 5 连指导员等职。1946 年秋转业至地方工作，1981 年离休，副处级离休待遇。2011 年被盐城市委组织部授予"四好"离休干部。2015 年获"盐城市离退休干部先进个人"荣誉称号。2015 年 9 月，入选"中国好人榜"。

1　在父亲的动员下参军

　　我的名字叫周仁甫，今年 91 岁，老家就在今天的响水县小尖镇张集中心社区华余村。儿时，家境还不错，我们家当时是中农家庭。我那时是初小四年级文化水平，在当地也算是个乡村秀才。我的父亲是中共地下党老党员。当时地下党经常在我家开会，父亲也经常教导我们说："中农也很贫穷，受到地主富农的压迫,我们要跟着共产党走,共产党是为穷人谋福利的。"所以,我从小就知道共产党是人民的队伍,是为穷苦大众进行革命的。

1940年秋天,黄克诚司令员率领八路军第5纵队南下到达苏北。农历九月二十三日,八路军滨海大队来到我们张集乡林舍,驻扎在村里。当时我父亲就动员我们去参军,告诉我们:"共产党是帮助被压迫者翻身解放的,所以可以跟着部队出去参加八路军。"当时我还在私塾里念书,听了父亲的话,我就跟着部队出去了,我和同村的其他五个人一起参加了八路军滨海大队,六个人中我年龄最小,只有16岁。

当时大队驻扎在六套三元宫[1],主要任务是宣传抗日、剿匪、扩军。我被分在宣传队,就是所谓的学生队,因为年龄小又念过书,有文化,所以在宣传队宣传革命:"革命有好处,是为人民谋福利的。"我当时是宣传队的骨干。我们在六套住了两个月。有一天夜里,大队主力外出执行任务,只剩下后勤人员、学生队和宣传队在驻地,有伪军半夜来袭。当时,我和学生队队长李志杰临危不乱,安抚大家的情绪,并指挥大伙抗击伪军,最后迫使伪军落荒而逃。

2 好友英勇牺牲

我们参加的是黄克诚的部队,皖南事变以后,八路军第5纵队改编为新四军第3师,黄克诚大将当时是师长。我和当初一起参军的五个同村朋友一起分配在阜宁县东北行署,这里的"东北"指的是当时阜宁县的东北地区,也就是现在的滨海、响水两县的一些地方。这几个人中其中一位便是郑华余烈士,他当时是特务连警卫排排长,我是特务连的文化教员。

---

[1] 今响水县六套中心社区境内。

1941 年初,抗日民主政权刚刚建立,对阜宁县东北地区的旧政权还没来得及改造,六区的代理区长刘辅庭原本是国民党六区的助理区长,是五汛、蔡桥一带封建地主势力的代理人,区公所和区队都是国民党的原套人马,他们狼狈为奸,反对和破坏民主政府政策与工作任务的落实。民政科长路健经过调查,向在东北行署的阜宁县县长宋乃德同志汇报了情况,宋乃德县长决定由路健科长率郑华余及十名战士,前往五汛港改组区队、整顿区公所。

刘辅庭知道情况后,便召集了恶霸地主熊友云、姜一奎等人密谋,计划杀害路健、郑华余他们。1941 年 5 月 9 日,郑华余率部随路健到达五汛港,刘辅庭、姜一奎等歹徒设下圈套,为他们安排午饭,饭后欺骗他们分批到天一池浴室洗澡,并派人到浴室对他们下了毒手。郑华余临危不惧,赤身反抗,最终英勇牺牲,那年他才 23 岁,路健等其他五位同志也一起壮烈牺牲。后来,东北行署在东坎召开了追悼大会。1958 年的时候,地方政府将玉东、林舍两个村命名为华余大队,就是现在的华余村。当时我被安排到其他地方执行任务,没有去,不然肯定也牺牲了。

3　小教员上政治课

当时,我在警卫连当文化教员,主要的工作除了教授文化,便是思想教育。但是,那时候我们都很单纯,仗都打不完,也没那么多胡乱想法。而且,部队的纪律很严明,我还记得,当时师部和盐阜军分区还特地发了三师公告:"凡盐阜区的主力军、地方军,不论何人,如有违反十大公约与三大纪律八项注意的,一律交送军队执法机关处罚。"

不过,我们都是一门心思想着打鬼子,部队违反军纪的现象并不多。偶尔会有战士闹矛盾，也是批评教育为主，新四军队伍不兴打骂战士。不打仗的时候，我们会上政治课，把战士集中起来，讲革命人生观，讲军民关系，讲三大纪律八项注意，我一有空就会给战士们讲课。那时候，很多战士不识字，但大多是穷苦孩子，思想很单纯，到部队就是为了打鬼子、干革命，没那么多花花肠子。当时，上完政治课，就会进行小组讨论，战士表态发言。发言的内容主要是内部要团结，打仗要冲在前，群众是我们的父母，不能危害群众利益等等。

1941年下半年，我调到东北干部学校学习，学校就设在滨海东坎。冬天的时候，黄克诚师长来到东北干校，给我们讲了一堂"怎么样打游击战"的课。那是一个晴朗的上午，黄师长中等身材，穿着一身旧灰色的军衣，戴白边眼镜，来到教导队作为讲堂的大草棚，有200多人听课。大家看到黄师长，都很激动，听课也格外认真。黄师长他一讲就是半天，中间未休息一次。黄师长在盐阜地区有许多爱民守纪、廉洁自律的事迹，每次听，大家都会感到格外自豪："这是我们的首长！"

对于犯了错的同志，部队既严格处罚，同时首长也很关心，帮助他们改正错误。我记得当时就有这样一个故事。有名战士是经过长征的老兵，在盐阜区工作时犯了贪污腐败的错误，被党组织处分。黄克诚师长并没有放弃这名战士，还亲自找他谈话，指出所犯错误的严重性。战士很受教育，便主动在师部帮工，每天挑几十担水。一天，黄师长问他："这样干累不累？"他说："我犯了错误，就得被罚，弄点苦吃吃。"黄克诚师长看他有悔改表现，还让他担任了管理员。那个战士之后表现很好，还当了军官，最后在解放战争中牺牲了。

对于部队出现侵犯群众利益的事情，黄克诚师长总是用党的纪律教育战士，进行制止。1943年，第3师第8旅某部在东沟附近的大王庄，为了准备反"扫荡"，打算锯些树来构筑工事。树木长了几百年，有的百姓舍不得，就向师部反映。黄克诚师长知道后，就找干部谈话，制止了这种做法。群众高兴极了，主动出主意、出人力帮助部队将工事修好。我们毕业时,毕业证书上的题词就是黄师长亲自题的:"一分钟不忘革命,一分钟不忘党的领导。"

4 亲点土炮险失明

后来,我由部队转往地方工作,当时日本人占领了小尖,后来小尖被解放,敌人逃往响水。当时由于我在部队工作过,地方评我为进步青年,就动员我去建立民主政权,我担任了滨海县四区佑东乡〔1〕的乡长。1943年,日本鬼子被我们打到响水口〔2〕以后,还不死心,经常组织伪军下乡到我们的地方搞突袭破坏,来抓人、抢夺家禽,最严重的一次是我们乡的一个贫下中农因反抗被打死在家门口。当时我十分悲痛,为他写了一首诗。后来我们不负众望,打败了日本侵略者,把他们赶了回去。

在这期间,我们组织民兵进行伏击,领导民兵打了好几次伏击战,我们在敌人下乡的路上挖好战壕,躲在里面等待敌人。有一次,我们正在开会,敌人来骚扰我们。当时我们住在一户人家的院子里,敌人朝院子里开枪,我们向外面扔手榴弹。我们考虑不能一直被动挨打,就派了几个枪法好的民兵摸到战壕里去。他们不负众望干掉了几个敌人,但有一个民兵耳朵中弹,如果不是在战壕里,性命都难保。有一天夜里,敌人又来偷袭,那次敌人来的人很多,黑压压的一片,我们当时没有洋枪,只有土炮、鸟铳、扫帚炮等武器,只能用土炮迎敌。

看到敌人上来,火炮手心里非常紧张害怕,不敢上前,几次点火点不起来,我作为乡长当时就急了,站出来说:"我来!"一把将火纸芒子抢过来。实际上我

〔1〕 今响水县小尖镇张集社区佑东村。
〔2〕 今响水县响水镇。

也是新手，没有打仗经验，把火纸芒子用嘴一吹，点火信，火没上来，我就用嘴去吹，结果脸上沾上火药珠，突然就烧着了，火一喷，把我的帽子都扑掉了，半边脸都烧伤变黑了，现在我的脸上还有好多黑点子。当时，敌人见到我们有炮，吓得赶快撤退。敌人撤退后，医生赶紧过来帮我医治。幸好治疗及时，不然我可能会失去一只眼睛。我当时给医生钱，他也不收，我非常感谢他救了我，几年前我还拜访过他，这是我在抗日战争期间所经历的一件至今很难忘记的事。

1945年，我又参了军，调入部队工作，由于我之前一直在地方工作，缺少军事教育，所以我只在滨海独立团第5连当指导员，当时我们驻扎在月港。不久，8月15日，日本鬼子宣布投降，这是好消息，大家十分高兴。但是，日本投降以后，地方上的伪军还存在着。陈家港的伪军经常出来骚扰百姓，滨海独立团第5连就奉命从月港出发调到陈家港五港、六港一带设防，阻止敌人出来"扫荡"。我们当时也在乡下帮群众做事情，同时操练军队。

同年农历七月十五这天五更头，当时天还没亮，我们还在睡觉，得到消息的伪军从陈家港据点出动伏击我们。我们的驻扎地九港来了大批的敌人，把第5连和民兵包围起来。枪声响起，我们立即起来，迎击敌人。我和连长杨其岩迅速组织力量，抢占有利地形，进行还击。敌人上来，我们把他们打下去；敌人冲锋，我们撤退。像这样拉锯式的战斗持续了一天。当时我们的枪械还是落后，敌人机关枪向我们阵地扫射，像雨点一样，"嗒嗒嗒"，烟尘扑面。我们喊："冲啊！冲啊！"直到太阳落山，敌人不敢和我们坚持，最后退却了，我们阻止了敌人的进攻。我们第5连不辱使命，顺利完成了阻击任务，敌人被我们击杀了很多，我们也有好几个战士牺牲了。

在战斗中，南河区委书记王商同志也牺牲了。王商，高高的个子，白净净的脸，二十多岁，很年轻，他用望远镜观察敌人情况被敌人发现，被冷枪击中，牺牲了。王商烈士牺牲以后，各界代表4 000余人在西成庄为他举行追悼会，进行了公葬。1956 年,滨海县委县政府决定将当年的战斗地点陈家港镇的九港命名为"王商乡",也就是今天的陈家港镇王商村,并将王商烈士的遗体安葬在王商乡。为了纪念他,我写了一首诗《归来吧,响水人民怀念你——记王商烈士牺牲 70 周年》。今年是抗日战争胜利 70 周年,也是王商同志牺牲 70 周年,很巧。我和第 5 连的战士们在响水口一带,先后参加大小战斗十多次,给予了日伪军沉痛的打击。

5　执掌三尺讲台,不忘再做贡献

1945 年 10 月,新四军第 3 师主力部队北上开赴东北,苏北根据地由军区地方部队防守。1946 年 1 月,我率部跟随盐阜区地方部队北上徐州,参加陇海路东段战役,攻打瓦窑,消灭残存的日伪军。我和刘其友同志是战友,都曾是滨海独立团的,一起参加了瓦窑战斗。当时敌人出动了飞机进行轰炸,大炮也特别多,战斗打得非常激烈。

到了 1946 年秋,我从部队转业,先后在张集、滨海、盐城等地做干部。1958年,我负责筹建了射阳县六垛中学,后又相继担任了射阳县的六垛中学、千秋中学和响水县的运河中学、周集中学四所中学的校长,教书育人。当时,我既做学校领导,又上课教书,给学生们上政治课,一干就是十多年。

1981 年,也就是 57 岁那年,我从周集中学校长的任上退了下来。但是,我却是退而不休,我舍不得离开工作了几十年的学校,更舍不得离开孩子们。离休后第一年,我就主动申请到响水县教师进修学校种草、养花、管理绿化、看大门,一管就是五年。随后我又到响水县月港中学、实验小学、幼儿园等单位,前后又工作了十多年,没有收一分钱报酬,都是义务劳动。到了 2003 年的时候,单位不需要我了，但是我又闲不下来，于是就想，为人民服务要有力出力、有钱出钱。出力没地方出了，那我就出钱吧！

我对学生还是有一种牵挂，也想为他们再做点事。早在工资还很低的1995年，我就捐给张集佑东小学1 000元。1998年，又捐给周集林舍小学1 000元。2001年，我又先后多次给射阳县六垛中学捐款，累计达14 000元。2002年，又向响水县的运河中学和周集中学各捐款10 000元。从2013年开始，每年捐款给响水县职业中学2 000元，作为鼓励特困学生的奖学金。捐款会长期进行下去，一直到自己"走"的那天。此外，我还自费3万多元打印《萱草》《青萍》《行云》《窗前续汇》《灯下杂录》《梦中闲笔》《落霞飞天》等书刊达万份，送给乡镇小学，丰富孩子的文化阅读。

入党的时候，说要为共产主义奋斗到底。天大地大不如党的恩情大，我这一生的荣誉、地位和幸福生活都是党给的。1995年2月17日，为了表达对党的心意，我将工资改革补发的1 008元工资作为党费交给了党组织。2003年，我又交了1 008.88元的特殊党费。2011年，中国共产党成立90周年，我又交了10 000元的特殊党费。我在给党的一封信中是这样写的："我是一名受党教育培养多年的老党员，没有共产党，就没有我今天。托党的福，我们离退休人员丰衣足食，生活愉快。吃水不忘挖井人，现在我向党表示一点心意是应该的……"汶川地震发生后，我主动找到组织，带头捐了1 000元。后来，我又向云南、玉树两处灾区捐款1 000多元。家乡修路，我得知后主动捐款10 000元。张集中心社区建敬老院，我捐了500元。

我过去参加抗日战争，同村一起参加八路军的有六个人，现在他们五个人都走了，只剩下我一个人。今天的幸福生活来之不易，都是革命烈士抛头颅、洒热血换来的。为了纪念他们和所有牺牲的烈士们，2014年，我自费27 000元在华余村的村部门前建了一个"安乐亭"。2015年是抗战胜利70周年，为了教育下一代不忘战争的痛苦,不忘帝国主义的仇恨,我自费1万多元在家里建了一个亭子,起名"再思亭"。"再思亭"坐北朝南,亭子南面的两根柱子写有:"难忘历史八年浴血烽烟谱,珍惜今天七秩披肝壮志酬。"亭子北面写有:"莫道中华云水怒,岂容日寇死灰燃。"亭子的南面正上方写有"再思亭"三个大字。亭子的顶壁内,四周分别挂有毛泽东主席画像和《题再思亭》《咏再思亭》诗词各一首。

2015年9月,我入选了"中国好人榜"。我是中秋节前一天接到通知,让我去参加现场发布会的。刚得知自己入选"中国好人榜",我有点不敢相信,我符合条件吗?有资格接受这个荣誉吗?我觉得自己做得还不够。我感到高兴又惭愧,觉得自己做的事情,获得这样的表彰,还不够格。入选中国好人榜,我会像以前一样生活,继续捐资助学。眼下神州绿花草,难忘烈士补天空。今天我们的幸福生活都是革命烈士抛头颅、洒热血换来的,不能把他们忘记。

爱护伤员的
黄埔女兵

周玉云

"搞这个伤兵工作，搞政治工作，我不觉得忙碌，我很乐意。"

★ 口 述 人：周玉云

★ 采 访 人：张连红　张若愚　来碧荣　徐令　张骏如　顾倩宁　赵治平

★ 采访时间：2018 年 1 月 31 日

★ 采访地点：江苏省常州市金坛区北戴新村

★ 整 理 人：宋佳　张若愚

【老兵档案】

　　周玉云，女，1919 年 1 月 16 日生，湖南长沙人。1938 年考取北平师范大学，无奈因战事原因放弃入学。1939 年考取黄埔军校三分校第 16 期女生大队政训科，翌年毕业分配至第三战区 110 兵站医院政训科，后调至 44 后方医院工作，再调至江西兴国第六临时教养院。解放战争时期离开部队返回金坛，先生建昌天湖小学教书，后与丈夫汇合，在家务农为生。

1　年少时的求学经历

　　我出生于 1919 年，老家在湖南长沙，原来是在乡下，后来迁到城里。我家是一个大家庭，有五口人。我出生时父亲周筱村正在北京做官，后来我才知道。他42 岁就没有了，我母亲 48 岁也没有了，所以我从小就是一个孤儿，一岁就没有父亲，七岁就没有母亲。是我二姐供我念书，把我抚养成人。因为我父亲没有儿子，二姐周志恒和我从小就是男孩子打扮，她直到 20 岁结婚的时候才开始穿女装。

　　我父亲是一个廉洁奉公的人，从不乱来。我的家庭比较殷实，因为我们的祖先世世代代都做官。我结婚以后曾经回乡下一次，把我家的东西全部分家分掉，分了七天七夜。我母亲在世时告诉我东西全部给我，但我觉得大家庭的东西应该大家用。

我五岁就开始念私塾，老师都是九十几岁的老头，学生每天进门先拜孔子，再拜老师，还要跪。七岁时母亲死了，姐姐就把我带到她身边，八岁我就进了洋学堂。我进的第一个洋学堂是金庭小学，念到四年级。之后我就进柔英小学，一直从五年级念到六年级。我从初小念到高小，高小毕业以后就考取了南华中学。中学毕业时，我十八岁，在长沙市看到外面贴着的北平师大招生公告，我就去考，还考取了，老师、同学大家都聚餐庆贺，然后我就准备去学校了。我们有四个人，其中有一个成绩非常好，可以得到部分资助的助学金，但战争爆发，交通中断，不能去了，所以只能放弃。

1938年，我在长沙考北平师大，考的函授生科目，有语文、英语、数学，是三门主科。当时我一个叫秦又白的数学老师不许我考师范，因为那个时候老师苦、工资少，还有粉笔灰，但我已经考了，没办法。在我考取了黄埔军校之后，我写信告诉他，他非常高兴。

1938年，我还经历了长沙的文夕大火[1]。当时，上面一个月以前就已经下了通知，要求老百姓赶紧撤离，有亲戚在乡下的去找亲戚，有地方去的就尽管走。因为我们那个家庭是大家庭，比较富裕，有一个地下室，是水泥门，外面包着一层钢板。把门封起来，再把这个地下室封好了，我们才离开。出来已经第二天凌晨一点钟了。我们真正看到了那种惨状。深更半夜一点钟，走在路中间，四四方方的煤油筒有铁筒这么高，里面都是煤油，火烧起来，真惨。那时是冬天，老百姓有的披着被子，有的抱个鸡毛掸子，有的穿单衣单裤，一路哭一路

---

〔1〕 文夕大火：1938年11月13日，长沙即将沦陷，为防止日军进占掠夺，国民政府采取"焦土政策"，制定焚烧长沙的计划。当日晚，国民政府将煤油桶和火药桶堆积在道路两旁，凌晨时分推倒，点火燃烧。

走,丈夫找妻子,父亲找儿子,只听见哭声。我那个时候真难过。

因为我的姐姐她们都有婆家,都已经离开我回她们各自的家了。那时我还是学生,我跟谁回去呢? 我有个远房的叔祖父周鑑,他是黄埔第 6 期,是城防部队的团长,驻长沙,后来他升为第 101 师师长。我二姐跟他说:"爷爷,玉云就交给你吧。"因为我是一个女孩子,他说要把我带在身边,睡觉也要放到身边,总归有一个人要照顾我,我是家里最小的一个孩子。于是我就跟爷爷到了部队,在衡阳看到黄埔军校的招生,要女生。叔祖父也同意,我就去考了。后来我们就没有见过面,叔祖父他是部队随调,那时候他在衢州。等我知道了这个消息去找,部队已经开走了,一直到现在都没有消息。

2 考取黄埔军校

1939 年,我在衡阳参加黄埔军校的考试,那时候考的科目少,最重要的是语文、数学,因为需要用到,还有一个就是英语。考取以后,我们这一期有 300个学员,里面还有军官太太。然后我们从衡阳先坐火车到鹰潭,由鹰潭跑路到吉安,一天跑 60 里。到吉安的时候就已经挎着武器,每一个人要背着枪走,有毯子,有水壶,有吃饭的纸碗,"叮叮当当"都要背着。我们跑得一个个都汗流浃背,一个小时之后就恨不得要睡在路上。还有因为吃不了这个苦"开小差"的。到吉安入伍,我就在女生大队政训科,同学有余慕珍、吴凤仙等。大队长是唐冠英[1]的侄子,很凶。中队长是孙直立,待我们这些女孩子就像待自己女儿一样,跟我们说:"听话,乖乖地,不要犯错误,犯错误不得了,要打的。"在吉安,我

[1] 唐冠英(1984—1970),江苏阜宁人,1937 年授少将,1938 年调任第三战区战干三团教育长,1939 年升任中央军校第三分校副主任兼教育长,1970 年病逝于台北。

们全部换衣服、草鞋、棒槌,到江西雩都。在雩都受训的时候很苦。雩都是个很小的县城,通城防共,物资都量化,吃的用的就没了。喝的是盐水,睡的是地下,我们在雩都山上的一个祠堂里,把祠堂的排位空了一块,我们就睡在那个上面。头天晚上,每个人就弄一张芦席睡,第二天不行了,就去砍竹子,把毛竹削光,劈开来,就睡在上面。每个人发一张芦席,两个人发一块毯子,就这么过冬,两条军裤,两件衬衣,一件棉衣,一件外衣。缺点就是,今天吃盐水汤,明天就是辣椒汤,让人受不了。正常是一天三顿饭,早上稀饭,中午干饭,晚上也是稀饭。

在军校里文化课就是学政治,有总理纪念周等仪式,还不只是流于形式,有一个领导来讲黄埔的经历、黄埔的精神,他说总理遗嘱在心中,精神是自己的。我们训练跟男人一样,跌打滚爬样样来,不能逃课。不参加训练的话就要戴个红袖章,我们没有一个人戴。我进来就不怕死,怕死就不干。晚上有时候演习,但难得一回。女生队都是做做样子。校规也很严,我们与男学生不容易接触到,一个在正南,一个在正北。男女分开,每个礼拜天可以见面。我们教育长是唐冠英,校长是蒋介石。一个从法国留学回来的高个子女教官——徐教官给我印象很深,因为我有胃病,她给了我一粒绿豆大的药片。我就吃了那一颗药片,到现在我的胃病都没犯过。白崇禧、陈诚、唐冠英他们都来学校讲过话。唐冠英经常来训话。他们都是讲些考黄埔的目的,为什么要培养这一班黄埔学生。我们在集训大堂听讲话。当时是有学生的地方一定有集训的地方。不集训还怎么训练呢?我们要跑几十里路,早起天不亮就要到达目的地,把队伍保证好,把所有工作都做好,有人来训话还要精神充足。黄埔人培养出来了,我们没有辜负孙中山的愿望,精锐部队也培养出来了。所以在抗日战争中,军官里面有三分之二是黄埔生,牺牲的黄埔生有三分之二,我们都是在战场经过多少磨难的人。在军校里犯错误就拿个枪逗一下,不管是集训还是集合一定要有精神,每个人都是这样,既来之,则安之,不管什么苦一定要吃得下,吃不下就走。我的想法就是，既然来了我就要受得了，如果受不了罪就走，那何苦来呢？我来考黄埔受训，第一个是不要钱、不贪污，第二是不怕死。

3 进入兵站医院与伤员互为"家人"

我在黄埔军校学了一年就毕业了，因为国家需要，我们就缩短时间，提早毕业。毕业后，我被分配到第三战区政治部，由政治部再分配到浙赣沿线（团）做政训师，搞政治工作，在鹰潭110兵站医院。我在里面负责转运伤兵、清扫战场、抢救伤兵，这个工作非常复杂。我们要搞好军民关系，还有维持好伤病和医护人员的关系。

伤兵一来不是一个两个，战场上下来很多，一个医院的救护兵、担架兵能有多少？要动员老百姓来运输，伤兵都全靠人抬，很不容易。还有许多伤兵不高兴，会说："老子在前线打仗，你们在后面享受。"于是他们就胡来乱来，我们还要说服他："你是为了保护我们才负的伤，你回来怎么能气我们呢？"我和医务人员说："你们更加要爱护他们，因为他们为了保护我们而负伤。"

有一个妇女带一个女孩子在家，她的男人出去了，有伤兵去骚扰她，后来他的儿子来找我，说："周干事，我们家里来了一个叔叔，在家里跟我妈妈打架。"我跑去跟伤兵讲："你来干什么？她的丈夫跟你一样当兵去了，是死是活不知道。你为什么当兵？你是为了打鬼子，为了保护老百姓。你来了还骚扰老百姓？你还有兄弟姊妹，你还有女儿、儿子。"我就这么说服了他。后来的伤兵，我都跟他们蛮好，交道打得好，看着年纪大的叫哥哥，年纪轻的叫弟弟。

我们有个领导，哪个伤兵不听话他就打。那不行啊，所以说伤兵遇上他就怕死了。我和伤兵处得都蛮好，从来不发生误会。我把伤兵集中在一块儿跟他们讲话,我把大道理说给他们听,我把道理说清了:"你家里还有妻子儿女,也有兄弟姐妹,还有父母老小,如果有人欺负你的家人,你作何感想啊?"只要说明道理,每个人都有感情的啊,我认为我搞这个伤兵工作,搞政治工作,我不觉得忙碌,我很乐意,为什么呢?我能够打动他们,不受伤害,互不伤害。

后来,护士轮流买菜。我是湖南人,好吃辣椒,我觉得辣椒是个好东西,它本身驱寒。后来,我对队长说:"我们买点辣椒试试看,好不?"他说:"辣椒别人肯吃不?"我说:"怕死就吃,不怕死就不要吃。"因为我爱动脑子,后来我就说服他们,我就对他们说:"我们一定要吃辣椒,吃辣椒还不行,还要吃酸醋,辣椒酸醋汤,把这个辣椒酸醋汤一吃就驱寒了。"所以我现在还吃辣椒酸醋汤。把辣椒放在汤里烧好了放上酸醋,又辣又酸,放了盐就好吃。

医院同事们让我不要做看护伤员、照顾伤员这个工作,因为我从小没有父母,所以我看到伤员就会爱哭。有一个常医生,年纪大概有四五十岁,他跟我说:"玉云,你不适合做这个工作,你的眼睛要哭瞎了。"伤员有的缺了一只脚,有的缺了一只手,有的伤了一只眼睛,那种惨状,看了就是难过。伤员下来不是一下子就下来,都要运输兵抬,抬到这里要一天、半天还是两三天还不晓得。有些伤员需要截肢,但是要赶到一定的地方才能截肢,不是每一个救护站或兵战医院都能做这种手术。医院里没有这个设备,就不能截肢,只能转走,再经过两三天赶到其他医院。有一次,有一个伤兵要截肢,他不肯,我告诉他如果不截肢的话,还要行两三天的路程,到时候你要截得更多,在这边截肢能弄上假腿,他就同意了。给他抹上麻药,我们把他固定住,把叠得蛮厚的毛巾给他咬上,就给他进行截肢手术。他很勇敢,能让我们截肢。这是我亲眼看到的,那真可怜。

我们打扫战场时,尸体要就地掩埋,掩埋了以后有木牌插在地上。打扫战场不容易,有时有手榴弹还没有爆,隔了那么久它还能引爆,很危险。

后来我在医院的政训科,遇到了我的丈夫,他是黄埔武汉分校第 14 期政训科独立榴弹炮营的政治指导员。我跟他在一个办公室里面。在那个时候那种情况下，我一个单独的女孩子，尤其又是做护卫工作的人，没有依靠很不容易，所以经过医院马兆麟院长的介绍，我就和我丈夫在江西贵溪结婚了。我丈夫他那人不灵活，之前在一个办公室，他都不晓得我。马院长介绍后我们就考虑。因为那个时候是战时，形势糟糕，我们是没有同意结婚的。后来马院长说："伤兵太多，恐怕对你有干扰，不安全，这样你有一个保护神。"他这人很本分，我干工作脾气不好，再一个比较顽皮，这个人似乎还好管理，那就这样同意了。我还比他大一岁。结婚后我们有一间小房子，是用八个装油漆的木箱子拼起来的。

4　频繁的调动与转移

由于形势的转变，战场转移，我就调到 44 后方医院管理伤兵，处理他们和医务人员之间的关系。在后方医院时，我有个绿色的箱子，里面是急救包、压缩饼干，还有掩护用的一件深绿色披风。看着有飞机来空袭，只要一蹲下来就不会被发现，有伤兵的话可以给他盖上。其实我们可以跑，但伤兵他跑不动，拿披风往他身上一盖就行。那时候空袭有，但是不多，因为我们那地方不是阵地，后方不必要炸的。像鹰潭、贵溪，城里面都已经被炸得一塌糊涂。农村不像城里有防空警报，我们只能靠听到"轰隆轰隆"的声音就紧急做出隐蔽措施，一切都靠自己。如果不预先做好防范，恐怕难躲。真正有空袭来时，伤员我们一定要把他们组织好，要跟他们说："不要乱跑，在外面遇到空袭怎么办！"他们在前线没有打胜仗，没有被炸弹炸死，也就早看破了，伤好后不上前线可以回家，有志的可以再上前线打鬼子，就不在外面乱来乱跑了。

而且我们经常用身体掩护伤兵，不能见死不救。我们告诉伤兵："你出门一定要带着绿披。炸死了是好事，炸不死就要倒霉，要受痛苦的。"空袭时大家都跑，哪有真正不怕死的？其实伤兵都还是蛮听话的。

后方医院床位不够就转移，这家医院住不下就转到那家医院，一家医院可以容纳几百个伤兵。伙食方面没有天天吃荤，还要给他们解释，给他们讲："我们国家现在还是困难，大家艰苦一点，不是我们这一家这么困难，有的还不如我们。"把道理讲清楚了，他们就没意见了。即使有意见，再好好地心平气和地解释，他们也没意见了。

一开始我在兵站医院做见习官，工资是 24 块，到后方医院转正后就是 42 块。我丈夫比我高一级，所以工资也高，64 块，当时还可以。我有什么都会帮人，伤兵没家，或者伤兵带家属的，他们钱不多，是穷人。有一次，他们出去，遇到强盗，衬衣、军服都被抢走了，回来一样都没有，工资也没有，向我要钱吃饭。

我由兵站医院到后方医院，再到江西兴国第六临时教养院，一直到抗战胜利。在临教院也是搞伤兵工作、教养工作。因为临时教养院都是黄埔的伤病员，伤兵到了第六临教院，就是已经完全康复的，有的把家属接了来，有的有孩子，有的有老婆，所以我们临教院就要办一个学校。有一个伤兵他已经康复了，我就跟他两个人联合起来，在临教院办一个小学。我跟伤兵关系弄好了，非常亲热，他也非常感激，我对伤兵也有感情。后来我遇到一个女同事，她要到广西去，当时我对这个工作也不感兴趣了，年龄也大了，她就让我一起去广西。还有一个女同学，她说我们三个一起去，她丈夫去了广西石塘军分区，当一个分所的所长。我们三个人凑合起来一起去了广西，我就脱离了临教院，调往广西食堂军备区当经济出纳，组长是刘恕仁。

我去广西后，我的丈夫在部队。我们的孩子送到长沙让我姐姐带，我们联系的地方就是长沙，由我姐姐联系。后来日本人来了，在逃难的时候，这个孩子跌到湖里淹死了。后来军分区分所所长调到广东去了，派来一个姓会的，要我也到广东去。我不肯，我们就往昆明、贵阳撤退。抗战胜利时我正在昆明，大街上鞭炮响，到处都有庆祝活动。

抗战胜利后，我从昆明回来，我丈夫在独立榴弹炮营任指导员，到徐州接收日本人的营房。然后他到长沙来我娘家找我，我姐姐就赶快写信给我，叫我快点回来。我丈夫到了徐州，我回到长沙，他从徐州到长沙来接我，我就跟着他去了榴弹炮营。这个时候，淮海战役打响，他们部队要去参战。我不愿意参加内战，参加内战没有好结果，都得挨骂，反倒弄得一身的麻烦。我丈夫就把我送回老家金坛，我就一直在老家带孩子。

1947年到1948年，我在金坛建昌天湖小学教了两年的书，当三、四年级的班主任，教五、六年级的历史、地理。我丈夫接受上级指令去了汤山第52师报到，他后来也回来种田了。新中国成立后，我们都受到了冲击，被扣上了"反革命"的帽子，那个时候我们就吃苦了。好在现在国家认可，一切就化解了。

虎胆英雄
计谋多

单友财

"找到了大北后，我是被和平军打伤后爬回部队的。"

★ **口述人**：单友财
★ **采访人**：王骅书　徐振理　王礼生　王金鑫　陈于可慧　徐婷　曹心仪
　　　　　卢珊　陈雯　蔡雪纯　薄凡
★ **采访时间**：2016 年 7 月 10 日
★ **采访地点**：江苏省盐城市滨海县农业园大套乡关南村
★ **整理人**：曹心仪　徐婷　王金鑫

【老兵档案】

　　单友财，又名单长连，1926 年生，江苏滨海人。1940 年 4 月参加八路军，曾任八路军第 5 纵队第 2 支队第 6 团勤务队勤务员、侦察员，新四军第 3 师第 8 旅第 24 团侦察员，涟东独立团侦察员，新四军第 3 师第 8 旅第 23 团、第 22 团团部侦察员，第 24 团通讯队队长等职。1950 年复员，回乡务农。

1　生活太艰苦，参加八路军

　　1940 年 10 月，我父亲去世了，母亲也改嫁了，只剩下一个叔叔。家里是弟兄两个，我是老二，老大叫单德申，是在我后面当的兵。我在参军前没有念过书，就是因为活不下去了，所以去当兵了。

　　八路军一过来我就参了军，那年我 14 岁，在姨娘家做伙计。当时，看到八路军侦察队队员在北边被地方恶霸抓到了，一共有七八个人，跑了一个，放了一个最小的，剩下的都被枪毙了。看到队员为了解放穷人，不怕牺牲，我就萌生了去当兵的念头。我参加的是八路军第 5 纵队第 2 支队第 6 团，皖南事变以后，改编成了新四军第 3 师第 8 旅第 24 团。我到了部队,先是在勤务队当勤务员,然后是侦察员。做勤务员的时候就是打打水、扫扫地。当了两三个月的勤务员,然后就当了侦察员。

2　奉命侦察,虎口脱险

当年,我们滨海县有一个敌人,这个人是从台湾回来的,在我们这里当伪军大队长。我当时被分配在建湖那里侦察地理环境和敌情。然后,母亲就跟着去了农安,我就买豆子做豆腐过去卖,结果被敌人察觉了。我被敌人抓住了,被打得很惨,他们还电我,还把我的新四军外出证给搜出来了。

但是,我在那边有一个姑爹,名叫刘正旭。敌人问我:"你的武器呢?"我就说:"我没东西了,共军不要我了,我来这里是找姑爹的。"第二天,鬼子来了,把我弄去做工。后来,鬼子看我小,就让我去抬水、喂马。鬼子让我干活的时候,都是看管着我的,而且还不给我吃饭,我受不了。当时,我看到有一个大门,我就慢慢挪过去,跑了出来,鬼子在后面还开枪打我,但是没有打中我。

3　掩护团长,活捉汉奸

在部队时,我一直都在团侦察队里,无论是在当骑兵,还是步兵,都在侦察队里。后来,我被分配到了地方上的涟东独立团。有一次,万金培县长和郑友生团长领导的涟东独立团被鬼子和伪军两头夹击,我们就被打散了。然后,我就把郑团长带到我妈妈那里去隐藏了起来。我当兵一直当到解放的时候,本来要调我去当海军，但是我没有去，就在地方上带新兵。

1940 至 1949 年，我都是当侦察员。过去，我打过大汉奸徐继泰和他的舅舅方宇迪。打的时候是夜里，伸手不见五指。听说徐继泰的舅舅是大资本家。我们打那个资本家的时候，站岗的都睡着了，所有的伪军中队也都睡觉了。我最小，但是我胆大，我把房上的瓦片揭掉了，然后把绳子放下去，把徐继泰的舅舅弄到了外面。那时候，我没有枪，我就要求徐继泰他们用 80 支长枪和 20 支短枪来换他舅舅。后来，他们拿枪来换了。

我们第 24 团侦察队的队长是赵青海，陕西人。当时，赵青海二三十岁，是个打枪的好手。我也会打枪，我每次在内线工作的时候就带枪。在外线工作的时候就不带枪，外出证也不带，不然被翻出来，就会遭到敌人拷打。外线的工作就是看到风吹草动的事情就报告，有大事的话就赶紧跑。记得在风谷的时候，战友在外面吃饭，看到不对就赶紧跑了。外线一般是负责看。我们部队在打单家港的时候，他们走石浦，我当时就想，你们走石浦就要倒霉了。最后，走的时候牺牲了 400 多人，童世明团长就是在这场战斗中牺牲的，他是第 8 旅第 22 团副团长。打单家港的时候，战斗是童世明指挥的。

在部队里，我们没有发军装，侦察员穿的是便装，因为要送信。当时，让我们送信，还不让我们打枪。1942 年，我代表新四军前去与和平军进行交接。在大东的时候，我的腿受了伤。打到了大北后，我是被和平军打伤后爬回部队的。之后，信也不敢送了，在新浦养伤。

4 带狗侦察，机警脱身

部队没任务的时候，就是学习。由教导员教我们，每人发个小册子，教我们怎么样认方向。在侦察队里，每个战士都有狗。我当侦察员的时候，还养过好几条。我带狗侦察的时候，发现鬼子，狗就会叫，狗还可以给我带路。有人的时候，狗就会提醒我。有一次，舅舅去找我，当时我在睡觉，狗不让他进，后来狗叫声把我惊醒了，我给舅舅开了门。

那年 8 月，我去大东执行任务，可以说非常倒霉。我和战友两人把我们的米袋子给别人，然后我们自己吃不上饭了。谁能想到，那户老百姓把我们的行踪报告敌人了。然后，那户老百姓让我们进屋吃东西，我们说："不能吃老百姓的东西。"他们说："不要紧！"他们家的门朝南，东面有一条沟，我们发现了敌情，就下了沟。我们打了两枪，敌人也下了沟。我和战友两人去大东是为了还向老百姓借的粮食，顺带侦察敌情。敌人在后面追，然后我们就上了大路。敌人不仅人在后面追，狗也在后面追。

我很火，就回过头一枪把狗打死了。我是在部队里训练射击的，当时有枪就训练，没枪时就等打仗的时候自己摸索。记得还有一次遇险，当时我去解手，不小心被敌人抓住了，然后，我趁机逃跑了。

5 既是亲朋，也是战友

后来，我调到第 23 团团部工作，做的工作比很多侦察员都多。第 23 团团长是胡在田[1]，政委是个驼背，叫李少元，主任姓刘。在一次战斗中，我们都不敢让几个首长待在团部。结果战士们为保卫团部都牺牲了。我大舅和另外两个战士背机枪，两个战士被打死了，我大舅没有办法，就把身上的绷带解下来，把三挺机枪系起来，拖着走。我的大舅名叫张文广，我俩既是亲戚，也是战友。

---

[1] 此处有误，应为胡继成。

部队里，我还有一个战友，很巧，后来和我是亲家。有一回，我上金沟[1]，正巧碰到他。当时我在第 22 团，他在第 23 团，我们一起打国民党的一个团，他是卫生员。我还有一个战友叫陆道友，我们一起当兵的，关系可好了。但是，我们一个旅在行军途中被敌人偷袭，他两条腿都被打断了。我在六家子把他拖下来，然后我又去打仗了，就不知道他去哪里了。

6　带头攻阜宁，巧破通辽城

1945 年打过阜宁，部队开始逐步北上。攻打阜宁城是我在本地打的最后一仗。因为我小、轻巧，所以在打西门的时候，竹梯子我第一个爬上去。我一爬上去，就跳了进去，跌到水里。当时城墙有一丈八，敌人一个营都在里面，竹梯子爬不了几个人，最后还断了，地下都是水。我们警卫连一共 100 多人，我把手榴弹扔进去后，又把草堆点燃了，敌人就往外跑，然后，我们的人就进来了。最后，把敌人打下来，我们警卫连就剩下了六七个人了，其他人都牺牲了。

去东北的时候，部队不要我，把我留了下来。虽然我仗打得多，但是我年龄小，加上路途远，部队就准备把我留下来了。但是，我舍不得，就一直跟在第 24 团后面跑，我跟着他们一直跑到了东北，没有汽车、火车坐，我还跟着他们一起吃饭，身上没有带枪。

当时，开鲁县县长唐克是和我们一起去东北的。后来，我去了通辽，参加了攻打通辽的战斗。当时，第 24 团住在一个窑洞里，离通辽不过 15 里路程，窑洞上有一条公路，直达开鲁。我们打通辽的时候，战略部署是第 8 营打南门，第 22

---

〔1〕 今响水县小尖镇张集中心社区境内。

团打东门,第 23 团打北门,第 24 团打西门。记得那时教导员还说:"一个窑洞怎么住这么多人!"通辽打了四天都没有打下来,最后,因为通辽周围有电网,就两个人把一个人抬着往电网里面扔,过电网的时候,一个人也没牺牲。

我当时是团部通讯队队长,徐教导员问我:"怎么不去试试?"我这人啥都不怕,我就去了。我去的是西门,敌人正在烤火,我从一个通道一直走到敌人烤火地方的下面,然后,我就扔了手榴弹,八个敌人都跑了,留下了机枪。我也不管能不能开,就向着敌人开枪,结果打响了。敌人很气愤。之后,我去了大门,首长让我把枪放下来,而后我把西门炸了,部队就上来了。西门的机枪都被我抱走了。

7 自由恋爱结婚

当时,从通辽走的时候,我被土匪抓住了。土匪们穿的和老百姓一样,不好分辨。不过,后来我又逃跑了。在部队的时候我还没结婚,我 14 岁当兵,到东北的时候也不大。后来,我从东北到了内蒙古,之后又去了河南省。南下时,我从内蒙古带回来的马被司令员骑去了,后来我们又集体参加淮海战役去了。参加淮海战役时,我是从内蒙过去的。打淮海的时候,我是带兵的,我带过的兵有李清扬、赵华仁等,他们原本是民工,结果部队不要。

1950 年,领导让我去盐城工作,我不愿意,要求回滨海。回滨海的时候我24 岁。在部队里,我没有入党。回家以后,我在阜宁结了婚,是自由恋爱结的婚。我和老伴是在我继父那里认识的,谈了没多久就结婚了,一共生了五个小孩子。成家以后,我先种地,后来去了戏班子,再后来又去了杂技团。杂技是我自己学的,在杂技团待了三年,我给他们干活,以维持生活。

苦练本领
战日寇

单丙礼

"我打枪很准。在一次部队比赛中，首长还奖励了我一件白衬衫。"

★ 口述人：单丙礼
★ 采访人：王骅书　礼生　徐振理　徐婷　陈于可慧　王金鑫　曹心仪
　　　　　　陈雯　卢珊　谢卓池　赵文静
★ 采访时间：2016 年 7 月 10 日
★ 采访地点：江苏省盐城市滨海县天场镇套梢村
★ 整理人：曹心仪　徐婷　王金鑫

【老兵档案】

　　单丙礼，1923 年生，江苏滨海人。1941 年 3 月参加新四军，曾任新四军阜东独立团战士、新四军第 3 师第 8 旅第 23 团排长、副连长，东北民主联军第 3 师第 8 旅第 23 团副连长、东北野战军第 2 纵队第 4 师第 11 团副连长、第四野战军第 39 军第 115 师第 344 团副连长、第 36 军医院所长等职。1949 年转业回乡，后任大队书记，1971 年退休。2017 年 1 月，因病去世。

1 苦练本领，比赛获奖

　　1923 年，我出生于滨海套梢，家里是贫农，共有兄弟两个。我今年已经 93 岁。七岁时，我在老家套梢读过一年书，《三字经》《百家姓》都看过念过，教书先生名叫徐在南。1941 年 3 月，我在滨海参加了新四军，被编入新四军第 3 师第 8 旅领导的阜东独立团。1945 年打完清江[1]后，被编入第 23 团[2]，并且升为

〔1〕今淮安市淮阴区。
〔2〕即新四军第 3 师第 8 旅第 23 团。

排长,前往东北。到达东北后,我又被提升为了副连长。

1941 年,正是抗日战争的艰苦时期,地方上成立青年队,一共五个乡,每个乡各出一些人组成一个连,我因此应召入伍,一直到 1949 年转业回乡。当时,在部队主要训练的是瞄准、射击、投手榴弹、拼刺刀等等。我打枪很准,在一次部队比赛中,首长还奖励了我一件白衬衫。平时不打仗的时候,我们是一天吃两顿,打仗就说不准了。我们一般吃的是玉米棒子、小白面,米吃得很少。记得打清江的时候,吃的是粉条烧猪肉、白面馒头,喝的是有豆子的菜汤,一个连或者一个班用盆去盛汤。总体来说,那次伙食还是不错的。

2 攻克清江城,进军大东北

我与鬼子打的第一仗是 1942 年的时候,当时在夹堆,鬼子烧秦桥。我所在的部队靠近秦桥,夜里部队集合,但是没有通知我们是要去打鬼子。部队一直前进到岭山,然后打埋伏。我们的主要任务是追击鬼子,但是,当时鬼子用机枪扫射,我们牺牲了几个人。虽然这是我与鬼子的第一仗,但我并没有看见鬼子。我亲眼看见鬼子的战斗是合德战斗,但是,在战斗中,我并没有杀死过鬼子。

我去东北前的最后一仗是打清江淮阴城。当时,只有八个鬼子在南门指挥,保卫人员牺牲了不少人,四个城门都塌了。我们是负责打东门的,部队当时给我们每位战士都发个攻城部队的徽章。我们把清江包围了四十几天,准备攻城,到点隐蔽,大炮、机枪都准备好了,我带领的阜东独立团第 2 排负责冲锋。由于部队挖了地下通道,埋下炸药炸了城门,冲锋时,我们就直接冲了上去。当时南门没炸,就直接强攻。

清江战役[1]结束后，部队就整编准备到东北。一个班十六人，也有八九人一个班的，新四军第 3 师主力全部到东北。我们步行了四十多天，到河北时就把武器扔了。在行军过程中，也曾缴获敌人的武器，到达东北后再分配武器。

3 北上搞土改，回乡续前缘

1946 年，我去了内蒙古搞土改。在一次战役中，我被炮弹炸到眼睛，坐了七天担架到了黑河。当时，给我看病的是日本人，我休养了几个月。那里伙食很好，早上喝牛奶、豆浆，吃鸡蛋，中午是土豆烧肉，还有蔬菜。我住了好几次医院，修养过后由于眼睛不好，由军长[2]写信分配到第 36 军工作，去医院当所长，但没有津贴。1949 年，我转业回乡，之后当了 22 年的大队书记。

在第 36 军医院工作期间，我认识了一位名叫刘英的女护士，和她交往了一段时期。她是山东人，有文化，待人非常细心、诚恳。1949 年在我转业回乡时，她是要跟我一起回家的。但那时候我家太贫穷，而且家里人也不知我这个情况，我就不敢带刘英回家，就这样和她分别了，从此再没有见过一面。我们俩分开后，过了许多年我才知道，我回家以后，刘英曾经给我写过一封信，但母亲舍不得我在家结婚后的媳妇，怕我看了信婚姻会变卦，就悄悄地把信撕掉了。从此，我和她天各一方，再无联系。

我和现在的妻子是家里定的娃娃亲，1942 年 4 月在套梢结的婚。当时我在部队里，只请了一个星期的婚假。因为父亲很早去世，家里姊妹也多，经济状况一直不好，所以我和妻子的婚礼办得很匆忙，也十分简单，没有办酒席，也没

---

〔1〕 史称淮阴战斗。
〔2〕 应为开国上将刘震。

添新衣服。结完婚以后，我就回了军队，之后我和妻子没有见过一面，更没有通信。她并不知道我能不能在打仗中活下来，也不确定我即使活下来，是否愿意回来与她过日子，但她始终没有因此离开我家，而是与我母亲长期生活在一起，两人感情很深，妻子为这个家也付出很多。我回来后，经过家人、亲戚反复做工作，就和妻子圆了房。几十年过去了，我俩一共有四女一儿。她是 82 岁时去世的，刘英的事她和孩子们都知道，孩子们也理解。

三十八年
戎马生涯

孟昭宇

"我的家乡是最早的抗日根据地之一，民众的抗日情绪很高涨。"

★ **口 述 人**：孟昭宇

★ **采 访 人**：叶铭 薛刚 刘莹 杜金健 郑栋 李浩

★ **采访时间**：2018 年 2 月 28 日

★ **采访地点**：江苏省连云港市朝阳中路干休所

★ **整 理 人**：王威

- -

【老兵档案】

　　孟昭宇，1929 年 10 月生，河北保定人。很小就参加儿童团，后当村治安员。1944 年加入中国共产党。1945 年春季入伍，参加了八路军冀中军区第 9 分区第 79 团。抗战期间参加了保定东石桥、定县等战斗。解放战争期间参加了清风店、西进绥远、张家口等战役。解放后参加抗美援朝并负伤。1955 年被授予中尉军衔。1983 年离休。

- -

1 日军"扫荡"下的惊悚生活

　　我 1929 年 10 月出生于河北保定。小的时候，家里有父亲、母亲、兄弟五个，我是老三。开始，父亲在外头给人干长工。到抗战的时候，他不干长工了，回家为抗日做些事，主要是推着军用品过铁路到冀西，然后送到山西去。我们兄弟有的上学，有的没上学。那时，高阳棉纺织业发达，我哥一开始是在外祖父家织布。他家因为织布，生活比较好过。我就跟着哥哥在外祖父家生活。后来哥哥不织布了，就回来卖鱼。在白洋淀里弄一挑子鱼挑着卖，以此为生。那时候生活都很苦。我大哥一早挑着上百斤鱼,要走几十里路去卖,就带着一包蒸的野菜加玉米粒作为中饭,没什么好吃的。我们那个村里富人也不多,只有两三家比较富裕。高阳属于冀中地区,生活条件比山西好一些,读书的不少,读书认字很普遍,不像山西农村,很多村民不识字。我们小时候读书很少,组织儿童团,天天站成队,在街上游行、唱歌、喊口号,还站岗放哨。我们站岗放哨完了以后,每人背着镶着木头边的黑石头板,兜里装着两根石笔。只有老师有课本,他到了就给我们讲抗日救国、教写字。我们在黑石头板上写,写完之后擦掉,石板往身上一背就完了。

卢沟桥事变的时候,中日关系比较紧张,天天有人"跑反"。开始的时候,日本鬼子路过我们村一次,他们骑着马,带着枪炮。我们被组织拿着小太阳旗在街上欢迎,鬼子还掏出糖来撒给人们吃。日本鬼子开展"扫荡"以后,我们就跑啊,没法在家待。那时候,村民惊慌得很,提心吊胆的。当时有几句话不能随便喊,一个是"来啦",尤其是你不能使劲喊,你要一喊"来啦",大家撒腿就跑。过年的时候煮饺子,饺子煮在锅里了,一听"来啦"以后,也撒腿就跑。还有一个是"多远呐",那时候这话也听不得,村民一听就跑。我们家房子底下挖了洞,晚上就钻到底下去。那时,我们农村家家户户都有地道连着。邻居之间隔着墙,也掏开洞。村子里如果有重要的事,外头必须要有站岗的,有时候岗哨要站到村外好几里。如发现鬼子来了,就一个传一个,大家撒腿就跑。鬼子进村的时候,你遇上了不能跑,一跑他就开枪打死你。强奸妇女是有的。在鬼子五一大"扫荡"[1]时,冀中大部分县都波及了,但鬼子也不是村村都去。老百姓得知鬼子下来"扫荡",就把能提得了的东西带着,抱上鸡,牵着猪、牛、驴往村外跑,鬼子就在后面追,大喊:"站住,站住,不然开枪啦!"有些人害怕就不跑了,就被抓住,

---

[1] 指的是从 1942 年 5 月 1 日开始,日本华北驻屯军司令冈村宁次纠集大批兵力,对冀中根据地展开的持续一个多月的空前残酷大"扫荡"。

鸡、羊等东西被鬼子抢去是难免的,每次都有。鬼子占领我们那个地方后,统治很严密,每个村都有维持会。他们还搞反共活动,进村以后到处查。

在那个特殊时期,很多村里有两面政权,他们一方面为鬼子办事,另一方面又为我们办事。我们村也有这个情况。他们要给日本鬼子办事,因为不办不行啊,鬼子的事情总得有人办。怎么办呢? 当着鬼子面听他的,给他办。我们村东一里路有个炮楼,里面有几个日本鬼子和汉奸。他们抓老百姓去当夫,给他们修炮楼、挖壕沟。民夫要是晚起来几分钟的话,起来之后就要站队,两队面对面站着,互相对打脸和嘴巴子。汉奸都是当地人,主要是地主和富农的子女,还有一些是地痞流氓,基本都是平时游手好闲和不干好事的人。他们看着谁不顺眼就治谁,我父亲在反共大会上就被他们吊起来过。

▌2 从治安员[1]到八路军战士

我的家乡是最早的抗日根据地之一,民众的抗日情绪很高涨。我们参加儿童团,有的拿着个红缨枪,有的背着个大木头片,有的插着个小木头手枪在腰里,抗日热情都很高涨。我们搞军事训练,搞演习,站岗放哨。当时我们村里有不少人参加了八路军。有个说法叫"隔一家数一家,数个来回,家家有名"。地主家也有当八路军的。每家参军一个是最少的,我们家是两个,第一个是我大哥。我大哥1943年前后当上村长。当时选村长不是放豆子,也不是投票。那个时候村里20岁左右的人都有点事干,农村有青会、妇联和武委会等组织,年轻人参加了各种组织,在干的过程当中不断提升。我大哥当时已经是党员,他

---

〔1〕 抗战时期中共根据地自上而下地逐步建立起各级公安机构。各专署、各县分别建立了公安科,区设公安助理员,村设治安员,主要执行防谍锄奸工作,也履行日常公安工作。

工作积极,当上队长很正常。但是,1944年的一天,一个汉奸来问我大哥在不在家,我说不在。他就让我告诉我大哥别出来,在家里面好好待着。我就回头告诉我大哥,但是他说家里不能待了,得赶快走。大哥刚走出去进了一个小胡同,就叫人给堵住了,先抓到鬼子炮楼,再送到县里,被抓去关了几个月。之后,县里有人出面硬是把他保出来了。他出来后就到公安局去工作了,在那干了很短时间,又转到部队去了。

在我们村,有两个人参军的家庭还比较多,还有一家三个人参军的。那时候老百姓的抗日热情是非常高涨的。当时的情况是,一说需要人当兵,很快就有十个八个人去参军。我那时候才十二三岁,入党的时候才十五六岁。当时入党也容易,因为我是村治安员,管村里边的治安。支部书记、村长、武委会主任和会计这些人都是党员,我经常参加他们的活动。后来我入党的时候没有写申请书。支部书记就拿出个小包,里面包着党旗什么的,跟介绍人一起把我叫到一个屋里,把党旗挂起来,我宣誓后就入党了,也没有预备期。那时我不知道党费之事,也未交过。那时党员身份不公开,村里人只知道我是治安员,但不知道我是党员,但是一个党小组内是知道的。我的党员身份一直到当兵以后在连里才公开。我们那时也没有具体的组织生活规定,有事就天天在一起。

我作为村里的治安员,主要管那些有敌特性质的人的情况,还有赌博的和一些流氓。那时候领导很重视这个工作,由区里边直接领导。村里当过维持会长的人,尽管也给共产党报告过情况,但是这种人我就得多加注意。

当时,我们村里还有20个左右的民兵,武器什么样的都有,枪很少,基本上是大刀长矛。我们作为治安员和村干部,还有一些木柄手榴弹,是从上面领的。枪基本上藏在家里,手榴弹都在腰里掖着。武器不能让别人看见。

1945年初,日本鬼子快投降了,从国内形势来看,国民党准备反攻,要和共产党打内战。上面要求每个村要为扩大军队出力,要求村干部带头,我就联系了七个人一起参军。我们八个人中有民兵队长、民兵、青年队长，还有一些青年。

我们走的时候都不让家人知道，因为家里人知道了就不让你去，因为家家都有兵了，而且打仗就要死人啊！我们村有几个烈士，政府给一些优待，家里农忙的时候忙不过来，村里就派几个人帮忙，也帮助其他事情，但是生活总体上较为艰难。

我们刚参军的时候在区中队，然后到县大队，再后来到了九分区的第79团。我们八个人当中，有一个人之前是村里的教育主任，他因为有点儿文化，就留在了团部。还有一个留在了团部当通信员。我们剩下几个就到了第1连，被分到各个班当战士。我们参军的时候是三月份，都穿着棉衣去的，还不到部队发衣服的时候。到了五六月份时，才发了一身灰色的军衣。衣服上有一个第18集团军的臂章。帽子上没有帽徽，是两个小扣。当时只发一套，一两年后才发了衬衣。我们冬天只穿空棉衣，在棉衣里面就没有衣服穿了。衣服穿时间长了，生了很多虱子。那虱子咬得身上难受，伸进手去一摸就能摸出来一个。我们有时找个有太阳的地方坐下来，把衣服脱下，拿笤帚扫扫再穿上。晚上我们穿衣睡觉，步枪、手榴弹和子弹都在身上。一个班一般是12个人，都挤一个炕，挤不下就斜着身子，一人占半边。睡觉时根本动不了，但大家一天到晚累得不行，不管你怎么着，躺下就睡着。那时当兵的生活很苦呀。

我当兵以后最不满意的就是发的枪。那枪看着很笨，也很长，本身就不行，我很不喜欢它。但是，当兵头一年就发给你枪，已经不简单了啊！再有一个就是子弹太少，子弹袋里就发了三颗子弹，叫我们自己弄些高粱秆子在空袋子里头塞塞[1]，打的时候要求你不能随便打，打了的那发子弹当时还得把弹壳捡回来，打一个得捡一个。

---

[1] 在空子弹袋里塞高粱秆子是八路军和新四军中较为常见的现象，在地方部队中更为普遍，其目的有二：一是利于宣传招兵；二是使敌人认为我军弹药充足，产生畏惧心理。

我们在部队的军事训练就是常规训练，一般的瞄准、拼刺都有，演习时也搞过上房后往下跳。在部队要学文化认字。那时在部队学习更困难，行军时前边的同志在后面背着一个字，其他同志看字学，走一路学一路。

我第一次上战场的时候，非常紧张和害怕。因为我们心里都有数，日本鬼子的武器比我们好。另外就是往前摸敌的时候，敌人在那，我们偷偷在敌人阵地里走，那个时候提心吊胆的。还有就是传令上刺刀、准备手榴弹，一传这些口令的时候我就提心吊胆的，但是等到与鬼子一见面打起来就没事了，那时候该冲的冲，该杀的杀，大家都放开了。我第一战就开枪了，三枪打的光光的。打没打着就不知道了，因为打完之后就走了。我的子弹壳都捡回来了。在打以前班长就讲了，子弹壳一定要捡起来，装兜里，因为回来上交了以后还得用它做子弹，然后还给你补充。只有交了子弹壳，才能凭子弹壳数量领子弹。

有一次，我们攻打日本鬼子在保定东石桥的一个炮楼，守着炮楼的是汉奸队，有的也叫还乡团。他们是一些地主分子的子女组织起来的。当时在保定的日本鬼子还没有全部投降，得到消息后，派了两辆坦克来增援他们。我们没有重武器，所以炮楼不好打。一般的打法就是在碉堡里安排联系人，大部分是炊事员、买菜的人。还有就是我们的人假装进去当汉奸，把里面情况弄清楚。这样端炮楼就比较容易了。再有呢，就像我们打石家庄高坨的一个炮楼，打了半天打不下来，正好第 18 旅在那路过，他们有山炮，山炮架起来以后一喊，敌人就缴枪了。碉堡一般有三道大沟，沟有一丈多宽，一丈多深，你打进去不容易。我们那时的爆破队用炸药包，有的是把手榴弹绑起来用。敌人坦克来了以后，我是第 2 连党小组长，就组织爆破组阻击，大家都抢着参加。我们最后把坦克炸了，把碉堡端了。

在打河北定县的时候，那儿的日本鬼子到保定去了，剩下的就是些治安军，所以我们很快就攻打下来了。中午吃完饭以后，大家也不休息，一群人就跑到县城以外很远的地方去看铁路，看看铁路是什么样子。

我参军大概半年后，鬼子就投降了。日本鬼子投降了是了不得的大事情，大家兴高采烈的，活动主要是开会庆祝，讲一讲抗战胜利的感受。

3 西进为平津战役作准备

内战爆发以后，我所属的部队参加了多场战役战斗。清风店战役我没参加，那时候我在冀中党校学习，主要是学习《中国土地法大纲》。后来据战友说，为了在清风店附近歼灭敌人，咱们部队下午6点多钟开始跑步前进，第二天早晨天还不亮就赶到了清风店附近。我们那时候一个晚上走百八十里路，脚也不疼了，不像刚开始一晚上走一百里路，第二天满脚都是泡。新兵不知道如何办，班长就给他洗脚，然后把泡里的水给弄掉，一个月以后，再跑基本上就不起泡了，脚底基本上都磨平了就没事了。清风店战役中，我们冀中第6纵司令员徐德操活捉国民党军长罗历戎。国共谈判时期，徐德操在军事调处执行部时，和罗历戎就熟悉。据说当时两人见了面还挺滑稽。徐德操这个人很能干的，后来升任第68军军长。

辽沈战役结束以后，中央叫林彪南下参加平津战役，林彪要求华北部队西进，主要是负责警戒绥远[1]，绥远的董其武实际上是傅作义的人。我们经过一个月西进抵达了绥远，在这个过程中打了一些小仗。我们西进以后，绥远的国民党部队就不大敢动了。我们西进是为打平津战役做准备，还有一个目的是出去一部分力量把山西卡住，防止傅作义通过张家口跑回绥远。

我们西进绥远后的生活很苦。苦不要紧，问题是老百姓都跑了，不见我们

---

[1] 1928年民国政府将归绥道与兴和道合并为绥远省，省会为归绥（今呼和浩特），抗日战争时期省会为陕坝（今巴彦淖尔市杭锦后旗陕坝镇）。1954年并入中华人民共和国内蒙古自治区。

面。不像在河北，打仗时老百姓积极支持。我们西进部队去那以前，老百姓都跑了，上山了，东西都藏了。国民党在街上写着标语，说共产党杀人放火，画着共产党欺压妇女的像。我们去了以后，就到山上找老百姓，做工作让他们回来。有的百姓就是不回来，这样我们吃了人家东西、烧了人家柴，就如实写在条子上，把钱放着，就那么办。那里的老百姓也很困难，冬天都没有棉衣穿，一家子合盖一个被子。家家都是一进门一个大棉门帘，屋子里生着火，烧着牛粪，味道很重。他们一家子围在一个炕上，如果出来解手，找个衣服在身上披着，开了门就在门口尿，尿完了就赶快跑回去。

从绥远往回来打张家口这一路是坐火车的。那是我第一次坐火车，是平板火车，我们在车上都趴着，坐都不敢坐。打完张家口这一仗之后，我们第68军从张家口顺着铁路来到了北平，驻扎在安定门外，这时就准备打平津战役了。平津战役打了差不多两个月的时间。接着就准备解放太原。我们解放太原花了差不多一个月的时间。太原解放后，部队又回到了北平。那个时候基本上就没什么仗可打了，于是开始种菜、搞生产。部队的生活当时还比较困难，我们在北平一天只吃两顿饭，中午只能吃点稀饭。第68军在北平住了几个月，这期间我就到第3师后勤部当政委的警卫员了。

4　在朝鲜战场上负伤

就在抗美援朝战争爆发前不久，政委建议我到基层锻炼一下。部队分配我到政治处当见习保卫干事，我觉得自己文化程度低，对政治工作也不大感兴趣，所以没有同意，政委让我考虑考虑。考虑了一两个月后，部队下达了抗美援朝的命令。于是政委找我谈话，说："算了，你哪也别考虑了，你还是跟我一块，咱们到朝鲜打仗去吧。"我说:"行,打仗去。"于是我就到了朝鲜战场。

在一个冬天的晚上,我带着一个车队出去送东西,在一个地方遇到敌人飞机轰炸。我们正好走在山上,也没地方可跑。照明弹满天都是,照得跟白天一样,跑也没地方跑,所以就是说等着来打嘛!我在这次敌人的袭击中受伤了。敌人炸过去以后,我们就到了一个村里边,战友把我从车上弄下来,安顿在老百姓家。老百姓给我洗洗弄弄,给东西吃,照顾得很好。待了将近一天,到了晚上,我们就跑回去了。我们这次遭袭击没多大损失,大概被炸坏了两台车,伤员就我一个,其他人没伤着。

我在朝鲜休养了一段时间后,就转到了东北佳木斯的一个县,在那住了半年。伤好之后,又回到北京我的老政委身边。那时,第68军朱参谋长正好要到天津组织一个教导团,让我跟教导团学习。团里边组织了一个四川的新兵团,把我调到新兵团第1连去当指导员,于是我就带着一个连的战士去了四川遂宁县。到了第二年5月份,我回来之后分配到政治队,于是我又到政治部学习了三个月,之后分配我去朝鲜,到我原来所在的第203师政治部。政治部把我安排在警卫连当了两个月的排长,之后调到第203师第608团第2营第6连当副指导员。这时候,指导员调到团里边的工作组去了,连里的政治工作就交给我了,团里派了组织干事专门帮着我。半年后,指导员回来了,于是把我调到团部的一个化学训练队担任指导员,我干了两三个月。1955年我是连级干部,被授予中尉军衔。

■ 5 参加"支左"[1]工作

从朝鲜回国后,上级安排我到炮兵营,在炮兵营山炮连担任了三年指导员。

---

〔1〕指"文化大革命"中人民解放军支持左派革命群众的行动。

1956年,我带着一个炮兵连班以上的干部,到连云港灌云县第44团第2营组织了一个连,在那盖营房。过了一年多,任命我当副教导员。又过了没多长时间,就派我去长沙政治干校学习。在那学习了半年多后,回到第44团第1营任教导员。任教导员没过多久,"文化大革命"开始了。我参加"支左"的第一站是燕尾港镇,到了那儿,看到镇里科以上干部全部在门口站成队,戴上牌子受批判。我去那儿后清理阶级队伍,解放干部,搞了将近半年,基本上把政治领导建立起来了。党委成立起来以后,我在那当了三个月的党委书记。三个月后,师里面又命令我到灌云县的一个烟厂,在那儿工作将近半年。后又到了在连云港的化工矿山设计研究院。三年以后,这个单位才算搞好了,就把我留那当党委书记,两年后才回到部队。那时,我已经是第30团的副政委了。

回到团里半年多以后,我就当政委了。两年多将近三年以后,我就到了第1师政治部担任副主任,直到1983年离休。

一年内与
日伪作战
三十多次

赵友金

"手榴弹爆炸声、枪声、拼刺刀时的喊杀声、敌人的尖叫声不断，一夜都没有让敌人有喘息的机会。"

★ 口 述 人：赵友金
★ 采 访 人：王志龙　潘祺琦　李梦雪　张英凡　李得梅　龙珍
★ 采访时间：2017 年 7 月 21 日、7 月 25 日、12 月 16 日
★ 采访地点：无锡军分区干休所
★ 整 理 人：付昌敏　周云英

【老兵档案】

　　赵友金，男，1927 年 11 月 3 日生，山东莒县人。1944 年 8 月参加八路军山东军区莒县县大队第 1 中队，1945 年 2 月加入中国共产党。后升任温州军分区政治部宣传科科长。抗战时期先后参加过柳家店和邑都等战斗。从解放战争到新中国建立初期，参加了莱芜、济南、淮海和一江山岛等战役、战斗。荣立二等功 1 次、三等功 5 次；获得一级劳动模范、二级先进工作者等荣誉称号。

1　父辈请八路军救家乡

　　1927 年 11 月 3 日，我出生于山东莒县棋山镇西坡村，父亲赵然经，母亲赵李氏。我们家祖祖辈辈都以种地为生。在我六七岁的时候，家里有几亩地，此外还租了三四亩地。我经常跟着大人一起下地干活，但很想上学，因家里比较穷，没能读过一天书。我们村子有一百多户人家，没有地主，只有两三家富农，有一些中农，大多是贫农。老百姓的生活很苦，经常吃糠咽菜，特别是在春天青黄不接的时候，就把花生壳磨成粉与地瓜放在一起吃。百姓生活困难的主要原

因是玉米等粮食都被国民党军队收去了,被鬼子和汉奸抢去了。在八路军来之前,我们村属于国民党第 51 军的统治区,老百姓每年生产的粮食都要按照规定数量交给他们,不准给别的部队,但很多国民党杂牌军都来要粮食。由于村子地处国民党统治的边缘地区,离鬼子和汉奸很近,他们也经常来抢东西和抓人。只要有一个部队来要粮食,如果你不给,他们夜晚就来抢,后来发展到抢驴子和牛。他们还把人抓到地牢里,叫老百姓拿钱去赎,不拿钱来不放人。老百姓只得七拼八凑地把人赎回来。

老百姓除了生活很困难以外,还要"跑反"。国民党杂牌军、鬼子和汉奸经常进村,他们来了以后老百姓要想办法逃跑,如果被他们抓去就要受苦。老百姓一天到晚都过着担惊受怕的生活。在我儿时的印象中,没有一个军队是对老百姓客气的。

此时,我父亲和远房四叔赵然利两个人看到社会混乱、民不聊生的状况,就想为村里老百姓干点事。他们得知在莒南和郯城驻扎有八路军,而且对老百姓态度好,就以做小买卖的名义,在 1941 年到 1942 年先后两次给八路军送粮食。父亲出发时推着独轮车,车上带着破衣服、旧家具等物件,两次出发都由我拉车送出 20 余里路。但是,他们的行动目的不对任何人说,我也是一无所知。到了八路军驻地后,他们就说村里的老百姓实在是活不下去了,请求他们来拯救我们家乡。八路军对这两个人的印象很不错,就把他们的名字记了下来。

1943 年春,国民党第 51 军撤退,八路军给他们让路,集中力量打击徐第 2 团和伪第 13 团等反动武装,将其消灭的消灭,赶跑的赶跑。从此,我们家乡的百姓翻身了。父亲和四叔对赶走悉军队是有功劳的,起到了通风报信的作用。八路军没过几天就找到了他们,决定由家庭条件比较好的四叔当棋山区区长,父亲当村干部。后来,四叔先后做了县政府科长和乡政府会计,父亲一直在村里工作。

2 下定决心参加八路军

我的家乡成为根据地后，八路军来我们村住过几次，县政府和公安局的人也常来。我们感觉八路军和以前的军队不一样，对老百姓态度和气，从不打骂，还帮忙干活，宣传革命道理。家乡的社会风气在八路军来了以后也好了很多，吸大烟的、赌博的、小偷小摸的都没有了。特别是经过减租减息后，穷人的生活得到改善，群众进一步被发动起来。过年的时候，村里组织高跷队、秧歌队，唱歌跳舞，一片欢腾。这是有史以来人们最欢快的日子。我们老百姓开始打心底认为八路军好。

不久，县政府就派工作组到我们村来组织发动群众，两位男组员分别叫张富贵、刘冈金，女组员叫陈士凡。他们进村后就集合群众，召开各种会议，向大家宣传抗日道理，教唱抗战歌曲，动员大家组织起来参加抗日斗争。在这些活动中，我们小青年是最积极的，除参加会议外，还帮助工作组做发动群众的工作。在工作组宣传教育的基础上，村里很快建立了各种组织，几个活跃分子组成村公所，青壮年组成自卫队，十几岁的小青年就组成青年抗日先锋队，也就是"青抗先"。村里参加"青抗先"的有40多人，赵明昌任队长，我任指导员。我们的主要任务是白天站岗放哨、送信。站岗放哨就是在村子里盘查陌生人有没有"路条"，没有"路条"的，得问清楚再放人，搞不清楚就交给工作组。送信大多送的是鸡毛信。信上的鸡毛有两种插法。一种就是把鸡毛横插在信的封口，两端露出一点鸡毛；另一种是从信的封口处插进去，露出一部分鸡毛。鸡毛信是非常紧急的信，这个我们也知道。村干部之所以找我们送鸡毛信，是因为小孩目标小，不容易引起注意，而且跑得快，比较安全。我们晚上集体练操和唱歌，骨干积极分子还配合自卫队站岗巡逻，防止汉奸来抓人、抢东西。"青抗先"是村里非常活跃的一支队伍。

　　我对八路军印象好，就非常想参军，再加上有个远房兄弟赵有奎通过区长赵然利到县大队当了兵，村子里出了个真正的八路军，这对我启发很大，参军的愿望更加强烈。我把这个想法对最好的朋友赵明昌说了，目的是动员他和我一起参军。但是，他说没有思想准备，一时下不了决心。后来我们又交谈过多次，他终于同意了。我们约定此事不对任何人讲，更不能对父母讲，否则我们这么小年纪就去当兵打仗，家里人肯定不同意。

　　1944年7月底，县大队到我们村，准备在此召开军民大会，庆祝"八一"建军节。赵有奎身穿军装，扛着步枪，非常威风。这更坚定了我当八路军的决心。这时赵明昌来找我，提出马上到县大队报名当兵。我不同意，就对他说："在咱们村报名，家里人知道了还不闹翻了天？不但我们当不成八路军，还弄得县大队不好办。"赵明昌觉得我的话有道理，没有坚持己见。我又告诉他，从赵有奎那里得知，他们第1中队常在外地打游击，没有固定地点，但大队部驻纪家坪，开完大会后咱们到大队部报名。赵明昌表示同意。8月1日上午，在我们村南河边树林里召开庆祝"八一"建军节军民大会。除县大队外，我们村和周围村子的群众组织也来了，大约有数千人。这种大会场面我还是第一次见。晚上，县大队和我们村群众一起开联欢会，主要演出县大队编排的节目。晚会前，县大队拉我们"青抗先"唱歌，我们唱了个"大刀向鬼子们的头上砍去"，县大队同志齐声叫好，鼓掌欢迎我们再来一个。相互拉歌的事我也是头回见，觉得很新鲜、有意思。我心想：你们拉我们唱，我们也可以拉你们唱。于是就站起来喊："我们欢迎县大队唱歌，好不好？"大家齐声说："好！"这时第1中队第5班班长邓福禄站起来喊："欢迎第3中队唱歌！第2中队同意不同意？"第2中队喊："同意！"又问："你们'青抗先'同意不同意？"我们大喊："同意！"第3中队唱了个"大地瓜"歌，歌词是"临沭有个王殿信，外号就叫大地瓜，他的地瓜真是大呀，顶大的一个9斤半，普通的都是7斤多，这么大的地瓜头回见啊……"赵明昌听了第

3中队唱的歌很激动,站起来喊:"大地瓜唱得好不好?""好!""大地瓜再来一个,要不要?""要!"弄得大家哄堂大笑。晚会上军民一家亲、同欢同乐的气氛进一步促进了我去参加八路军。第二天一早,我就和赵明昌商量,决定去离我们村十几里路的纪家坪县大队报名参军,然后要求去第1中队,和赵有奎在一起。

1944年8月3日下午,我俩借送信的名义去了纪家坪,找到大队部说明来意。他们非常欢迎,还招待我们吃了晚饭。县大队刘大队长接见了我们,表扬我们参军抗日是爱国行动,是中国的好青年。他还问我们有什么要求,我们提出去第1中队,原因是第1中队有我们村的人,比较熟悉,有事好照顾。刘队长同意了。事后有人对我们说:"刘大队长是老红军,亲自接见你们,说明你们面子不小。"我们听了这话,也感到很光彩。

我当兵的消息家里人下午就知道了,他们都非常震惊,因为我们家祖祖辈辈没有当兵的。我出来当兵,受冲击最大的是我母亲。我是长子,家里大小事都由我来干。我一走,她觉得失去了生活依靠和精神支柱,就饭不吃茶不思,一直在哭。那天晚上,母亲叫我三叔来县大队带人回家。三叔来后对我说母亲在家急得要死要活的情况,我听了心里很难过,但仍然表示不回家。就在双方僵持的时候,刘大队长来了。他问我三叔在家干什么,三叔回答说在家种地,现在参加村里"青抗先"工作。刘大队长说:"这么说你在村里也是进步青年,参加'青抗先'工作,这很好,青年抗日先锋队是进步组织,参加抗战打鬼子,你不支持还来拉后腿,这怎么能行,这算是进步青年吗?!"三叔被说了一顿后无言以对,只好一个人回家了。这一夜,我思想斗争非常激烈,很难入睡,老想着母亲在精神上怎么受得了,但是当八路军的决心还是不动摇,叫我回家绝不可能。

第二天一大早吃过早饭,大队派一位同志带我们去找第1中队。后来听说,在我们离开纪家坪不多时,母亲就到了,想叫我回家。在听说人已走之后,她还顺着我们走的路追了20余里,没有追上,最后只好回家。

我们走了60多里,到了第1中队驻地党家山村。年轻的指导员张培友接待我们,他问了姓名和家庭情况后,要把我们分到两个班,我俩坚持要在一个班,而且要跟赵有奎在同一个班,他也同意了,叫赵有奎带我们去第5班。班长邓福禄看到我们就说:"你不就是喊大地瓜的小伙子吗?欢迎欢迎,今后我们就是战友了。"大家哈哈大笑,气氛非常活跃。

晚饭后部队有行动,走了不多远,我无意识地咳嗽了一声,赵有奎马上小声提醒我:"夜间行军要肃静,脚步要轻,不准说话和咳嗽。"没有想到,到部队第一天我就学会了夜间行动的一个常识。部队顺着我们白天来时走过的路西行了十几里路,在一个村子住下,第二天早饭后继续西行,下午来到离我家只有5里路的大罗张村住下。部队到大罗张村的消息很快传到我家。我在吃晚饭时母亲来了,一把抓住我,边哭边拉我回家,说:"这里饭咱不吃,回家吃。"我看母亲哭得那么伤心,很心痛,忍不住也哭了。指导员和班长都来劝我母亲,说:"赵友金是有志青年,爱国青年,参军打鬼子是好事,你养了个好儿子,你是个好母亲。"这些道理母亲不一定听得懂,但不管怎么说,还是把母亲劝住了。我心疼母亲的心情怎么也控制不住,在母亲面前大哭一场。最后我对母亲说:"娘,你回去吧,我已经正式报名当兵了,回家已不可能。再说,咱村有三个人在一起,有事可以相互照顾。你放心,不管走到哪里,我都是你的儿子。"母亲听了我的话又哭了。她知道我当八路军的决心已定,就含着泪离开了我。母亲走后,我心里倒轻松许多,因为我离家当兵最放心不下的就是母亲,这次我把心里话都对母亲说了,母亲也理解了我。后来听说,母亲回家后心情一直不好,总在父亲面前念叨。父亲虽不赞成我当兵,但他毕竟和八路军接触多年,对八路军有所了解,就劝母亲:"当八路军兴许是好事,八路军是好军队,再说这孩子个性强,他看准的事谁也劝不回头,以后家里的活我多干点,友贵还可帮我嘛!"经父亲劝说,母亲的情绪才逐渐稳定下来。

部队的行动是去大罗张村开公审大会,枪毙两个大汉奸,完了又回到纪家坪村。此后,我就定下心来当八路军打鬼子了。

3 一年与日伪拼杀三十多次

1944年9月,我被调到第4班,班长徐友运是我们中队打仗最勇敢的人之一。我当时仍然穿着在家时穿的衣服,也没有枪,每次行动他都不让我到前面去。到了10月初,部队发棉衣,发的是已裁好的衣料和棉花,叫大家想办法自己做;棉被两人一条,也是自己做。可是大家都未做过针线活,怎么会做棉衣棉被呢?没有办法,只好请老百姓帮忙,军衣和老百姓穿的衣服不一样,大多数群众也不会做,许多人给做错了,我们也不计较,能穿就行。从此,我有军衣穿了。中队还发给我一支枪,十发子弹。这下可像个真正的八路军战士了,有作战任务就和大家一起行动,不用再做"观战派"了。

1944年11月初,山东军区组织攻打莒县城。当时我们中队在东莞镇一带活动,接到命令后连夜赶到大队部驻地纪家坪,第2中队、第3中队已到达。我们没有驻防,在大街上吃过早饭就继续前行,直奔莒县城方向,走了一天,到达离县城不远的宅科村,在这里才进行战斗动员。我们的任务是配合兄弟部队攻打莒县城。第二天一早,部队开始行动,但不是向莒县城方向,而是向东,说是任务有变,命令我们攻打位于诸城至莒县公路上的柳家店子据点。经过一天急行军,傍晚来到离柳家店子不远的一个小村吃晚饭,半夜对柳家店子东山上的伪军据点发起攻击。这个伪军据点是个大型碉堡,外有壕沟、芦柴,非常坚固,易守难攻。我们部队前进到离敌碉堡百余米时,在机枪掩护下发起进攻。这时敌人在据点里喊话了:"八路军兄弟们,你们不要打了,我们已经起义了,马上就撤走。"起义伪军是莒县守城莫正民的部队。莫正民手下有几千人,在各兄弟部队的攻打下全宣布起义了[1]。伪军撤走后,我们进入碉堡,收集了许多他们没有带走的物资。

我们在柳家店子休息了半夜,第二天早晨北上去五莲县的汪湖一带,配合兄弟部队打击从诸城来增援的敌人。午后来到莫家崖头,兄弟部队老一团和第13团早已进驻并做好战斗准备。我们是地方部队,武器装备不好,只能担负次要任务。下午三点多钟,大约有1 200多日军和1 000多伪军沿公路向我们的埋伏圈行进。当敌人走到离我们一二百米时,在机枪掩护下,战士们端起枪向敌人冲去,敌人遭到突如其来的打击,一下子乱了队形,1 000多伪军向诸城方向逃去。我们同鬼子展开白刃战。我方三人一组,敌人两人一对。他们屁股对屁股,相互保护,端着刺刀哇啦哇啦地一边叫一边打。我们三人对付他们两个人,这个刺不着那个刺,总是我们刺着他们的机会多一些。鬼子有一个特点,他们看见我们端着刺刀上去,就把枪里的子弹退掉,用空枪跟你拼刺刀。鬼子按照武士道精神来做,但是我们的刺杀技术没有他们好,所以上面战前就有规定,一支枪上膛要压满五发子弹。在拼刺刀时,我们实在不好刺就用枪打,一扣扳机就打倒一个,有时一枪打两个。鬼子大叫"毛胡子坏坏的,不讲规矩!"我们不能使用他们的规矩,不然我们就吃亏了。

到天黑时,鬼子被逼进汪湖镇。我们把镇子团团围住,部队轮流进镇同敌人开展巷战,手榴弹爆炸声、枪声、拼刺刀时的喊杀声、敌人的尖叫声不断,一夜都没有让敌人有喘息的机会。到了第二天早上七八点钟,有三四百敌人开始突围,沿公路向诸城方向逃跑,这时埋伏在山坡上的机枪连发挥了威力,轻重机枪一齐开火,歼灭了不少敌人。

这是我参军打鬼子的第一仗。我们虽然伤亡了二三百人,但是打死打伤鬼

---

〔1〕 该部队随即改编为八路军山东军区独立第2旅,莫正民担任旅长。

子八九百人，还缴获一大批武器弹药，为围攻莒县城、歼灭敌人有生力量做出了很大贡献。

汪湖镇战斗结束后，我们部队来到源河镇。这里属我方控制边沿区，离鬼子据点只有十几里路。因为打了胜仗，镇上群众杀猪宰羊慰问我们。两天后，我们回到纪家坪进行休整，主要是练兵、学习杀敌本领，同时也进行政治教育和上文化课。

有一天，我们天不亮就吃过早饭，队长王希升带领两个排向东行动，当时战士都不知道去哪里、干什么。我们越过棋山，大约上午9点到达源河镇附近，发现源河镇老百姓蜂拥向山上跑来。王队长忙问出了什么事，老百姓说："管帅的敌人来了。"我们仔细一看，敌人已到达河南岸。王队长指挥部队迅速占领北山，这时有些敌人已到河中，我们集中火力打击河里的敌人，敌人被我们打得连滚带爬往回逃跑，南岸的敌人向我们还击。王队长看我没有向敌人射击，就把我的枪要去，用我的枪打击敌人。我枪里三发子弹被打光，他又向我要，我舍不得，只给他两发，又被他打完。我一共只有十发子弹，被队长打掉五发，感到非常心痛，但是敌人被击退了，保卫了源河镇的老百姓，我还是很高兴。群众非常感激，杀了两头猪慰劳我们。原来我们到源河是执行枪毙两个汉奸的任务，其中一个汉奸住邱家沟，一个住源河镇，都是我们中队在打仗时抓获的。源河离管帅鬼子据点只有十几里路，公审汉奸需要军队保护。开公审大会时，邱家沟的那个汉奸的老婆已到会，她只是哭，没有做出强烈的反应。源河的那个汉奸的母亲就不同了，她大闹会场，把王队长的大衣都扯了下来。我们部队没有理她，建议公安局和当地政府多做些工作。会后，我们又回到纪家坪继续休整。

1945年3月，我们在纪家坪附近帮助老百姓开展春耕生产。有一天吃过早饭后，指导员交代："第2排去执行任务，不用参加生产了。"排长王贵升就带领我们第4班、第5班向鬼子据点管帅方向行军。到达离管帅10里左右的崖下村时，我们和出来抢粮的鬼子、汉奸遭遇了。我们的武器不好，弹药很少，不能和鬼子硬打，就赶快撤退。王排长指挥第4班、第5班各抢占一个山头。鬼子集中力量攻打第5班阵地，第5班同敌人拼手榴弹，最后顶不住就主动撤退了。鬼子又集中力量攻打我们第4班阵地。班长徐友运和副班长负责开枪，因为他们子弹多些，一个人大概二三十发，但不准我们打枪，因为战士子弹少，打一发少一发，我们自己也舍不得打，就准备好手榴弹，等敌人靠近了用手榴弹炸。敌人的火力很猛，我们无法跟他们对抗，班长命令大家撤退。但是，撤退命令我没有听见，一个人还趴在那里。鬼子离我只有10米左右的距离时，我喊了一声："班长，鬼子上来了，我打了。"没有听见回音，我扭头一看，班长他们已撤离到距我200米的西面山顶。此时，听到了远处"小赵，小赵"的喊声。我着急了，朝鬼子打了一枪，直接爬起来就向山下跑，鬼子打了两枪没打着。我跑到不过20来米远的沟底，绑带松开了，急忙三下两下把它缠好。这时发现方向不对，因为鬼子是从东边上来的，我应该向西跑到班长的山上。但是，向西跑就得爬山，刚好暴露在敌人的枪口下，于是我就顺着沟向南跑，山沟两边有石头可以隐蔽。我跑了约200米远，发现沟西边有一个一米多高的高地，从高地下面往西跑，敌人就看不见我。我又跑了约100米，估计这个方向肯定是在班长的南边，翻身爬上去一看，班长他们几个人正伸着脑袋向东看我到底怎么样了。我喊道："班长，我回来了！"班长说："我吓死了，以为你被鬼子抓去了呢！你从哪个方向回来的？"我就把我的想法给他们讲了一遍。班长跟我开玩笑说："小家伙，你挺机灵的。"我说："不机灵的话就成俘虏了！"我们正在议论这次战斗，第5排班长邓福禄早已派了一名战士向中队做了报告，队长王希升带队来增援我们。此时，敌人已进了崖下村。王队长说："崖下老百姓受苦了，快，咱们把敌人赶走，解救崖下老百姓！"我们全队跑步占领崖下村的西面和南面高地，向敌人猛烈射击。敌人只顾抢东西,没有防范,遭到突然打击后狼狈逃回管帅据点。当晚,我们就住在崖下村。

1945年4月,我们中队在外面打游击时得到消息,管帅一队号称"皇家特务连"的伪军30余人到邹家庄抢东西。我们就赶到管帅西边二三里路的地方设伏。特务队的武器装备虽然还不错,但是我们中队有一百来人,生俘了他们队长等七人,其余全部击毙,其中有一个伪军逃跑到朱汉村,被我追上枪毙了。从俘房口供中得知,家住管帅河南村的伪区长父亲死了,伪区长带一小队伪军在家为他父亲办丧事,今天晚上要请客。管帅是诸城至莒县公路上的重镇,当时驻有鬼子一个中队,伪军一个大队。伪区长就是依靠管帅的鬼子和汉奸给他撑腰而无恶不作。这是除掉他的绝佳机会。我们第1中队当时驻在峰山村,距管帅河南村大约四五十里。我们天黑出发,经过三四个小时急行军到达管帅河南村,打击伪区长及其带领的伪军。首先进村的部队打响了战斗,消灭了伪区队,缴获了许多物资。伪区长非常狡猾,他知道白天被我们歼灭了一队伪军,担心自己的安全,就躲到别处去了。管帅的鬼子听到河南村枪声,前来增援,到河中间被我们看到。我对班长说:"敌人来了,打吧?"班长用批评的口气说:"你有多少子弹?沉住气,等敌人靠近了打手榴弹,把手榴弹准备好!"待敌人离我们四五十米时,班长喊了声"打"!我们一排手榴弹打过去,敌人被打乱了,我们乘机顺河边向西撤退,刚好第5班、第6班来增援。我们同敌人展开了战斗,边打边撤,一小时左右,我们撤至西山,和第1排、第3排同志汇合,鬼子也撤退了。这次战斗歼灭伪军一个区小队,除缴获了武器外,还缴获了伪区长请客用的许多食品,如烧鸡、肉圆、油炸黄鱼等。我们在山上美美地吃了一顿。

管帅河南之战后不久,我们就去柳家店子打伏击。柳家店子曾被我们攻下过,后来又被鬼子、伪军占领了。驻地伪军有几个小头目特别坏,敲诈勒索老百姓,无恶不作。老百姓对他们恨透了。我们决定利用赶集的机会干掉这几个恶汉奸。队里挑选了几个精明能干的同志换上便衣,带上短枪,随赶集的老百姓混入集市内,找机会下手。我们全队埋伏在距柳家店子不到一里的东安村,待集市上的同志完成任务后好接应他们。上午9点左右,集内响起枪声,我们的便衣动手了,老百姓"哗"的一下都在跑。伪军不知道出了什么事,也不清楚是谁打的,都跑出来追击。我们的便衣随着老百姓向中队设伏的方向跑。一队伪军随后追来,我们全队向敌人猛烈射击,打死打伤他们五六个。伪军见势不妙,逃回柳家店子。不多时,鬼子出动了。他们首先炮轰我们阵地,然后在机枪掩护下向我们冲来。王队长和张指导员命令第1排掩护,第2排、第3排迅速退往西安村。我们撤到西安村后,排长王贵升指挥第5班在村东头掩护第1排向西安北山撤,鬼子向西安村发动进攻。这时我们第4班撤至西安村西。眼看第5班阵地吃紧,王排长让我传达命令,叫第5班赶快撤往北山。我顺大街向第5班跑去,跑到村中间看见三个鬼子扛着机枪从通往村南的一条巷子包抄过来,离我不过百米左右,我着急了,大声地朝着第5班班长呼喊。班长回头看我,我知道他听见了,就摆了摆手,做出要他撤退的样子,然后转身沿着一条小路向北山跑去,刚好被鬼子发现。鬼子的机枪向我哒哒哒打个不停,子弹像雨点一样打在我脚下,我头也没有顾得上回,拼命向山上跑,快到山顶时看到第6班同志隐蔽在一个坟地里,他们都在喊:"小赵,趴下!趴下!"我迅速卧倒在一个坟墓旁,三个鬼子追了上来,第6班一齐开火,打死一个鬼子,另外两个鬼子不敢再追,拖着被打死的鬼子撤了回去。我们占领西安村北山,山后就是我们的根据地,鬼子不敢贸然前进,只向我们打了一阵枪就全撤了。战斗结束才发现,我的裤子被鬼子的机枪打了两个洞。

参加抗战一年,我和日伪打仗三十次以上。尽管都是些小仗,但是对我锻炼很大,使我从一个农民的孩子成长为一个合格的八路军战士。

4　继续清剿拒不投降的日伪

1945 年 8 月初,我们莒县大队一中队奉命编为山东军区独立第 4 旅第 11 团第 4 连。日本鬼子宣布投降后,我们在 8 月底攻打盘踞益都[1]拒不投降之敌。益都的伪军和鬼子分开住,伪军住在城里,鬼子住在离城一里外的火车站,设有据点,里面有炮楼。我们先攻打伪军。益都城的围墙很高,虽然每个战士有二十来发子弹和一些手榴弹,但是没有炸药和大炮,所以就在夜晚用大梯子登城。我们先把腿上绑带解下来打圈套在脖子上备用,然后把梯子架靠上城墙,人顺着梯子往城墙上爬,上去就从城墙上向里面打手榴弹,然后迅速把脖子上的绑带圈套在城墙的垛子上,拽着绑带向城里滑,经过一夜激战,消灭了城里伪军。我们接着出城包围火车站鬼子据点,向里面喊话,叫他们缴枪投降,送他们回国。他们坚持说不向八路军投降,要向国民政府投降。我们说八路军也是国民革命军,他们不听。鬼子的工事坚固,武器也好,我们不和他们硬拼,就围困他们。最后他们没有东西吃了,准备离开工事逃跑,我们三个连围攻鬼子一个中队,抓到了部分俘虏,其余全歼。

1945 年 10 月的一天,我们连在安丘城东南古城子一带执行清剿伪军、土匪的任务。我所在的第 4 班是连队的尖兵班,走在全连前面大约 200 米,目的是早发现敌人,早投入战斗。当我们接近一个村子时,里面突然跑出一股敌人,向我们打了几枪后向东逃跑。班长高喊:"有敌人,追!"我们全班边追边打。在逃跑的敌人中,有一个家伙离开他们的队伍向北逃跑。班长命令:"小赵,你去追那个!"我一个人向那敌人追去。那家伙没有我跑得快,不一会儿就追到离他七八米远。我"咔嚓"一声子弹上膛,大声喊道:"站住! 再跑我打死你!"这家伙

---

[1] 即今山东省青州市。

确实害怕了,转过身来"扑通"一声跪下,大叫:"八路老爷饶命!八路老爷饶命!"这时,丁立亭连长带领第3排也上来了。丁连长叫这家伙交出武器。开始他还想抵赖,说自己没有枪。丁连长就告诉他:"你们的人已全部被消灭,如果你有枪不交,我们就严厉惩办你。"听丁连长这么一说,这家伙吓坏了,慌忙承认自己有枪,但放在老百姓家里,愿意带我们去取,而且承认自己是队长,知道他们队的一切情况,请求我们宽大他。随后,他带我们去老百姓家取出一支手枪和两支步枪。刘指导员带领第1排、第2排支援第4班追歼逃跑敌人,俘敌20余人,缴枪20余支。安丘清剿初战告捷,我非常高兴,没有想到自己第一次抓俘虏就抓了个队长。

1945年11月的一个夜里,我们第4旅和兄弟部队紧密配合,从古城子出发直捣驻扎在逄王镇[1]的伪军。逄王镇在安丘县[2]东北角,距胶济路上的鬼子据点坊子只有十几里路,镇里驻有伪军一个大队,且安丘城东地区的几股伪军也都投靠到了那里。古城子距逄王镇有四五十里路,急行军需要走四五个小时。这一夜我的负担是比较重的,出发前连里交给我班一个拉雷[3],像是一个带柄的大冬瓜,有40多斤重,准备用它炸敌人的围墙。班长叫我负责保管,实际是行动时由我扛着它,加上奔袭作战不是一般的行军速度,中间还不能休息。我们经过四个多小时急行军到达逄王镇后,立即开展进攻。本来说好开始进攻后用拉雷炸围墙,但围墙太厚,用拉雷炸不开,就改用梯子爬围墙,这样拉雷不但用不上,还要扛着它爬围墙。我们攻进镇里同敌人展开巷战,战斗打得很激烈。由于我扛着拉雷,既不能打枪也不能扔手榴弹,又担心拉雷被敌人子弹打中会爆炸,给我们造成不必要的伤亡。就在我着急时,丁连长上来了。我急忙

---

〔1〕 现属潍坊市坊子区黄旗堡街道。
〔2〕 今安丘市。
〔3〕 可以通过连线在远处拉拽引爆的一种地雷。

对他说:"连长,这拉雷用不上,又影响打仗怎么办?"连长好像理解我的难处,立即回答说:"交给担架组!"拉雷交给担架组后,我轻松多了,紧跟班长打敌人直到天亮。逢王镇的敌人除了少数逃跑外,共计被歼300余人。这时坊子的鬼子得知逢王镇被我军攻克,派飞机来空中侦察,并对我们进行炮击。因为作战目的已达到,我们主动撤出了战斗。

5 在战斗间隙学文化和搞生产

1944年8月,我们第1中队从大罗张村回到纪家坪后不久,就驻扎到了东莞镇季家山村。有一天早饭后,第5班班长邓福禄给大家上文化课。我们中队有100多人,除了张指导员学生出身外,只有邓福禄识字多点,所以上文化课的事都由他负责。但是,他的文化水平也不高,连小学都没有读完,所以上文化课的时候,有些字也不认识。因为我刚来,又是第一次参加文化课学习,所以发给我一个识字本、一个写字本和半支铅笔。识字本面有"中国人""八路军"等等,写字本是用老百姓的针线缝订起来的,只有十几张32开大小的白纸。我感到非常新鲜,没有想到当八路军还能学文化,这可是梦寐以求的事。我学文化非常用功,识字本和写字本装在口袋里,走到哪里画到哪里,就是在山上打游击时也找个棒子在地上写字。有的同志开玩笑说:"小赵,你学文化这么积极,将来一定能当指导员"。那个时候,指导员在我心目中就是跟神仙一样,是很了不起的人物。当指导员我没有想过,读书识字是我长期以来的心愿,小时候因为家里穷没有条件上学,现在有了这样的好机会,我必须加倍努力。

我坚持一边战斗一边学文化。1946年春的一天,连指导员刘祥亭在上政治课时宣布了一件事,说军分区要办《战斗生活报》,我们连要确定一位同志当报社通讯员，为报社写稿子，并提名由我来担任，问大家同意不同意，大家一致表示同意。这下可把我难坏了，我还是第一次听说"报社通讯员""稿子"这些名词，为报社写稿子连想都没有想过。这事弄得我挺紧张的，老想着通讯员的事，连政治课都没有听进去。下课后我找指导员，表示接受不了这一任务，因为我文化低，在家没有上过学，参军后学了几个字，怎能为报社写文章呢，这事得找有文化的人干，我干不了，再说现在天天打仗，哪有时间写文章。刘指导员看我不乐意，态度严肃起来，并说："当报社通讯员，这是政治任务，是党支部交给你的工作，党支部研究过，认为你当通讯员最合适，一方面你是党员，对全连情况比较了解，也善于观察连队的情况，这是通讯员必须具备的条件；另一方面，你有点文化，凭你现在的文化写写简单的稿件还是可以的，通过写稿子还可以更好地提高自己的文化水平嘛。"听了指导员的话，我还是不明白稿子到底怎么写，但是只好勉强接受。我请指导员给我说说稿子怎么个写法，他说："你平时不是也能写一点东西吗？"我说平时写的都是家信，从来没给报社写过稿。他继续说："你看看咱们连里哪个同志打仗或工作表现最好，成绩最突出，你就把这个同志的事迹从头到尾写下来，写好后我帮你看看。"但是，我还是不明白到底写哪件事，从哪里写起。刘指导员看我为难，就给我出主意说："这样吧，你找孙希元同志商量一下，请他帮帮你。"我找到同排第 6 班战士孙希元，请他帮我完成写稿任务。他的文化水平比我高，但是没有写过文章，也不懂。我看他面有难色，就说指导员叫我们找一个比较典型的人或事，从头到尾写下来就行了。我们两个人商量后找了一个好人好事，我说他来写，用一上午时间写了几百个字的稿件。指导员看后说："行，你放在这里吧。"过了不久，军分区的报纸发下来，还真的把我们写的稿子登出来了。这下给了我极大的鼓励，在连队影响也很大。几天后，报社给我寄来二毛钱稿费，这又是一件新鲜事，我写的稿子登了报纸，还给我钱，这太意外了。那时我们部队官兵都没有什么钱，每个月只有两三毛钱的津贴费。这意外的收获相当于一个月的津贴,太高兴了。我拿着钱到街上买了两包点心,一包送给孙希元,另一包拿到班里给大家犒劳一下。从此以后,我写稿子的积极性就上来了,很注意收集素材,有空就写,《战斗生活报》上经常有我写的豆腐干大的文章。

除了战斗、学文化,我也积极参加生产。1945年春,我们县大队开展拥政爱民活动,利用一切战斗空隙帮助群众垦荒、刨地、犁田、播种、挑水、扫地等等,什么活都干。我在家就是干农活的,这些活对我都是手到活成,不管走到哪里,我都是抢在前面,经常受到队长和指导员的表扬。4月底,大队选举劳动模范,我和赵明昌双双当选。这是我没有想到的事,干那么点活就当上了劳动模范,这荣誉来得太容易了,以后更要好好干。5月1日,全大队在小河村召开纪念五一国际劳动节大会,表彰劳动模范。我们当选的同志每人奖励毛巾一条、笔记本一个,还有刚孵出不久的四只小鸡。毛巾、笔记本我们可以带在身边随时用,小鸡怎么处理就难了。部队三天两头打仗,小鸡带在身边肯定不行,送回家去也不可能,没有请假条件。我和赵明昌商量来商量去,最后决定把八只小鸡送给一家最贫苦的老百姓。说来也巧,半年之后,我们班从安丘来到小河村执行任务,养鸡的老大娘听说我们回来了,硬要把鸡还给我们,说鸡已经养大了,是你们八路军同志的,现在该还给你们了。我们说这些鸡当时说好送给你们的,你们辛苦养大,再送还我们,这不合适。老大娘说什么也不同意,一定要送还。这事还惊动了村干部,最后我说:"大娘,这鸡是我送你的,我不能言而无信,你把鸡养大,付出了大半年的劳动,就应该属于你了。你如果感到过意不去,就给我两只公鸡,杀了我们全班吃一顿,其他的你养着,你看好吗?"村干部都说好,老大娘这才勉强接受了。

1946年春节后,我因为本来就是县大队劳动模范,近一年来拥政爱民工作做得也比较好,经连里全票推选,出席鲁中第3军分区英模代表大会。独立第4

旅共有三名代表到旅部集中,旅政治部主任王芳同志接见了我们,并和大家一起吃了午饭。王主任要求我们到军分区开会要谦虚谨慎,虚心向同来的英雄模范学习。我们到达军分区的第二天大会开幕,首先听了军分区首长的报告,然后听取战斗英雄李福胜和工作学习模范张延庆两位同志的事迹介绍。我自己的事迹在小组会上和其他同志做了交流。大会上我被评为军分区二级劳动模范。不久,独立第4旅也召开了大会,王芳主任亲自宣布通令,授予我山东独立第4旅一级劳动模范称号,授予我所在的第4连第5班为拥政爱民模范班。

会后,我们部队掀起了一个拥政爱民新浪潮,战士们争先恐后地帮助群众挑水、扫地和喂猪等,同时向群众宣传革命道理,给群众留下了非常好的印象。老百姓都说:"从来没有见过像八路军这么好的军队。"不久,春耕开始,我们部队开往安丘县夏坡镇一带,帮助群众垦荒刨地、拉犁耙地和运肥育种,干了一个多月,深受群众欢迎。

6 为新中国的诞生和安宁而战

1946年4月,山东军区独立第1旅和独立第4旅合编为鲁中军区警备第10团,不久改为警备第5团,属鲁中第3军分区领导,原第4旅参谋长韩顾三任团长,我所在的第4旅编为第3营。1946年6月,全面内战爆发以后,我们第6连第1排于7月取得益都城南云门山阻击战的胜利,随即第3营在安丘石堆镇成功地反击敌人,紧接着在白山地区与敌张天佐部血战。1946年10月,我团参加安丘城战役,成功地阻击了国民党第8军的增援,为打击城内的张天佐部创造了条件。随后,在昌乐皂角树基本上歼灭张天佐下属的辛永功部。1947年1月,我团冒雪行军参加莱芜战役。3月底,为了配合打击进攻孟良崮之敌,我团参加了胶济铁路"破击战",主要毁坏益都到潍县的铁路,以牵制敌第8军。1947年7月,我团参加沂源南麻战役,阻击敌人的增援部队,最后因一周大雨影响和敌人大批增援部队的到达,不得不撤出战斗,向胶东进发,但是敌人占领临朐城堵住了去路。虽然我们攻打了六天六夜,但是在供应困难、暴雨倾泻和强敌压城的三大困难下,我们不得不撤向博山沂源交界的山区。8月至9月,我们在20天内连续三次出击新泰,此外还参加了新(泰)莱(芜)蒙(阴)战役,攻打莱芜黄庄之敌。到了11月,又获得了高崖铺伏击战的巨大胜利。其实,高崖铺战斗还没有结束,我就被安排去教导团学习"新式整军",后因鲁中军区经济困难,随教导团转移到渤海军区继续学习。1948年9月,我团参加济南战役,夺取白马山,占领飞机场,攻打商埠,为"打进济南府,活捉王耀武"做出贡献。11月,淮海战役打响,我团参与围追黄百韬兵团,组织沈家湾和郝庄阻击战,与兄弟部队围歼黄维兵团和杜聿明集团。1949年4月,我们团夺取了南京江北浦镇外围阵地,侦察兵过江在燕子矶附近获得两条船并开回浦口码头。4月23日,我们攻入南京城,解除张少武师部分人员的武装,全歼了打着"江南挺进纵队"旗号的国民党特务组织。

1949年5月下旬,我们团进驻浙江,开始了持续一年半的剿匪战斗,基本上将浙江内地的土匪剿灭干净。从1950年下半年开始,部队陆续开赴浙江沿海前线,担负解放沿海岛屿和反击敌人登陆作战的任务。我主要参加了1951年8月清剿大公山匪特的战斗,1953年6月解放羊屿岛、鸡冠山、大鹿山、小鹿山等四岛的战斗,1955年2月解放以一江山岛为主的各岛屿的战斗。

在此过程中及之后,我的职务不断调整。1951年9月,我被调到师部文化队担任指导员。1952年春,我们第105师改编为公安军第17师,第313团改为第49团,第314团改为第50团,第315团改为第51团,文化队升格为速成小学,下设三个中队,我担任第1中队指导员。1953年5月初,我被调到师政治部宣传科当宣传助理员,主要负责干部和战士的时事政策教育,加强海上对敌宣传。1955 年 6 月,我被调到第 50 团政治处任宣传干事。1956 年 2 月,我被任命为师宣传科副科长,1960 年 7 月,调温州军分区政治部任副科长,1964 年 3 月,上级提升我为宣传科科长,同时担任政治部党委委员和党支部书记。1970 年 3 月,浙江省军区领导点名要我到杭州大学参加支"左"工作。我进校后主要做了四件事:解放被打倒或靠边站的老干部;解放老教授;组织讲师团下乡,培养当地中学教师;招收新生,恢复教学工作。两年后,我离校回部队,1982 年 5 月正式离休。

既能办教育
又能抓鬼子

赵 暄

"把捉到的鬼子放回去，这不是示弱，而是政策。就这样从精神上软化敌人。"

★ 口 述 人：赵暄

★ 采 访 人：张连红　张若恩　来碧荣

★ 采访时间：2018 年 2 月 4 日

★ 采访地点：江苏省南通市肿瘤医院

★ 整 理 人：周萌萌　张若恩

【老兵档案】

　　赵暄，男，1920 年农历七月廿八日生，江苏南通人。1941 年 5 月参加新四军南通城闸武工队，参与活捉一名站岗放哨的日本士兵行动。抗战后期创办朱家店小学并任校长，培养革命力量。解放战争时期在南通县委当组织部部长，后进入通如大众报社当编辑。新中国成立后进入中央党校学习，后前往徐州贾汪区煤矿工作，回到南通后进入南通师范学院工作至离休。

----

1 年少时的求学经历

　　我的老家是南通县[1]陈家桥北边，也是我出生的地方。家里有父亲、母亲、我、奶奶和爷爷。我还有个叔叔，有个姐姐老早就去世了。我没有兄弟，家里就我一个男丁。我六岁上的陈桥小学，它是个完小，有五年级、六年级。我记得一个又危险又很有趣的事情。我们学校西边有个水缸，有一点儿露在上面，

---

〔1〕 今南通市。

剩下的都埋在泥底下。我有一个同学叫毛鼎,这个小孩很调皮,水缸上有个蝗虫,他扒着水缸那里弄那个蝗虫,不跟大家玩。他就站在水缸顶上玩蝗虫,一不小心掉到水缸里。水深和他自己的身高相同,他一直在水里动。学校的校长把他从水缸里拎起来,这一幕大家都看得清清楚楚。他家住在学校门外面一点,他父亲做医生,就把毛鼎带回了家。

我小时候日本鬼子来家乡"扫荡"过,但不频繁。大概在我十七八岁的时候,我和一个鬼子接触过。日本鬼子因为冷,到老百姓家里拿被子,好几家都有鬼子来拿被子。鬼子也知道好坏,破的他们不拿,要拿好一点的。有个鬼子拿了两条被子,当时我被抓住了,鬼子让我扛着被子跟他走,帮他运输、拿东西。我们几个人都不是大人,有大有小。鬼子拿枪顶着我们,枪上都有刺刀,我们把被子送到他们的地头上就好了。

后来家里搬家,我姐姐在她能做工的时候就去大生一厂当工人搞纺织,大概十五六岁,她比我大两三岁。我们家就在唐家闸租了房子,我父亲母亲都在唐家闸,我也在那儿上了中学,是唐家闸敬儒中学,学校在大操场北边。中学我上了三年,毕业之后就工作了,就在唐家闸周围做群众工作,我那时候大概十七八岁。做群众工作没有固定的单位和组织,就是发动一批人。领导有陈亦明、顾鼎风、王文军等。后来我还在唐家闸那个地方当教书先生,教历史、自然、数学、语言等。

2 进入城闸武工队抓鬼子

在我二十岁上下的时候,几个人很自然地结合起来,组成了城闸武工队,队长叫沈宝华,政委叫王文军,我是成员之一。队长最开始被敌人抓走了,两条腿被绳子捆着，人就在地上拖着，拖了好几里路。敌人坐在车里，用绳子把他的腿捆起来，不让他自己跑，用两条绳子拽着他跑。刚开始被车拖着的时候他还没死，后来拖着拖着，身上的衣服、皮都脱落了，就牺牲了。后来我们为了纪念这位同志，就用他的名字命名了他牺牲的地方——宝华乡，就是纪念抗日战争英雄沈宝华的意思。

武工队就是武装工作队，配着武器的工作队，城闸武工队的队员一共十一人，经常打得日本鬼子有来无回。到后来，大家都有武器，随身携带，我身上有枪，是自己捡的敌人的驳壳枪，带了好长时间。当时我想试试捡来的枪行不行，就在我家后面打了一枪。子弹自己去找，有多有少。平时训练也就讲个退膛、上膛，讲个开扳机，入门就行了。我们穿着老百姓的衣服，看起来就是个老百姓，实际上是穿着便衣的战士，平常没有什么训练。

在唐家闸十里坊有一个日本鬼子的哨位，经常是一个鬼子挂着枪，在马路上站岗放哨，离据点也比较远。我们观察了很长时间，觉得是个机会，就计划把他除掉。日本鬼子有枪，我们没有。我们要想个法子，既要把他活捉，还要让他无法反抗，不能让他开枪弄出很大的动静，要不然不仅除不了他，我们自己还有生命危险。我们就找材料先做了一个能把鬼子套起来的蛇皮口袋，准备一个人先上去与鬼子搭讪，另一个人在他背后突然把他从头到脚套起来。计划好以后，我们就先带着做好的蛇皮口袋，在他站岗的哨位旁边来来去去，也让他检查口袋、搜身，让他放松对我们身上蛇皮袋子的注意。过了几天，我们看到鬼子已经不注意我们了，就在一个快天黑的傍晚按照计划行动。先上去一个人与他搭讪，后面的一个人接近鬼子背后，展开蛇皮袋子，把鬼子从头一直套到膝盖。等到他不挣扎了，我们就扛着就跑，一个扛头，一个扛脚。我们两个人就活捉到一个鬼子，叫金井梅良。

我们没有伤害他，对他非常友善，不打不骂，不囚禁他，对他也很客气，好好地给他吃饭、住宿。捉回来了一两天，他很害怕。上级也知道这件事情，没有说什么。我们武工队的队长就响应优待俘虏的政策，最后我们把他放走，他还谢谢我们。

把捉到的鬼子放回去，这不是示弱，而是政策，就这样从精神上软化敌人。他们会想："我们是打新四军的，新四军能这样做，还蛮好的。捉到我们，也不伤害我们，还放我们走了。"这样就能感化他们，促使他们反思侵略中国的行径，最终能够削弱他们的战斗力。

在武工队的时候，我们吃饭跟老百姓一样，粮食都是自己处理，一天三顿自己做。晚上睡在自己家里，有的时候晚上打游击，就是这里住住、那里住住，没有固定的地方。记得有一次遇险是在一个漆黑的夜里，有一两个人来到我家里，外面也有敌人。一进来就问我老婆："家里有几个人？"她说有两个，"其他人在哪里？"接着就开始在屋里搜查，搜查之后发现确实是两个人，就是一个我老婆，一个我儿子，那时他还很小。敌人就问我去哪了。我老婆回答说："人不在家，跑了。"实际上我躲在家里，趴在房间里的一个地方。我们住的房子里面，前边有罗幔帐，把罗幔帐往前推一推，就形成一个小空间，人站在那里，背靠着罗幔帐。那个帐子是老式的，靠着的那一边是透明的，不靠着的那一边是看不到的。敌人看床底下、边边角角都没人，就走了。如果我被抓了去，就没命了，感觉自己逃过一劫。当时我带着枪，如果他们冲进来，我就不客气了，枪里有十五六颗子弹。

那个时候日本鬼子和汪伪搞"清乡"运动，号称是抓坏人，实际上是抓共产党。敌人为了要破坏，不让人们自由行动，就化装成老百姓在江边到海门的那条线上插竹篱笆，在陈家桥北边三十里路就有竹篱笆，主要是防新四军进进出出。敌人在各条路的主要路口设置岗哨检查。游击队发动群众烧篱笆，我们武工队全体成员也化装成老百姓参与其中，一把火烧了竹篱笆七里长。当时烧了两次,动员老百姓跟我们一起烧,大家有组织,有规划,定好时间,大包抄,天刚黑的时候,从江边到海门的竹篱笆被我们一把火都烧了,烧了一晚上。我记得那时候都说:"竹篱笆清乡七里长,一把野火烧精光。"烧起来之后,敌人就过来灭火。当时着火的时候都是零零散散的,彻底地烧光是做不到的。

3 　创办学校与抗战胜利后的经历

　　我二十多岁的时候在朱家店创办了朱家店小学,我是校长,给孩子们上语文课。因为我们那儿没有学校,只有一个教古书的私塾,后来也没了。小孩要读书,有一批小孩都有这个需要,我就想着办一个学校。老百姓都送孩子来了,武工队也知道,鼓励我办学校。学校是我们借的老百姓家的房子办的,自己搭的教室。上学是免费的,我们不收老百姓的钱或粮食。它是个完小,有五年级、六年级,总共七八十个学生,都是附近的小孩。老师都是我们认识的,有三四个,我记得戴家胜是我们学校的老师之一,他很能干,语文、数学都教。他跟我差不多年纪,是老百姓。在课堂上,我们向学生宣传抗战打鬼子的思想。学校办了几年,后来因为不收学费,各种开支无法支撑,就没能坚持下去。

　　抗战胜利后我在组织安排下参加了工作,刚开始在南通县委当组织部部长,还到通如大众报社当编辑。当时报社没有固定的地点,没有房子,不是像样的报社,是流动的。1957 年,我到北京中共中央党校学习。1970 年左右,我去了徐州的两个煤矿,大致位于今天的徐州贾汪区,这两个地方都是我们南通搞的煤矿,我在里面当负责人。最后我回到南通,进入南通师范学院[1]工作,因为当时我们搞教育工作,对办学校很关心,学校里的老师有的是朋友,有的就是

――――――――――

〔1〕 今南通大学。

亲戚,比如戴家胜他们就是我的亲朋。我们先办学校,形成整个系统,然后再向组织申请报告、备案。

我夫人戴尔惠也是参加革命的,老早就工作了,做过南通县的妇女主任、新华社支部书记。我们两个是戴家胜介绍认识的。他们是亲戚,都姓戴,都在一个大胡同,但不是一家。

我夫人有一次惊险的经历。她在做妇女工作的时候被鬼子追杀,鬼子朝她扔了手榴弹,打在了胸前的木板上,在她的棉袄里面取出了手榴弹弹片。我21岁、她19岁时我们成的家。我们结婚时很热闹,大花轿抬人,因为当时老婆是裹脚不好跑回来,所以就用小车抬回来。婚礼上祝酒、煮饺子,看热闹的很多,武工队的战友都来了,老婆她组织上也来了人。结婚后我们经常见面,有任务的时候就分开不在一起,有的时候天天在一块。婚后我们生了五个儿女,老大、老二都生于抗战的时候。

小个子战士
有大勇气

郝粉祥

"我那时才当兵，还没有枪，就扔了一个手榴弹。"

★ 口述人：郝粉祥
★ 采访人：张连红　张若愚　来碧荣　徐凌珂　周标　倪凯凯　王楚涵　王雨
★ 采访时间：2018 年 1 月 29 日
★ 采访地点：江苏省镇江市新欣家园
★ 整理人：王戚　张若愚

【老兵档案】

　　郝粉祥，男，1929 年 2 月 17 日生，江苏兴化人。1944 年 9 月参加新四军兴化第 2 连，同年随部队升入苏中一分区特务团第 1 营第 2 连，后又编入苏浙军区第 4 纵队第 12 支队，1946 年加入中国共产党。抗战时期历经三垛伏击战、第三次反顽战役等，解放战争时期负伤休养了 15 个月，后参加豫东、淮海、渡江等战役。1950 年随部队开赴朝鲜战场，负伤后回国治疗，1956 年转业至江苏省第二监狱，1989 年 5 月离休。

1　凄苦悲惨的童年时代

　　我出生于 1929 年阴历正月初八，阳历 2 月 17 号，老家在兴化市荻垛乡郜家庄，村里有 100 多户居民。从我不尿床的时候开始，我就离开家到我外婆家住了，所以我是在外婆家长大的，后来到快十岁的时候，才回到自己的家。回到自己家后，我对自己的父母也不认识，因为我外婆家离我自己家大概有二十里路，那个地方的口音跟我们家那儿有一点区别，我说话是外婆家那边的口音，和这边的不一样。老祖辈的时候,我家条件蛮好,但到了我父母这一辈,家庭条件变得不太好。因为我父亲郝满春老实,容易受人家误导。他在旧社会里搞赌博,我们家里的田有一部分就卖掉了。有一次我父亲赌博,有一两天没有跟我们见面,我妈妈找不到他,因为他们躲起来赌了。过了两天,我父亲回来了,跟我妈妈讲要马上搬家,这个房子跟人家的房子对调。我们的房子比较好,对调的房子比较差,因为父亲输了钱要还债,所以拿这个房子换,人家当时贴补了76块大洋,这样就把我们的好房子让给人家了,我们住了人家的小房子。从这个时候开始,家里生活就比较困难了。我有一个哥哥,还有一个妹妹,当时家里人不多,但是生活并不怎么好。后来我妈妈又给我生了一个妹妹,日子就更加困难了,那是我大概十二三岁的时候。后来有一年水灾,我就准备离开家乡,到江南打工。

在江南,我先到了上海。在南门有个小庄,村上有一个堂叔叔,他老早就到这来打工,把我介绍到地主家搞肥料、罱河泥,把水底的淤泥罱上船,再运到岸上,这就是当时地主家的肥料。地主管我吃,适当的时候给我一点钱。地主家的肥料到了一定量就不需要了,我们就没有了工作,生活就更困难了。我当时就想回家,但回家路上生活也没有着落。于是我的堂叔叔又出了个点子,跟我父亲讲,让他把我留在这个地方,替我找了这儿村庄里的一户人家,这户人家家里有两个老人,还有一个姑娘。让我留下来给他家放牛,可以给我们家100斤大米。放牛有一个条件——如果这家姑娘看上我,我就要跟她结婚;假如看不上我,这个人家负责帮我找人结婚。我母亲不同意,我就只能回家了。我一路从江南讨饭到家,在此过程中,受人家的气。有一次,我到一大户人家要饭时,他家有狗,我们就用要饭的棍子敲,敲着敲着地主就出来了,喊道:"你怎么敢打我的狗呢?!"意思就是我不可以打它,它可以咬我。这时我妈妈就跟他评理,说我们要饭,你愿意帮就帮,不愿意帮别让狗来咬我们。正在争吵时,地主家里出来一个人，拿了一个驳壳枪，对着我妈妈大骂了一顿，打了我妈妈一个耳光，连推带骂让我们赶紧滚，不滚就毙了我们。我就哭了起来，拖着我妈妈就走了。我们一路上要饭，要不上饭生活上过不下去的时候，就捞湖里别人家洗菜时扔掉的黄皮子，捞起来就把它烧掉吃。就这样一路要饭回到家。回到家日子就好点了，在家乡可以跟人家借，在路上借不到。

2 自愿报名参加新四军

回到家是 1940 年，那时我们家乡已经来了一支部队，是新四军老 5 连，到我们家乡开辟根据地。我们村长为新四军的地下工作建了一个交通站，站长是个苏南人，苏州那一带的，个子很矮。他当站长的主要目的是动员我们这里的一个地主参加革命，有钱出钱，有力出力，动员他儿子参加新四军。后来动员成功了，他儿子参加了新四军，还有不少人也参军，这样地方上就好办了。我们村上一拨人，我的大哥、堂哥都参加了新四军，新四军对他们挺好，把地主儿子安排到一个区上当区长，跟老 5 连在一起，我大哥给区长当警卫员。这时，我们家乡生活上就好转了起来。

这个老 5 连大概有八九十人，在地方的影响好，离我们这个庄三五里远，我们去老 5 连玩，军民关系相当好。1942 或 1943 年，老 5 连在东台到兴化的运河一带打仗，打敌人的一个汽艇。打过以后，鬼子第二天就来报复了，把整个庄子 100 多户人家全部烧光。这时候我不在庄上，正在乘船和一个老太去外庄种牛痘。我们从别的庄子回来以后，看见庄子烧起来。区长把钱拿出来，动员其他庄子救我们这个庄子。他是一个很好的区长，后来和我姑父一起在兴化县的一个镇牺牲了。

到了 1944 年，我大哥从部队回到地方上，开始发展地方工作，动员民兵，成立地方武装。他回家后找了个女的准备结婚，当时我妈妈刚生养了小孩。女方家庭离我们家有三里路，我妈妈知道这个女方的妈妈作风不好，就不同意让这个女的跟我大哥结婚。女方知道这个情况后就跟我大哥发话说："你不跟我结婚，我就到你家上吊，吊死在你家里。"我妈妈被吓到了，怕她要上吊吊死在我家，后来就同意了这门婚事。因为房子小，结婚要把好的房间让给他们，我妈妈在搬家的时候受了寒得了破伤风，民国三十三年（1944 年）五月端午节，我妈妈大出血死了，那时我才虚十六岁。人家知道我家的情况后，就介绍我到地主家放牛，地主管我的生活，如果做得好，就分给我一些粮食，我爸爸也同意了。于是我就给地主放牛了。没多长时间，新四军在地方上动员年轻人参军。听到这个消息后，我就和我一起玩的几个小伙伴一块报了名，去当了新四军。

过了没有几天，新四军来了一个干部，把我们几个人喊过去，一个一个地问："你为什么要当新四军?"问过了以后，他就让我们听通知。过了有七八天的样子，通知就来了，只要了我一个，其他都没要。后来，区政府的干部就把我们带到区上，没有几天就把我们送到部队。部队就是兴化东区原来老 5 连的底子。等我去当兵的时候有了变化，有第 2 连、第 5 连、第 8 连，总共三个连，号称一个团，就是为了迷惑敌人。还有司令部，司令胥金城[1]是原来国民党韩德勤部队里第 3 旅的副旅长。这个第 3 旅在我们家乡老百姓对它印象坏得很，叫"野 3 旅"，就是对老百姓很坏的国民党军。野 3 旅的旅长叫张星炳，副旅长叫胥金城，这个人后来起义了。他没有在部队里当汉奸，他不做亡国奴，他说："我不当汉奸，我投降共产党。"我当兵的时候地方领导就是胥金城，我们都喊他胥司令，兴化东区的三个连都归他管。

---

[1] 胥金城(1909—1993)，山东省阳谷县人。原为国民党江苏省保安第 3 旅张星炳部的一个营长，后升任副旅长。1943 年 10 月率部起义，参加新四军，先后任新四军第 1 师新 7 纵副司令、新四军苏中军区炮兵团团长。

3 初当新兵不惧打仗

我当兵进了第 2 连,在兴化东区活动。一开始,部队不想要我,嫌我个子小。我就讲:"你不要我没关系,我能当得了兵。第 8 连的连长是我的哥哥。"1940 年和我大哥一起参加部队的还有个堂哥,当时他是第 8 连的连长。我就说第 2 连不要我,我就跑到第 8 连去,找我堂哥去。他们听说我有个哥哥当连长,就收了我。

参加部队以后,我在当地活动时也打了两个小仗。在兴化本地,在我家乡南面,离我老家四五十里路的地方,跟国民党打过一个小仗。当时国民党在泰州一带有股小部队,原来是李长江、李明扬的下级部队,我们新四军也是在这一带活动。我们在这一带水上都是坐船,他们也是坐船,在一条河上遇见,打了一个小的遭遇战。当时我们动作比较快,先发现了他们,我们部队的船马上就靠岸。上了岸,与敌人碰了头,打了以后他们就跑掉了,这一仗打得还不错。我们上岸以后把国民党的部队打败了,他们也跑了,我们就在后面追。我那时才当兵,还没有枪,就扔了一个手榴弹。当时手榴弹也还没学会打。我拼命地追一个国民党的逃兵,追上以后把他的枪缴了回来。那时我当兵还不到 20 天,这是我第一次打仗。回来以后,战斗结束要总结,先是表扬我的勇敢,接着就是批评我无组织、无纪律,说我一个人往前冲的时候,班长喊我为什么不听,实际上我是没听到,班长当时喊:"你不要追了,你回来!"而我又不晓得。所以部队对我先表扬后批评,总的还是表扬。对于一个新兵来说,什么都不懂,有这么个表现就很不错了。

部队里看我打第一仗打得蛮好,就发了一杆湖北产的长条子枪给我。当时我不要,说枪这么长,插上刺刀比我还高,要发个短枪给我。老兵都笑了,说:"你还没当官呢,就用短枪了?"我说短枪的意思就是短一些,他们以为是手枪,闹了个笑话。后来看我打仗蛮勇敢，就调我去当通信员，我就有了一支短枪，其实是套筒枪前面打坏了，锯掉一段，再把它弄起来，就是马拐子枪。我当通信员的时候，给胥司令送信，他一个字不识，他老婆是大学生，所以给他老婆看。

我在兴化县戴南镇打的第二仗。当时戴南镇驻的汉奸，我们一个连去打，几个小时以后，因为敌人在碉堡里头，看着攻不下来，我们部队没有炸药、炸弹，后来就撤退了。这一仗是个小仗，没有解决问题。这就是在我家乡打的两场小仗。

我才当兵的这支部队，离敌人比较远，最近的都有二三十里路。假如敌人要来，我们之前就能发现。村庄里狗叫了，我们就知道有情况了。而且我们的岗位比较远，有什么情况也容易发现。晚上睡觉时只把外面的衣服脱掉，里面的不脱。这个是正常情况下。有情况时，睡觉往往就是不脱了，大家挤在一起，睡在稻草或玉米秆子上，都是通铺。睡觉时，枪、子弹袋、手榴弹全放在枕头底下，靠在一起，大家摆成一排。

我们当新四军的时候，生活基本上还是可以的。我刚当兵去区政府的时候，发了一个短袖，是质量比较差的一种布做的。到了部队以后就发过两套军装，一套是洋布，一套是老布，有口袋的那种。伙食也可以，我们新四军一天吃三顿。

4　三垛伏击战与龙门镇战役

过了大概两个月的样子，上级来了命令，我们连要上升，后来就调到苏中一分区，就是现在的高邮，驻地叫汉留姚费庄。这是分区司令部驻扎的地方。过了没多长时间，部队并到分区，组成一个特务团，我们就是特务团第1营第2

连。我们当兵的还蛮高兴,由地方到了分区,上升了一级,原来是在县里,现在到分区特务团。这时上级就来了命令,要准备打仗了。

在高邮的三垛镇打伏击战,打日本人的铁壳子船。当时日本侵略中国,他们大多是开的这种船,蛮大的,装的柴油机,船还没到,声音就到了。我们内部得到情报告诉分区,这个船上装的都是军用物资,夜间船上敌人大概有两个班,就是二三十个人,分区就组织打下这个船。我们很快就打了下来,只有二三十个汉奸押船运送,我估计没有一个排,只有两个班。河的两边埋伏着部队,当时船一来,打的很容易,我们南岸的步枪都没开火,就几挺机枪一开火,盯着船打,船就停下来,汉奸也就缴枪了。打下来以后,上级命令我们把船上的物资运走,命令我所在的第2连先撤退,船上的物资就由另外一个连负责卸下,铁壳子船弄不走,弄也弄不动,不会开,另一个连就把东西卸下来运到分区司令部。这一次收益很大,一个大船物资很多,有武器,有医药,还有其他军用物资。这一仗虽然抓的俘虏不多,除了打死的只抓了十来个,但是缴获的物资相当丰富,还有钱、粮、布,这些物资正是我们部队需要的。我们连只有一个俘虏兵,叫杨士钊,黄桥人,补充到我们部队。这就是到了高邮分区特务团后的第一仗。

第二仗也是在高邮打的,在高邮的龙门镇。当时分区部队比较多,我们分区特务团第1营跟分区特务营负责打高邮增援的日伪军,所以这一仗等于是兄弟部队打下的。天不亮的时候我们就进入了阵地,选择比较好的地方打埋伏,做好工事。到了上午不到十点钟的样子,分区特务营先发现增援的敌人来了,当时枪就响了,响了以后我们部队就做好准备。敌人从高邮过来,到这个地方有一条公路,公路旁边有一条运河,我们在运河这边,特务营在运河那边,无论从哪边来都有部队阻截。打了一个多小时,突然间枪不响了,当时不晓得什么情况,到后来才了解。当时高邮县有内线传出消息,鬼子来增援的一个小队长被我们打死了,还打死了其他的鬼子,这个时候敌人就撤回到高邮去了,我们也没追击。这是在高邮打的第二仗。

5 天目山第三次反顽战役

到了 1944 年年底，大概 11 月底到 12 月，我们特务团转入了训练。开始我们不知道训练是干什么，只知道早上五点起来出操训练，跑步半个小时，做三个基本动作——刺杀、瞄准、投弹，中午上政治课，讲革命道理，为什么我们要参加革命，为什么我们这么穷而人家那么富，把这些道理讲讲，实际上就是开导思想。指导员直接讲，团长做报告就看小纸条子，通常讲一两个小时，讲革命大道理。早上和晚上要行军，行个十里八里回来，要跟着部队马上走，掉队了就不行。天天练兵、锻炼，后来才知道锻炼目的。

这个时候上级来了命令，把我们特务团上调到主力部队新四军第 4 纵队去。当时苏浙军区司令是粟裕，副司令是叶飞。苏南新四军和国民党的部队有摩擦，国民党第三战区司令是顾祝同，副司令是上官云相。因为新四军与国民党部队打过第一次和第二次反顽战，这个时候要打第三次反顽战，国民党来的部队比较多。新四军在浙江西部准备打第三次反顽战，要加强部队，就找苏中军区调一个旅，所以我们部队就上升组成第 4 纵队，分为第 10 支队、第 11 支队、第 12 支队，支队跟团一样，只是叫法不一样，实际就是组成了一个旅，当时不叫旅，叫纵队，变成了第 4 纵队。当时纵队司令是廖政国，政委是韦一平。后来在高邮训练以后就宣布分区特务团要调离一分区，并到第 4 纵队第 12 支队，我们就一起跟着第 4 纵队走了。

到 1944 年年底距离元旦还有两三天的时候，我们提前过了 1945 年的元旦。很简单，就是慰问，一个人半斤猪肉。提前过元旦以后，部队就动员我们向南进发。元旦这一天夜里,部队出发,从苏北渡江到苏南,这一天还是小雨夹雪,从苏北坐船过江到了镇江。

我们在镇江圌山上的岸,上岸以后到现在丹徒县〔1〕辛丰镇的一个小火车站,从这走的。当时火车站是汉奸驻地。我们司令部老早就送信给这帮汉奸了,叫他们让路,否则我们就消灭了他们,后来汉奸就同意让路。我们在辛丰镇的小街上走的时候,每一条巷子汉奸都站好岗,等于指引我们往哪边走。从辛丰过了铁路,再过公路,那时下的雨夹雪,每个人都跌不少跟头,浑身都是泥巴,夜里伸手看不到五指。部队很累,过了公路以后都瘫下来走不动,肚子又饿,部队就再三强调一定要走,再走五里路后可以烧饭吃。这时我们靠着公路靠着铁路,假如日本人和汉奸来了,我们没法和他们打,因为武器上全是泥巴,身上也都是泥巴,没有办法,我们就在动员下再继续走,实际上不止五里,十里路也不止。到了以后就停下来烧饭吃。吃好以后就继续走,就到了溧阳戴埠镇。到了戴埠镇之后,我们进了山里,戴埠全是山,这里跟安徽郎溪、广德搭界。部队在山里面住下来休息了两三天,大家洗洗弄脏的衣服,歇了两天以后继续行军。到了浙西指定的地方,部队开始执行任务,参加第三次反顽战。国民党第 52 师就是在这里被消灭的,他们有苏联送给蒋介石打日本人的苏式装备。我们部队的大圆盘轻机枪就是这时缴获的,其他的部队没有。

我们被调到司令部做警卫保卫工作,没有参加战斗。我们管外面的警戒线。大山洼子里的一个村庄就是司令部所在地。内线是他们的警卫人员管,外线是我们连的任务。因为我们连长原来是警务排的排长,所以他们指定我们连担任警卫队。

在行军过程中,医疗问题比较麻烦。一般像我们这个人部队行军,有小毛病就没办法,只能跟着走,顶多把子弹头子弄下来,从里面弄一些火药粉消炎。

---

〔1〕 今镇江市丹徒区。

没有卫生员，也没有药，一路上没有开水喝，就喝冷水。皮肤红肿就消消毒。行军的时候前面有口令传下来，以团为单位，听口令休息或前进。

6　抗战胜利前后的几场战役

第三次反顽战结束以后，我们这个支队分成了两部分，我们第1营和第2营的一部分人就分到现在浙江靠着湖州这一带。当时我们部队到这个地方的任务就是搞粮食，把敌占区的粮食运到山里，因为山里粮食紧张，我们需要供应山里部队生活。还有另一部分分到其他地方，分成两拨，离湖州大概一百多里路，离莫干山也有不少路。当时我们驻在山里，到山外执行任务就是搞粮食往山里运。搞粮食的时候也打了很多小仗，当时我们这一块有四个步兵连，还有一个机炮连。

我自己所在连打的仗不多，其他连在外面活动得多。我们连靠着营部，和当时的团首长在一块，打的比较少。我现在记得打过三仗。第一仗是在浙江小金山。这里是浙江的一个小镇，里面驻着日本鬼子。当时我们部队从山里走到山外，到敌占区的一些地方搞粮食。我们要去大庄子打听情况，因为只有大庄子上才有乡长、保长，我们要找他们了解情况。他们手上有粮食，原来准备交给国民党或汉奸，我们知道后就把这部分粮食截获下来。我们去的时候没有遇见敌人，回头的时候还没有到小金山，还隔着一段路就有老百姓让我们绕着走，说前面有日本鬼子。这时我们就知道情况了。当时，我们连派了一个排守在山头上，鬼子来了以后，我们这个排就把鬼子打了一下，打了一个小遭遇战，打了不到半个小时，日本鬼子就跑了，我们也回去了。

第二仗就比较大一点。这时日本鬼子要开始宣布投降了，我们团部有一个电台,收到日本鬼子准备投降的消息。上级就下了命令,要我们在自己范围内只要有汉奸、日本鬼子,能打的就把他们打下来。当时汉奸有一个大队驻在附近,有一两百人。我们部队不等天亮,就把他们大队包围起来。天亮的时候就开始打,大概到中午,战斗就结束了。汉奸的战斗力比较弱,打起来也快,我们还俘虏了一部分汉奸,缴了一部分武器,还有两艘轮船。当时,有的汉奸不肯当兵,愿意当兵的就留下来,不愿意的就发路费让他回家,有一部分不愿意回家就参加了我们部队。那时七八月,天比较热,吃过午饭还没休息多长时间,到下午的时候来了命令,上级要我们到湖州去受降。据当时情报,湖州日本鬼子不多,只有一小部分的兵,其他都是汉奸。汉奸无所谓,再多两倍都能打。我们吃了晚饭就出发,离湖州有 60 里路,夜里 1 点钟开战。打湖州的时候很简单,我那时调到营部的机炮连当通信员了。我们这个机炮连到湖州南门,在一个坟堆上做了工事。当时我们第 2 连打进了城里,越打越发现不对劲。到了天亮时一看,湖州旁边这个山头上面都是鬼子,楼房上全部都是鬼子。原来应该没有什么鬼子,怎么现在打出这么多鬼子呢?这里是湖州城的一个医院。我们后来才知道,日本鬼子旅团的一个司令就驻扎在医院旁边。可惜当时我们并不知道,如果把他抓住了,这个部队就可以缴枪了。天亮发现情况不对后,领导向上级请示汇报,部队撤退。在撤退之前,杭州有几卡车的日本鬼子增援,当时我们第 4 连就上去阻击了,把日本鬼子拦在路上,后来我们部队就撤退了。据说当时抓到五个日本鬼子,因为不是我们连抓的,究竟是三个还是五个,我也不清楚。总的来说,湖州这一仗等于没有受降成功,日本鬼子不肯缴枪,他要交给国民党。我们撤退时部队伤亡了一部分,主要是不会游水的人淹死了,会游泳的都活了下来,这一仗就结束了。到了 1945 年 8 月份,鬼子投降以后,我们部队就在湖州整顿,后来接到命令,我们北撤。浙东、浙西、苏南,整个地区的新四军全都撤到苏北去了。

就在我们北撤过江的时候，我们第4纵政委韦一平牺牲了。是不是国民党搞破坏导致政委牺牲，我也不清楚。要讲国民党破坏，得找出证据，要讲没破坏，但船死人亡，死了很多地方干部、领导干部。还有我们最好的一个营——第1团第3营，主力中的主力。我们过江的时候，第1团第3营还在长江里，他们负责拦截。假如国民党来，他们就要打。当时船上有一千多人，光一个营就六七百人，第3营是个主力营，有三个步兵连，单一个机炮连就八百人。我们是最后渡江的，国民党在我们屁股后面追。这时，我们团负责掩护其他部队往北撤，我们团边打边撤。我们撤到江都的时候，国民党就在长江边上打我们，撤过去了就是黄桥，到了黄桥我们才休息。

鬼子宣布投降的时候，我们在浙江。我们营是单独的，由参谋长领导。团部的电台收到鬼子投降的消息时，大家都很高兴。当时普遍的口号是"打倒日本人回老家"。这时，部队指导员、教导员、政委就开始忙着上课，讲打倒日本鬼子不能回老家，还有老蒋和国民党。当时在整编时，部队就宣传打倒国民党，打倒顾祝同、上官云相，国民党代表封建社会，压迫老百姓，剥削老百姓，"三座大山"还要搬。不搬就回家，能安稳吗？这时部队就以这方面的教育为主，不能回老家，要继续彻底革命，把"三座大山"推倒了才能回老家。

7　一波三折入党

我开始当通信员的时候，还不是党员，没多长时间，打过两仗，表现还蛮好，因为不怕死。过去入党主要一条就是要不怕死。当时指导员、党小组就找我谈话，因为我给指导员当通信员。有时候个别喊到旁边，聊聊，问问，最后一句话就出了毛病了，就是要交党费。我当时讲，发的钱还不够用，哪来钱交党费。就这一句话，我就被淘汰了。淘汰了将近半年，一直到 1946 年年初，又进行教育。教育以后，我的认识也提高了。在这时，我表现好、觉悟高，就成为发展对象了。预备期还不到一个月，我就转正了，入党时也有宣誓的仪式。

解放战争一开始，我们部队就从兖州出发，1946 年的六七月到泰安。泰安打下来之后，我们有另外的任务，北上到了胶济铁路，准备打一个大仗，结果露了风声，对方部队缩了回去。我们在胶济铁路待了一段时间，到 7 月份后南下。到了鲁南之后，国民党第 26 师已经开始打枣庄。9 月 12 日，我们在枣庄附近的一个山头奉命阻击。战斗中，我的小肚子下面被机枪打中了，这是我第一次负伤。在山洼子里，就我一个人在那里，当时我在昏迷中，不知道什么情况。后来，我们第 6 班的人抬着第 5 班的班长，第 5 班的人就提出来说第 6 班班长负伤了，大家注意看看，不能没人管。所以后来他们就发现了我。后来，第 5 班把我抬到团部卫生队，打了两针之后就送到师部卫生部去，所以第 5 班班长告诉我，说如果不是第 5 班，我就喂狗了。

后来在朝鲜，与美军作战时，我被飞机的机枪打中，没有办法躲，不晓得从哪个方向打过来。负伤以后，本来医院没有床位，要到苏联去，后来有了床位了就没去苏联，而是先到哈尔滨给火车加煤，后来到了佳木斯，在松花江边上的陆军 32 医院。陆军医院征求我的意见，决定不开刀。到 1951 年 7 月份，我的伤痊愈了，我就到哈尔滨的双城集中，所有人集中后分配到各个省去，每个省的坐在一起。我被火车送到江苏南京。

我们苏北的又到高邮集中，这时江苏省民政厅办了荣校，由伤病员组建个学校，有 1 000 多人。我连阿拉伯数字都不认识，上的小班，就学拼音，学到 1951 年 7 月份。后来我到高邮荣校上小学，上到 1953 年小学毕业。上半年我考初中，考速成中学，考到无锡荣校，1955 年上半年，我从无锡荣校毕业。毕业后我就上了就业班，学的是会计，学了一个学期，毕业之后到苏州荣校集中，待分配。这时,省民政厅组织我们几十个人成立一个队到农村去救灾,帮助烈士家属、伤残军人,把他们弄到农业合作社去。到了 1955 年底,救灾结束后我就到扬州集中,等待分配。我因为负过伤,就到了镇江的江苏省第二监狱工作,直到 1989 年 5 月离休。

从卫生员到
防化专家

荣风光

"我在战场上抢救伤员的故事太多了。"

★ **口 述 人**：荣风光

★ **采 访 人**：王志龙　张英凡　李得梅　龙珍　李梦雪　胡烨　叶枫

★ **采访时间**：2017 年 7 月 25 日

★ **采访地点**：无锡军分区干休所

★ **整 理 人**：阴健坤　宋俊　菅雅宣　权敏　王诗媛　付明远　于金涵　高小燕

- -

【老兵档案】

荣风光，1930 年 6 月生，山东威海人。1944 年参加学生兵团，后因腿伤回家休养。抗战胜利后回部队做卫生员，先后参加孟良崮战役、渡江战役和抗美援朝等。1958 年调往北京开展坦克防水和防毒气研究，1962 年之后因患病长期住院，1974 年进入干休所休养。曾荣获二等功一次。

- -

1 　出身于较为富裕的家庭

1930 年 6 月的一天，我出生在山东省文登县[1]口子乡大台村。父亲名叫荣茂亭，母亲的名字记不清了。家里两个孩子，我和一个妹妹。妹妹比我小两岁，也去当兵了，后来在打济南时牺牲了。父亲在村子里面开了一家规模较大的医院，名字叫裕德医院，雇了三四个人。由于我当时年龄还小，对医院的具体情况不清楚。我后来想，父亲应该是一个共产党的地下工作者。裕德医院其实

---

〔1〕 现威海市文登区。

是共产党地下工作者的一个活动地点。他平时不太管医院的事务,而是由一个地下党负责医院的全部工作,经常有地下工作者和部队上的人来医院治病。我不知道父亲什么原因去世了。在他去世后不久,1940 年八路军来到我的家乡,建立了根据地,医院由政府接收,成为胶东军区医院的一个组成部分。

在我小的时候,家里生活条件马马虎虎,在村子里属于中上等水平。父亲在医院上班,家里无劳动力,所以拥有的一些土地主要是出租给外人耕种。我们大台村有一百多户人家,基本没有大地主,与我们相邻的高村有一个大地主,大台、小台和五尚等村的土地基本都属于这个大地主,我们村很多人都是他的佃户。八路军来了以后,地主的很多土地都分给佃户了。

2　从学生兵到医务战士

我七岁开始在大台村小学上学,学费很少。我们的老师姓姜。姜老师平时上课按照课本讲,有时间也会给我们讲日本侵略中国的事,介绍一些胶东的时事。读了三年以后,我转到大乔村高小读书。老师姓徐,是个地下党。他上课基本按照当时山东高小的课程上,主要是语文和数学,上课时基本不宣传抗日的事。当时小学是五年制,我又读了两年就高小毕业了。

我毕业的时候只有 12 岁,在农村干不了什么事,于是就想到中学读书。但是,胶东那个时候基本没有中学,虽然在宋村有个东海中学,但是它属于抗大分校。我想不管怎么地,去试试看吧。

我们村七个高小毕业生一起去参加了东海中学的招考。考试主要就是写一篇作文,我写了一首小诗。为什么想起来写诗呢?因为在上小学的时候,每天早上天不亮就去上学,晚上才回来。我们那里的平原很美,所以我就以每天都要走的路为内容来写,完全是有感而发,题目就叫《看麦苗》,内容是这样的:"迎着朝霞,迎着朝霞,走在上学的乡村小路上。绿油油的麦田,一望无边,好像平静的海洋。硕壮的麦苗,像无数的利剑,刺向天堂,迎着朝霞,发出耀眼的光芒。""天堂"两个字是被老师在阅卷时修改过的,我原来写的是"天皇"。老师想帮我把这首小诗投到报纸上发表,但是当时日本鬼子占了我们的地盘,所以老师不敢保留诗里面的"天皇"两个字,他就将其改成了"天堂",谁也挑不出毛病。这首诗后来在胶东的《大众报》上登出了。

在我们七个考生中,王永清同学不仅去考试,还负责带路。但是,他考完试后就要走,我说:"你别急,在此等录取结果呀!"我说此话其实是担心他走后我不认识回家的路。但是,后来我先拿到录取通知了,就想早点回家,可是王永清的结果还没出来,他不能走,还得等。我不认得路,后来在一个大娘的带领下才回到家。我们这次参加考试,最后就我一个考取了,其他六个同学后来考到文(登)荣(城)威(海)联合中学去了。

我回家后不久,东海中学的老师通知我一定得尽快去上学,我就匆匆地赶到了学校。到校后,我就对老师说,我的年纪小,可能不适合在此读书。他指着一位 30 多岁的女同志对我说:"你叫她姐姐,也可以叫阿姨。"我说:"那怎么可以? 就叫阿姨吧!"他叫这位阿姨照顾我。后来才知道,这位同志是指导员。东海中学并没有固定的驻地,也不要交学费。学生一人一个小背包,吃饭睡觉都在老百姓家。大概学习了一个半月,正赶上日军五一大"扫荡",由于我年纪太小,学校就让我先回家,给我开了一个借读证,说我还是学校的学生。此时,东海中学的学生基本都去当兵了。

我回家之后没事干,又准备考试,考取了威海中学,是走读生。去了之后,我说我是东海中学来借读的,把借读证给他们看。他们看了后说:"你不要交什么学费,什么都不要,反正是走读,直接上课就行了。"其间,我从威海中学回家的时候,村里有一个学生叫于鸿儒,他报考东海中学没有考取,知道我有借读证,就对我说:"你已经在威海中学了,干脆把借读证给我,我顶着你的名字去东海中学读书。"他就这么顶着,后来成为部队的卫生员。日本投降之后,他作为装甲兵开赴东北,在四平战役中牺牲了,统计阵亡人员名单时,写的还是我的名字"荣风光",人家都以为他就叫荣风光。过了一段时间,统计人员说人牺牲了名字一定得改回去,否则他的遗物没办法寄回家。我说你寄到于鸿儒家就可以了。解放后,我回村调查询问了他家里边的人,把于鸿儒的家庭、婚姻以及参军入伍的情况汇报了部队,才将统计材料上的英雄"荣风光"改成了于鸿儒。

在威海中学读了不到半年,文(登)荣(成)威(海)联中成立,威海中学也并进去,我就在1943年去文(登)荣(成)威(海)联中上学了,读初中二年级。联中是抗战后期胶东唯一的一所中学。这所学校是根据地政府办的,对外说是中学,实际上是军校。联中的师范部学生不属于抗大分校,中学部属于抗大分校。我们班的指导员就是我在东海中学遇到的那位女指导员。她后来是上海市委党校的校长。

文(登)荣(成)威(海)联中的中学部是数、理、化都学。因为中学部的学生实际上都要去当兵,当确定了哪些班级要走,就统一编成学兵团,然后在一起集训,学军事。学完了以后,再分到部队去。师范部就不一样了,学生主要是回到乡村去教书。冼星海当时在联中,我对他记得比较清楚。他敲锣打鼓到农村去宣传,搜集各种乐器,乡里有各种乐器都给他。冼星海把搜集来的乐器都用到教学上。他教过我们音乐,组织乐队来演奏,指导排练《黄河大合唱》节目。

我在文(登)荣(成)威(海)联中读了一年多时间,就遇到大反攻,我们学生被组织成1 000多人的学兵团。就在学兵团出发之前,我洗澡时把腿摔断了,因此就回家养伤。在家养病的时候,我听到了日本投降的消息。等腿好了以后,我就去当兵。那时候正好有个胶东军区卫生员来,说找一个东海中学的学生。我说："就是我啊。"他说："我们找到你了,准备准备就走吧。"这时我才知道自己被安排在胶东军区做卫生员。就这样我又回到了部队。

我在战场上抢救伤员的故事太多了。在参加孟良崮战役时,我所在的部队到最后和敌人拼起了刺刀。我是卫生员,身上只有一个急救包。我想冲上前去抢救伤员。此时连长一把拉下我,用脚踩住,不让动。拼完刺刀后,连长喊我去包扎。我朝他大喊:"你开始怎么拦住我?!"他说:"放你出去是送死呀!"

3 火线入党后更加积极工作

在 1947 年孟良崮战役的时候,我就向党组织递交了入党申请书。但是因为家里开过医院和出租土地,评了个地主兼资本家的成分,因此申请一直没有得到批准。1949 年我参加渡江战役之前,应组织要求,我火线入党,半年就转正了,转正时也没有举行什么仪式。我的入党介绍人有两个:一个是崔永清,一个是刘景兰,刘景兰在朝鲜战场上牺牲了。

渡江战役开始前,我去联系一家老百姓帮我找到他们家的船。但是,船家的媳妇不去,老头也不去,老太太去的。那家老百姓也不要我去,怕我被打死。我说我是党员,一定要去。终于把船找到了。渡江前先把船驶入内江,将内江水灌满,水口堵住,所有准备避险的船都在这里边。渡江开始后,炸开一道缺口,船就像射箭一样一条接一条驶入长江外江,一点都不耽误。当距离长江南岸不远时,事先把篷子扎起来,需要从船上跳下去,泅渡一段到达南岸。此时,只听我们的船上有人喊:"是共产党员就跳!"但是,谁敢往下跳呀!我想自己是共产党员,于是把枪让边上人一拿,就跳下去了。我还鼓舞大家一起跳,之后泅渡了四十几米到了岸边,大家从崖边摸了上去。后来我立了二等功。

在抗美援朝战场，我也是当卫生员。回国后被调去防化兵团搞医务工作，结果去了之后，部队安排我到北京去学习一段时间，主要是研究毒气。我对此并不感兴趣，就请求回原部队。领导说："你学了这些，不能不干！"1958年，我被调到北京，负责一个研究所，主要研究坦克如何预防水和毒气的进入。搞了近三年，终于搞出了水陆两用坦克。那个时候中国和苏联的关系很难搞。苏联方面人员看到我们搞新的，经常来说不准搞。我们是少校，他们学校刚毕业的学生来到我们这里就是中校、大校。我们急需实验数据，苏联专家就说他们也没有，也不肯讲。高压水表跑遍全国也没找到，我说到美国、日本去买，几十块钱一个。苏联专家说我是败家子。我一下子就火了，说："中国没有，目前因为急用，只能买，你别管！"他也火了，说："我是中校，你是尉官，你要听我的！"我就说："你算老几？老子枪口朝下的时候你还在娘肚子中，现在也是穿开裆裤！"他听不懂，我叫翻译说给他听，他也不知道这个中国话什么意思。我解释了一下子，翻译之后他一听就火了，说要告我，我说："你爱到哪去告我就到哪去！"我也收拾收拾东西准备走人，去找负责人老刘，他说你也别回去了，到清华大学学习坦克制造技术和防化知识，学了半年以后，我回到研究所。

1962年，我得了非常严重的放射病，全国医院都没办法根治，在医院一直住了12年，病情有所好转后，就转到干休所休息。后来尽管也多次去医院，更多的是检查，身体总体还好。我在老年大学学了五年，现在空闲时还写字、画画。